21世纪普通高等学校信息素质教育系列教材

经济信息检索与利用

主　编　罗　源　魏家涛
副主编　李春媚　段莉虹　马婷婷
参　编　杜少霞　徐振楠　张　娟　王丽利

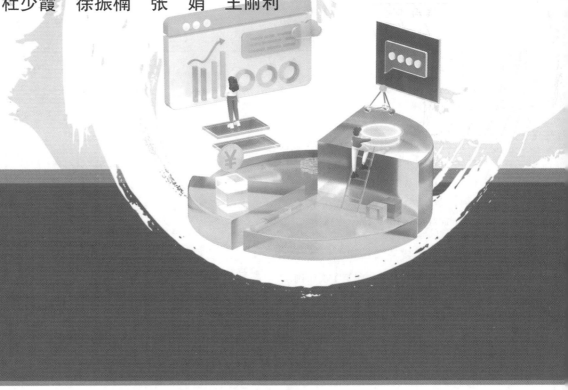

华中科技大学出版社
http://www.hustp.com
中国·武汉

内 容 提 要

本书内容包括经济学科信息素养、经济信息概述、经济信息检索、经济课题检索流程、本科毕业论文写作、知识产权与经济法律信息检索、经济学科终身学习能力培养、经济信息检索实践及经济课题检索实操。

本书以本科人才培养目标中经济类学生学科信息素养与终身学习能力的提升为目标，挖掘学生在专业课学习、专业实践、毕业论文写作、职业素养形成等方面的信息需求并给予恰当指导，引导学生形成学科信息资源集合并能灵活加以应用，同时注重经济类学生知识产权基础知识的普及以及职业道德意识的养成，希望对经济类学生自主学习和终身学习能力的培养、学术诚信品质的养成以及职业道德规范教育发挥积极作用。

图书在版编目(CIP)数据

经济信息检索与利用/罗源，魏家涛主编.—武汉：华中科技大学出版社，2022.7
ISBN 978-7-5680-8482-6

Ⅰ.①经… Ⅱ.①罗… ②魏… Ⅲ.①经济信息-信息检索 Ⅳ.①G254.9

中国版本图书馆 CIP 数据核字(2022)第 119526 号

经济信息检索与利用
Jingji Xinxi jiansuo yu Liyong

罗源　魏家涛　主编

策划编辑：袁　冲
责任编辑：刘姝甜
封面设计：孢　子
责任监印：朱　玢
出版发行：华中科技大学出版社(中国·武汉)　　电话：(027)81321913
　　　　　武汉市东湖新技术开发区华工科技园　　邮编：430223
录　　排：武汉创易图文工作室
印　　刷：武汉市籍缘印刷厂
开　　本：787mm×1092mm　1/16
印　　张：18
字　　数：494 千字
版　　次：2022 年 7 月第 1 版第 1 次印刷
定　　价：45.00 元

本书若有印装质量问题，请向出版社营销中心调换
全国免费服务热线：400-6679-118　竭诚为您服务
版权所有　侵权必究

前　言

世界教育创新峰会与北京师范大学中国教育创新研究院于2016年发布了全球首份21世纪核心素养报告《面向未来：21世纪核心素养教育的全球经验》，按照关注度排序，信息素养位列第二。信息素养教育近年来越来越受到国内外高校的重视。作为引领高校信息素养教育工作的国际组织，美国大学与研究图书馆协会（Association of College and Research Libraries，ACRL）于2015年2月发布了《高等教育信息素养框架》，指引着高校信息素养教育在新的信息生态环境下向与学科专业相融合的方向发展；作为我国国内指导高校图书馆工作的权威部门，教育部也于2015年12月颁布了《普通高等学校图书馆规程》，其中明确要求"图书馆应全面参与学校人才培养工作"。

本书就是在这样的大背景下基于武昌首义学院人才培养和教育教学工作而编写的，全书结合学校"以成果为导向"的教育（outcomes-based education，OBE）模式改革，以本科人才培养目标中经济类学生学科信息素养与终身学习能力的提升为目标，挖掘学生在专业课学习、专业实践、毕业论文写作、职业素养形成等方面的信息需求并给予恰当指导，引导学生形成学科信息资源集合并能灵活加以应用，同时注重经济类学生知识产权基础知识的普及以及职业道德意识的养成，希望对经济类学生自主学习和终身学习能力的培养、学术诚信品质的养成以及职业道德规范教育发挥积极作用。

与国内其他相关的信息素养教材相比，本书具有如下特点：

第一，以专业需求为线索，对资源进行系统梳理，形成学科资源集合，与学生专业学习和实践应用紧密结合，突出了实践性强的特点。

第二，融入了知识产权与经济法规相关内容，注重对学生综合素质和职业道德规范的引导。

第三，体现了课程思政元素，引导学生在信息活动中养成学术诚信品质。

本书由罗源负责全书框架拟定、内容策划、编写组织，由魏家涛、罗源共同负责全书的审稿、统稿，各章节编写的具体分工情况是：

第一章：罗源。

第二章：魏家涛。

第三章：罗源。

第四章：杜少霞。

第五章：段莉虹。

第六章：徐振楠（第一节），魏家涛（第二节）。

第七章：张娟（第一、二节），马婷婷（第三、五节），段莉虹（第四节）。

第八章：李春媚、王丽利、魏家涛（第一节），李春媚（第二节），马婷婷（第三、四节）。

第九章：李春媚（第一、二节），马婷婷（第三、四节）。

本书在编写过程中广泛吸收了国内外相关研究成果,参考和引用了许多专家学者的有关著述,在此谨致以诚挚的谢意。

感谢本书编写组成员在繁忙的工作之余以极其认真的态度撰写自己负责的部分。感谢詹萌馆长对本书编写工作的指导和支持。感谢馆员唐莹为本书的整理编辑付出的辛勤劳动。感谢袁冲先生为本书出版做出的不懈努力。

时代不断进步,技术飞速发展,信息素养教育也在不断发展和变化,受时间、精力和编者学识、水平所限,本书内容难免有疏漏和不妥之处,恳请广大读者批评指正。

罗源

2022 年 6 月

目　录

理　论　篇

第一章　经济学科信息素养 (2)
　　第一节　经济类学生为什么要培养信息素养 (2)
　　第二节　经济学科信息素养的构成 (4)
　　第三节　经济学科信息素养培养的参照标准 (7)
　　第四节　经济学科信息素养培养内容及层次 (16)

第二章　经济信息概述 (20)
　　第一节　经济信息的概念 (20)
　　第二节　经济信息的特征 (21)
　　第三节　经济信息的功能 (23)
　　第四节　经济信息的类型 (24)

第三章　经济信息检索 (30)
　　第一节　经济信息检索基础 (30)
　　第二节　文献型经济信息检索 (46)
　　第三节　数值型经济信息检索 (59)
　　第四节　事实型经济信息检索 (66)
　　第五节　综合型经济信息检索 (70)

第四章　经济课题检索流程 (74)
　　第一节　如何分析检索问题并构建检索式 (74)
　　第二节　如何选择检索工具实施检索 (76)
　　第三节　如何筛选检索结果并撰写检索报告 (77)
　　第四节　如何寻求帮助 (80)
　　第五节　文献综述撰写 (80)

第五章　本科毕业论文写作 (84)
　　第一节　本科毕业论文的分类与基本要求 (84)
　　第二节　本科毕业论文选题、开题 (85)
　　第三节　本科毕业论文开题及研究阶段的资料搜集 (87)
　　第四节　本科毕业论文写作的基本步骤 (95)
　　第五节　学术诚信与学位论文学术不端行为检测 (97)
　　第六节　本科毕业论文编撰格式规范与示例 (102)
　　第七节　毕业论文答辩 (106)

第六章 知识产权与经济法律信息检索 ……………………………………(110)
第一节 知识产权 ……………………………………………………………(110)
第二节 经济法律信息检索 …………………………………………………(125)

第七章 经济学科终身学习能力培养 ……………………………………(138)
第一节 利用信息检索获取学科拓展资源 …………………………………(138)
第二节 利用信息检索获取行业动态资讯 …………………………………(148)
第三节 利用信息检索备战专业考试 ………………………………………(156)
第四节 利用信息检索掌握职场信息 ………………………………………(171)
第五节 信息素养是终身学习者的必备 ……………………………………(174)

实 操 篇

第八章 经济信息检索实践 …………………………………………………(178)
第一节 文献型经济信息检索实例 …………………………………………(178)
第二节 数值型经济信息检索实例 …………………………………………(216)
第三节 事实型经济信息检索 ………………………………………………(235)
第四节 综合型经济信息检索 ………………………………………………(248)

第九章 经济课题检索实操 …………………………………………………(257)
第一节 分析检索课题,构建检索式 ………………………………………(257)
第二节 选择检索工具,实施检索 …………………………………………(264)
第三节 列出参考文献,撰写检索结论 ……………………………………(273)
第四节 撰写检索报告 ………………………………………………………(277)

参考文献 ………………………………………………………………………(279)

理论篇

第一章 经济学科信息素养

第一节 经济类学生为什么要培养信息素养

21世纪是一个知识经济时代,也是一个信息技术飞速发展和全球经济一体化的时代,它具有经济全球化、能力聚合化、知识密集化、运作智能化、投入无形化、发展持续化等特征。知识经济时代以知识和信息的生产、分配和使用为核心,信息成为价值创造的基本要素,知识、智力等无形资产的投入在经济活动中的作用日益显现。信息的挖掘、利用,技术的创新、发展,以及知识产权的投入、转化,成为经济发展新的增长点。知识的快速更新迭代、技术的日新月异、信息的爆炸式海量增长对知识经济和信息社会背景下人的综合素养也提出了更高的要求。为适应社会经济变革和实现个人自我发展,当代大学生应培养怎样的核心素养?这个问题值得思考。

一、知识经济时代信息素养的重要性

经济合作与发展组织(Organization for Economic Co-operation and Development,OECD)于1997年首次提出"核心素养"概念,为适应21世纪的挑战,各国纷纷研究和建构核心素养模型。2016年,世界教育创新峰会与北京师范大学中国教育创新研究院发布了全球首份21世纪核心素养报告《面向未来:21世纪核心素养教育的全球经验》,报告提出了全球普遍提倡的七大素养,分别是:①沟通与合作素养;②信息素养;③创造性与问题解决;④自我认识与自我调控;⑤学会学习与终身学习;⑥批判性思维;⑦公民责任与社会参与。这七大素养按照关注度降序排列,其中信息素养位列第二。

什么是信息素养呢?信息素养,也称信息素质,我国台湾地区称为资讯素养。1974年,美国信息产业协会主席保罗·车可斯基(Paul Zurkowski)将其定义为"利用众多信息工具以及主要信息资源解决具体问题的技能"。1985年,帕特里克·布雷维克将其定义为"检索技巧、检索工具和信息资源知识的集合,是解决问题的一种形式"。1989年,美国图书馆协会(American Library Association,ALA)在《信息素养委员会主席总报告》中将"能够充分认识到何时需要信息,并具有高效发现、检索、评价和利用所需信息的能力"的人视为具有信息素养的人。2003年,《布拉格宣言》指出信息素养是"确定、查找、评估、组织和有效地生产、使用和交流信息来解决问题的能力"。英国图书馆与情报专家协会(Chartered Institute of Library and Information Professionals,CILIP)则提出,信息素养是"知道什么时候、为什么需要信息,去哪里找到信息,而且知道如何用一种道德的方式评估、使用和交流信息"。[①]

信息素养是现代信息社会中人们应具备的一种知识和能力,也是一个创新型人才所应具备的基本素质。为了培养信息时代的"新公民",信息素养教育已得到各国各界人士的重视,美国、

---

① 陈小玲,倪梅.信息检索与利用[M].哈尔滨:哈尔滨工程大学出版社,2016:2.

英国、澳大利亚等国家的教育部门和图书馆界均开展了不同程度的信息素养教育。联合国教科文组织曾在2003年和2005年分别召开了专题性的世界大会,发布了《布拉格宣言》和《亚历山大宣言》,指出信息素养是人们在信息社会和信息时代生存的前提条件,是终身学习的重要因素,能够帮助个体和组织实现其生存和发展的各类目标。我国在《国家中长期教育改革和发展规划纲要(2010—2020年)》中也明确提出,要强化信息技术应用,鼓励学生利用信息手段主动学习、自主学习,增强运用信息技术分析解决问题的能力。当前加强我国大学生信息素养教育显得至关重要。[①]

二、信息素养与学科学习之间的关系

尽管信息素养是信息时代每个人都应具备的基本素质,但是针对不同的人群其内涵是有差别的。因为不同层次的人群对信息的获取方法、组织和利用能力各不相同,信息素养的要求也不尽相同。对于当代大学生而言,培养信息素养主要为学科学习与研究服务,为终身学习能力的提升奠定基础。

根据教育部2022年2月公布的《普通高等学校本科专业目录》,经济类学科分为经济学、财政学、金融学、经济与贸易4个专业大类,可以说是中国大学教育的重要学科之一,所培养的学生将广泛参与各层次、各行业、各领域的经济活动,而社会经济活动所产生的反映经济活动并为其服务的事实、数据、知识等广泛存在且更新迅速。经济学科的应用范围广、实践性强、发展迅速的特点,让人们在各个领域对经济信息的需求越来越迫切,掌握和科学应用各类经济信息将有助于企事业单位更好地实现生产、经营、管理、决策以及技术创新,有助于政府部门科学合理地制定相关经济政策,做好经济发展规划、市场调控和监督管理。

将信息素养和学科学习相融合是高校信息素养教育的一种发展趋势。这种趋势从大多数国际组织所提出的核心素养、"21世纪技能"中可窥见一斑,呈现出领域素养和跨领域素养并存的状态。2016年世界教育创新峰会与北京师范大学中国教育创新研究院发布的《面向未来:21世纪核心素养教育的全球经验》报告中就将素养分为了领域素养和通用素养。领域素养与特定的内容或学科领域相关,通用素养则跨越了不同的领域或直接指向人的发展。[②]

也有学者对信息素养的层次性进行了区分,将信息素养能力分为基础层次信息素养能力、通用层次信息素养能力和学科层次信息素养能力。第一层次是基础层次信息素养能力,包括基础图书馆应用能力和基础计算机应用能力,是较低层次的、基础性的能力。基础图书馆应用能力包括:了解图书馆的布局和馆藏分布;了解图书馆提供的各项服务;会使用图书馆的联机目录与电子资源。基础计算机应用能力主要是指网络工具与文本编辑、演示等软件的使用,包括E-mail、网络浏览器、网络讨论组、搜索引擎、Word软件、PowerPoint软件等的使用。第二层次是通用层次信息素养能力,指适用于任何学科的、与日常生活联系密切的、可在不同学科之间进行转移的识别、检索、评价信息的能力。第三层次是学科层次信息素养能力,即基于学科的信息素养能力,是指适用于用户所在学科的专门的信息素养能力,包括:了解专业相关的信息类别、类型;了解常用的信息源和检索策略;能够对文献的内容做出有效的评价;能够对文献中的证据、例子、数据的有效性做出判断;能够完成学术论文的写作等。[③]

[①] 张惠芳,陈红艳.信息检索与利用[M].武汉:华中科技大学出版社,2015.
[②] 严先元.学科教学如何培育学生的核心素养[M].长春:东北师范大学出版社,2017.
[③] 于艳红.高管之信息素养探究——基于中小企业高管的信息素养提升[M].北京:中国广播影视出版社,2017.

本书正是以培养经济类学生基于学科的信息素养能力为目标的,旨在使学生成为能适应经济社会发展变化、具备学科知识自我更新和拓展能力的高素质应用型人才。这种将学科学习与信息素养教育相结合的教育方式也是信息化社会对专业人才培养的必然要求。

三、OBE 教育模式对信息素养的要求

图书馆的信息素养教育要与学校总体办学目标和发展战略紧密配合。"以成果为导向"的教育(outcomes-based education,OBE)模式是编者所在大学正在实施的一种以学生学习产出驱动整个教育系统运行的国际专业人才培养模式和认证体系。围绕"定义预期学习产出——实现预期学习产出——评估学习产出"这条主线展开,学生学习产出评估促成了教育质量持续改进的闭环。在定义预期学习产出环节,编者所在学校针对产出确定评价标准,理工科参考了中国工程教育专业认证协会颁布的工程教育认证标准(2015 年 3 月修订版),人文社科类专业参考了教育部教育质量评估中心拟定的普通高等学校本科专业认证通用标准(人文社科类,2015 年 11 月讨论版),两个标准均包含了"自主学习和终身学习能力"指标点,即要求能通过有效手段,掌握自主学习方法,具备不断学习和适应社会进步发展的能力。其基石和核心即信息素养。

《高等教育信息素养框架》(以下简称《框架》)是国际图书馆界最新的指导高校图书馆开展信息素养教育工作的文件。它包含六个核心"阈概念"供高校图书馆灵活实施。在总的教学方向上,它指引高校信息素养教育向与学科专业相融合的方向发展;在教学设计上,它鼓励图书馆馆员与教师、院系或学校课程委员会充分合作,从整体上规划信息素养课程;注重学习者在整个学习历程中信息素养的渐进式系统化培养。

OBE 和《框架》在专业人才培养上有一个共同的目标,即提升大学生自主学习和终身学习能力;在教育思想上有着共同的理念,即"合作"与"融入"。正如美国大学与研究图书馆协会(ACRL)理事会对《框架》的实施意见所述,信息素养需要通过渐进而系统的方式融入学生不同阶段的学术活动中。"合作"表现在教师与馆员合作,实现信息素养教育内容与学科知识相融合的目标。

在新的信息环境下,图书馆积极配合学校教育改革,探索嵌入教学过程,参与人才培养工作的信息素养教育新模式;与学院充分合作,将信息素养培养与学科专业教育相融合,将信息素养教育嵌入本科人才培养全过程各阶段,从基础教学、专业教学、实践教学、毕业设计各教学环节入手,构建与应用型本科人才培养目标相适应的渗透式、递进式、系统化信息素养教育模式。其中,纳入专业人才培养方案的专业信息检索课程是其重要形式之一,开设课程旨在使学生毕业时具备国际专业认证体系所要求的学科信息素养及自主学习和终身学习能力。

第二节 经济学科信息素养的构成

一、经济学科信息素养的构成要素

信息素养的构成概括起来包括以下四个方面。

(一)信息意识

信息意识是指对信息、信息问题的洞察力和敏感程度,是对信息的捕捉、分析、判断和吸收的自觉程度。信息意识支配着信息主体的信息行为。信息意识的强弱直接影响到信息主体的信息行为效果。看一个人有没有信息素养、有多高的信息素养,首先要看他(她)有没有信息意

识、信息意识有多强,也就是看碰到一个实际问题时他(她)能不能想到基于信息来解决问题。

具体到经济学科,信息意识就是指对经济信息、经济现象是否具有敏锐的洞察力,遇到经济领域问题能否想到通过信息搜索来解决问题。

(二)信息知识

信息知识是一切信息活动的基础。当代大学生应掌握开展信息活动所必须具备的基本原理、概念和方法性知识,具体包括两个方面:一是信息基础知识,主要是指信息的概念、内涵、特征,信息源的类型、特点,信息组织的理论和基本方法,信息搜索和管理的基础知识,信息分析方法和原则,以及信息交流的形式、类型、模式等;二是信息技术知识,包括信息技术的基本常识(如信息技术术语、各种信息技术及其特点和作用、信息技术的发展趋势)、信息系统结构及工作原理、信息技术的应用知识等。

经济学科信息知识就是经济学科相关的信息类别等知识,具备此知识是指:能知晓常用的经济信息源和检索策略;具备对经济文献的内容做出有效评价的能力;对经济文献中的证据、例子、数据能做出正确判断等。

(三)信息能力

信息能力是指人们有效利用信息知识、技术和工具获取信息、加工处理信息以及创造和交流信息的能力,也可以简单地理解为在现代信息社会人们"运用和操作"信息知识解决各种实际问题的能力,是信息素养的核心。它包括信息知识的应用、信息资源的收集整理与管理评价、信息技术及工具的选择和使用、信息处理过程的设计等能力。

经济学科信息能力表现为能否运用学科信息知识、技能、工具解决经济领域实际问题。

(四)信息道德

信息技术特别是网络技术的迅猛发展在给人们的生活学习和工作方式带来根本性变革的同时也引出许多新问题,如个人信息保护、软件知识产权、软件使用者权益、网络信息传播、网络黑客、信息安全等方面的问题。针对这些信息问题,人们之间以及个人和社会之间出现了调整信息关系的行为规范,这就形成了信息伦理。能不能在利用信息能力解决实际问题的过程中遵守信息伦理,体现了一个人信息道德水平的高低。

经济学科信息道德指在获得、存储、交流、利用经济信息的过程中能否遵循法律和道德规范。比如,不提供虚假的财务信息,在经济活动中尊重他人商标权、专利权,合理合法使用经济信息等都是其具体表现。

概括而言,信息意识决定一个人是否能够想到用信息和信息技术来解决问题;信息知识和信息能力决定能不能把想到的做到、做好;信息道德决定在做的过程中能不能遵守信息道德规范、合乎信息伦理。信息知识和信息能力是信息素养的核心和基本内容;信息意识是信息能力的基础和前提,并渗透到信息能力的全过程;信息道德则是信息意识和信息能力正确应用的保证,它关系到信息社会的稳定和健康发展。

经济学科信息素养的构成及其相互关系如图1-1所示。

二、信息素养与相关术语的关系[①]

进入21世纪以来,信息素养的概念在逐渐发展,许多与信息素养相关的术语相继被提出,同时

---

① 燕今伟,刘霞.信息素质教程[M].武汉:武汉大学出版社,2008.

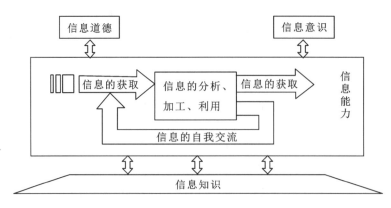

图1-1 经济学科信息素养的构成及其相互关系

被人们广泛使用。这些术语有的是信息素养概念的组成部分,如计算机素养、媒体素养、视觉素养,有的则为我们理解信息素养提供了新的视角,如数字素养、终身学习等。理解和辨析这些术语,明白这些术语相互之间的关系,将有助于我们更好地理解信息素养的内涵。

(一)计算机素养

计算机是人类重要的信息处理工具,具备计算机常识和掌握计算机应用技能是现代社会对大学生的基本要求。具备计算机素养的人能够熟练地、有效地利用计算机及软件完成实际工作任务。计算机素养是信息素养的重要组成部分。

(二)媒体素养

媒体素养是随着信息技术和大众传媒的发展而被提出的,是指人们对声、光、电、网络等各种形式载体上的信息进行解读、批判、利用及创造、传播的能力,特别在现代社会,新媒体(自媒体)、流媒体、融媒体的出现,使得媒体素养显得尤为重要。

(三)视觉素养

视觉素养是"读图时代"人们的基本素养,具有视觉素养的人能够解读图形、图像、图表、符号等视觉对象的意义,利用视觉符号进行沟通交流以及创造信息。影响视觉素养的因素是多元而复杂的,包括语境、文化、道德、审美、智力等。现如今,越来越多的研究成果和学术报告倾向于以可视化图表的方式来呈现,因此,对于大学生而言,要注重视觉素养的培养和塑造。

(四)数字素养

"数字素养"一词最早出现在20世纪90年代,受制于当时信息技术的发展状况,很多学者使用"数字素养"指代阅读及理解超文本或多媒体格式信息的能力,更多强调理解数字信息的技术技能。《国际图联数字素养宣言》(《图书馆论坛》2017年第11期)指出,"数字素养"指控制利用数字工具并发挥其潜能的能力。国际图联提出一个结果导向的定义:"具备数字素养意味着可以在高效、有效、合理的情况下最大限度地利用科学技术,以满足个人、社会和专业领域的信息需求。"美国图书馆协会发布的《数字素养工作组报告》并未给出明确的数字素养内容,但提出数字素养合格者应具备的五种能力:①操作数字设备的技能,即能够正确高效地使用各种数字设备的能力;②各种认知和技术技能,即对各种形式的数字信息进行搜索、理解、评估、创造和交流的能力;③进行数字交流合作的能力,即通过适当的数字设备和技术同他人进行交流和合作的能力;④批判性的认知能力,即能够批判性地认识技术、道德、法律、个人隐私等之间的关系;⑤参与并服务社会的能力,即利用自身的数字技能积极参与社会事务,为构建有活力的、数字化的、和谐的社会做贡献的能力。数字素养是现代信息社会对大学生提出的新的要求。

(五)终身学习

终身学习(lifelong learning)是指社会的每一个成员为适应社会发展及实现个体发展而实施的贯穿于其一生的持续学习过程,是指学习者根据自身的目标,有计划地、自觉地通过探究式学习解决一生中可能遇到的各种问题,提高生活、工作质量的过程。终身学习是现代大学生应具备的一种学习思维和学习方式,适用于所有学科、各种学习环境、各层次的教育和人生各阶段,因此,对个人自我发展和学习生活而言,终身学习能力至关重要,而终身学习能力的核心和关键因素即是信息素养。

信息素养与相关术语的关系如图1-2所示。

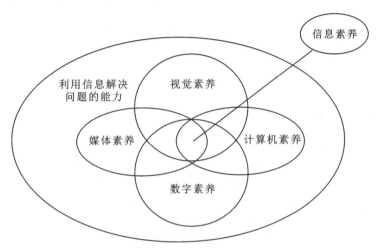

图1-2 信息素养与相关术语的关系

第三节 经济学科信息素养培养的参照标准

一、信息素养评价标准概况

信息素养评价标准是一套完整、规范的体系,由行业内权威机构或学会组织专家团队共同制定,用来评估个人的信息素养水平是否达到既定要求,衡量国家、区域或行业信息素养教育是否达到既定目标。当前在信息化社会环境下,世界各国高校非常重视信息素养教育,有的甚至将其提升到国家发展战略的高度,纷纷制定了相应的信息素养评价标准。

大学生了解国内外信息素养评价标准,有助于其为自身信息素养的培养确定有效的目标,督促自己在日常的学习实践中有意识地学以致用,不断提升自身的信息素养和终身学习能力。

国外关于信息素养评价标准的研究起步较早,已形成相对成熟的信息素养评价体系,用以指导国家、地区、行业各层面的信息素养教育活动。其中,最具代表性和影响力的评价标准有美国大学与研究图书馆协会(Association of College and Research Libraries,ACRL)2000年发布的《高等教育信息素养能力标准》、2015年发布的《高等教育信息素养框架》,英国国家和大学图书馆协会(Society of College, National and University Libraries,SCONUL)提出的高等教育"信息素养七柱模型",以及澳大利亚与新西兰信息素养学会(Australian and New Zealand Institute for Information Literacy,ANZIIL)发布的《澳大利亚和新西兰信息素养框架》。随着理论和实践的不断深入,美国还制定了区域性和学科性的标准,如《阿拉斯加信息素养标准》《科罗拉多州信息素养评价标准》《人类学与社会学学生的信息素养标准》《科学与工程技术领域信息素养标准》等。

在研究国外信息素养评价标准的基础上,国内学者针对中国情况,探索了构建信息素养标准的思路和方法,并提出了各种信息素养评价指标体系。2005年,北京高校图书馆学会发布了《北京地区高校信息素质能力指标体系》,提出了我国第一个比较有权威的信息素养评价标准体系。2005年,中国科学技术信息研究所重点对高校学生的信息素养教育进行研究,建立了"高校学生信息素养评价指标"。2008年,教育部高等学校图书情报工作指导委员会(简称高校图工委)信息素养教育工作组组织专家在《北京地区高校信息素质能力指标体系》的基础上进行修改,提出了《高校大学生信息素质指标体系及信息素质教育知识点》。

这些标准的制定为各层次、各学科人员的信息素养评价提供了依据,也为信息素养教育的规范化开展提供了指导性文件。

二、国外信息素养评价标准

(一)美国《高等教育信息素养能力标准》

2000年1月18日,美国大学与研究图书馆协会召开了美国图书馆协会仲冬会议,会议代表为全美高校的校长、副校长以及图书馆协会理事长等,会议审议并通过了《高等教育信息素养能力标准》,该标准由5项能力标准、22项表现指标和87项成果指标组成,见表1-1,侧重于信息获取、信息评价利用、信息交流、规范使用等方面的能力,比较全面地反映了信息素养的内在要求。

表1-1 美国《高等教育信息素养能力标准》内容

能力标准	标准维度	表现指标
标准一	能确定所需要信息的本质和范围	1. 能清晰详细地表达信息需求 2. 能确定多种类型和格式的可能的信息源 3. 考虑到获取信息的成本和效益 4. 能重新评估所需信息的性质和范围
标准二	能有效地、高效地获取信息	1. 能选择最适当的研究方法和信息检索手段获取信息 2. 能构建和实施基于有效性的信息检索策略 3. 能联机检索信息和使用各种方法 4. 能调整信息检索策略 5. 能将有关的信息资源存档
标准三	能批判地评估信息和信息源,将新的信息综合到现有的知识体系和价值观中	1. 能综合所收集信息的主要思想和观点 2. 能准确清晰地运用标准对信息和信息源进行评价 3. 能综合主要思想和观点,构建新观念 4. 能比较新旧知识差异和联系,确定新信息新增含义 5. 能判断新知识是否对个人价值观产生影响,并采取措施使二者融合 6. 能与一线工作者、学科领域专家或其他人进行交流讨论,以理解和解释信息 7. 能确定是否修正初始的观念

续表

能力标准	标准维度	表现指标
标准四	能独立或作为团队的一员高效地利用信息达到特定的目的	1.应用新的和原有的信息来规划和创造特别的作品或成果 2.修正原先制订的工作程序 3.有效地向他人传达作品或成果
标准五	能了解信息利用过程中的经济、法律和社会问题,并在信息存取和利用时符合伦理和法律规范的要求	1.理解与信息和信息技术相关的伦理、法律和社会经济问题 2.能依照相关法律法规制度和礼仪使用信息 3.能在传达作品或表现性能时声明引用文献的出处

2015年,ACRL在美国图书馆协会网站发布《高等教育信息素养框架》(简称《框架》),ACRL理事会同时表示《框架》尚需继续完善,目前不考虑废止《高等教育信息素养能力标准》,两者将并行供图书馆界研究和使用。

《框架》主要围绕6个核心"阈概念"(threshold concepts)或"框架要素"(frames)构建新时期高等教育信息素养教育体系,《框架》中6个"阈概念"按照英文名称首字母进行排序,每一个概念都包括一组知识技能和一组行为方式:

(1)权威的构建性与情境性(authority is constructed and contextual)。
(2)信息创建的过程性(information creation as a process)。
(3)信息的价值属性(information has value)。
(4)探究式研究(research as inquiry)。
(5)对话式学术研究(scholarship as conversation)。
(6)战略探索式检索(searching as strategic exploration)。

对于《框架》的6个核心概念的两种代表性的翻译和解读见表1-2。

表1-2 对于《框架》的6个核心概念的两种代表性的翻译和解读

《框架》的6个概念		解读
信息创建的过程性	信息产品体现生产方式	1.明白产生信息方式的多样性,认识到不同类型的信息形式与内容有完全不同的特点 2.清楚自身学科中传统的和新兴的信息生产方式,能够识别分辨不同类型的信息产品 3.知道什么情况下需要哪种类型的信息产品
权威的构建性与情境性	环境决定信息的权威性	1.明白权威的类型 2.具有甄别、利用权威信息的能力 3.具有开放思维和批判精神
战略探索式检索	检索是一种策略性探索	1.具有识别、评价、选择、获取信息的知识功底 2.能解决检索过程中遇到的挑战 3.必要时懂得寻求专家(如图书馆馆员、专业人士等)的指导

续表

《框架》的 6 个概念		解读
探究式研究	科研是一种探究式研究	1. 能利用已掌握的信息提出问题、确定合适的信息调研范围 2. 能把复杂的问题拆解为多个简单清晰的问题,有效控制信息调研的强度 3. 必要时懂得寻求合适的帮助
对话式学术研究	学术是一种对话	1. 具备初步参与学术交流互动的能力,包括实体的和网络的,向期刊投稿等 2. 将自己视为学术的贡献者而不仅仅是消费者 3. 认识不同环境中的对话障碍
信息的价值属性	信息有价	1. 通过合理引用和归属声明体现对他人的原创成果的尊重 2. 选择合适途径和方法发布自己的信息

注:战略探索式检索(检索是一种策略性探索)与探究式研究(科研是一种探究式研究)这两条的共性是:①强调科研和信息检索都是非线性的,需要反复进行,不断产生的新问题正是其发展的动能;②引导学生通过做好心理准备、合理规划任务和积极向专家请教等持续提升信息能力。

ACRL 的《框架》产生于新的信息生态环境和高校教育环境变革的背景下,较之《高等教育信息素养能力标准》,其评价体系增加了"探究式研究""对话式学术研究""权威的构建性与情境性"等内容,将高校信息素养教育目标延伸和聚焦到大学生适应现代社会和实现自我发展所必需的探究式学习、团队协作、沟通表达、批判思维等核心能力及综合素养上,评价体系的这些变化趋势必然带来信息素养教育内容的延伸和拓展,可以说是目前高校信息素养教育的风向标。

(二)英国信息素养评价标准模型

英国图书馆界开展信息素养教育研究由来已久,到 20 世纪已经呈现出跨学科发展趋势,受到科研人员的关注。1997 年英国国家和大学图书馆协会专门成立信息素养咨询委员会(Advisory Committee on Information Literacy,ACIL),ACIL 认为信息素养的内涵包括图书馆用户教育、信息技能培训和教育以及高等教育领域中的学习、教育和研究环境中使用信息的相关核心技能等。1999 年,SCONUL 围绕社会大环境下的"信息技能"提出了著名的"信息素养七柱模型",见图 1-3,此模型被视为最初的标准。其后,随着时代的变迁和实践的发展,SCONUL 意识到当前已是一个非常不同的信息世界,从而更新了模型,发布了"信息素养七要素新标准",见表 1-3。

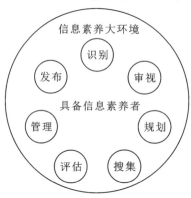

图 1-3 信息素养七柱模型

表 1-3　信息素养七要素新标准[①]

指标	应　知	应　会
识别	1. 新信息和数据将持续产生 2. 信息素养要求持续获取新信息的学习习惯 3. 通过探求信息才能获得科研思路和机遇 4. 对正式信息和灰色信息规模有一定概念	1. 识别自身在某研究领域中缺乏的知识 2. 识别自身检索需求并用简洁术语表达 3. 清楚自身已具备的知识 4. 清楚对信息和数据的需求度以确定检索深度和广度 5. 利用参考资料辅助检索 6. 自己能有效率地完成检索
审视	1. 当前可获取信息的类型 2. 不同类型信息（数字型、印刷型）的特点 3. 有哪些参考咨询服务可用及如何获得	1. 明确自身信息点 2. 明确哪种类型信息最符合需要 3. 明确可获取的通用或学科专用检索工具 4. 明确所需信息可能的类型（数字型、印刷型） 5. 可以自行试用新检索工具
规划	1. 检索信息所需的不同技能 2. 不同检索工具的区别及优缺点 3. 可使用复杂检索策略调整检索结果的深度和广度 4. 积极尝试新检索工具而非依赖某些常用资源的必要性 5. 根据检索结果不断调整检索词和检索策略的必要性 6. 受控词和分类表的价值	1. 用合适词语概括检索需求 2. 用合适的关键词、限定词等制订检索策略 3. 选出最合适的检索工具 4. 用受控词及分类表辅助检索 5. 检索技巧的应用（简单的如查索引，复杂的如数据挖掘） 6. 根据具体检索需求不断换用合适的检索工具
搜集	1. 数字型及印刷型信息与数据的组织方式 2. 图书馆提供的资源入口 3. 网络和电子技术是信息生产和共享的重要工具 4. 数据收集和数据监护方面的问题 5. 引文各部分的含义及其提供的信息 6. 文摘的作用 7. 免费及收费资源的区别 8. 网络环境的风险防范 9. 甄别和评估检索结果的必要性	1. 有效使用必要的检索工具和资源 2. 进行数字及印刷资源组合检索 3. 获取数字或印刷资源全文，阅读并下载网上资源及数据 4. 使用合适技能去搜集新数据 5. 进行信息追踪 6. 积极与同行分享信息 7. 明确信息需求是否已满足 8. 使用数字型或印刷型帮助文档，并寻得专业人士相助

---

① 何立芳,郑碧敏,彭丽文. 青年学者学术信息素养[M]. 杭州:浙江大学出版社,2015.

续表

指标	应　知	应　会
评估	1. 自身学习、科研环境中信息和数据的宏观情况 2. 不同信息源、数据源之间质量、准确度、可信度、相关性、偏重等方面的差异 3. 依据信息从评审到出版的流程制订自评过程 4. 持续收集数据的重要性 5. 引文在科研、学习环境中的重要性	1. 区分不同信息资源及其所提供的信息 2. 用适当的原则筛选合适的素材 3. 测评信息的质量、准确度、可信度、相关性、偏重 4. 测评数据的可信度 5. 批判性阅读，找出重点内容和争议之处 6. 根据检索结果反思检索策略 7. 认真比对自己与他人检索结果的异同 8. 懂得控制检索的规模
管理	1. 在信息运用及传播中的知识产权责任 2. 采用合适方法处理数据 3. 积极、合情合法地帮助他人查找及管理信息 4. 有条理地保存检索结果 5. 合情合法地存储及分享信息和数据 6. 专业人士（数据管理员、图书馆馆员等）能提供重要的建议和帮助	1. 使用文献管理软件 2. 使用合适的软件和方法管理数据 3. 使用合规的格式撰写参考文献 4. 对信息和数据的知识产权保持清醒意识 5. 依学术道德准则行事 6. 寻找数据监护机会以确保数据的再利用
发布	1. 区分信息概括和信息整合 2. 针对不同受众采用合适的撰文、发布方式 3. 数据可通过多种途径发布 4. 个人有责任存储、分享信息和数据 5. 个人有责任传播信息和知识 6. 科研成果的考评体系和出版流程 7. 论文权责和归属问题 8. 个人可凭借纸质文献和电子技术（博客、维基等）在信息创造过程中成为积极角色	1. 运用检索到的信息和数据解决问题 2. 对文档进行口头或文字的归纳总结 3. 将新信息融入现有的知识体系 4. 准确地分析并发布数据 5. 整合不同途径获取的信息 6. 使用适当的体裁和文笔进行有效沟通 7. 有效进行口头沟通 8. 选择合适的出版和传播渠道 9. 构建人际网络，在学术圈中提升个人知名度

（三）澳大利亚信息素养评价标准

自美国大学与研究图书馆协会 2000 年批准美国《高等教育信息素养能力标准》以后，全世界范围内掀起了信息素质教育和有关标准研究的热潮。2001 年澳大利亚大学图书馆员委员会（Council of Australian University Librarians,CAUL）发布了《信息素质标准（第一版）》，2004 年，澳大利亚与新西兰信息素养学会修订形成了《澳大利亚和新西兰信息素养框架》（全称《澳大利亚和新西兰信息素养框架：原则、标准和实践（第二版）》），共包含 6 个标准维度、19 个指标和 67 项指标说明，如表 1-4 所示。

表 1-4 《澳大利亚和新西兰信息素养框架》[①]标准维度及说明

序号	标准维度	说明
标准一	能确定信息需求的性质和范围	包括限定和解释信息需求;了解各处信息源的用途、范围和适用性,对信息需求的性质和范围进行再评价,利用多种信息源做出决策
标准二	能有效地、充分地存取所需信息	包括选择最恰当的工具发现信息,制订和实施有效的检索策略,利用适当的方法获得信息,不断更新信息源、信息技术、信息存取工具和检索方法
标准三	能批判地评估信息和信息查找过程	评价信息的有用性和相关性,比较从各种信息源中获得的信息,评价其权威性、有效性、及时性和观点的公正性,评价信息查找过程并对信息策略进行必要的修改
标准四	能有效地管理收集到的或自己产生的信息	包括记录所需信息,以书目形式编辑参考文献,系统地组织和管理所获得的信息
标准五	能结合以前的知识和新的理解来扩展、再组织或创造新的知识	
标准六	能了解信息获取和利用的文化、道德、经济、法律及其他社会问题,并能遵守伦理道德和法律法规	

国外有影响力的几个信息素养评价标准的内容大致相同。除了美国、英国和澳大利亚外,日本、新加坡及韩国等亚洲国家也相继制定了本国的信息素养标准,用以指导信息素养教育活动。

三、国内信息素养评价标准

与国外相比,我国关于信息素养评价标准的研究还处在探索阶段,尚未形成统一的国家标准或行业标准。目前较有影响力的评价体系有三种,分别是北京高校图书馆学会发布的"北京地区高校信息素质能力指标体系"、中国科学技术信息研究所研究制定的"高校学生信息素养评价指标"和教育部高校图工委制定的"高校大学生信息素质指标体系"。

（一）北京地区高校信息素质能力指标体系

北京地区高校信息素质能力指标体系见表 1-5。

---

① 何立芳,郑碧敏,彭丽文.青年学者学术信息素养[M].杭州:浙江大学出版社,2015.

表 1-5　北京地区高校信息素质能力指标体系

序号	标准维度	二级指标
标准一	能了解信息以及信息素质能力在现代社会中的作用、价值与力量	1. 具有强烈的信息意识 2. 了解信息素质的内涵
标准二	能确定所需信息的性质与范围	1. 识别不同的信息源并了解其特点 2. 明确地表达信息需求 3. 考虑到影响信息获取的因素
标准三	能有效地获取所需要的信息	1. 了解多种信息检索系统,并使用最恰当的信息检索系统进行信息检索 2. 组织与实施有效的检索策略 3. 根据需要利用恰当的信息服务获取信息 4. 关注常用的信息源与信息检索系统的变化
标准四	能正确地评价信息及信息源,并且把选择的信息融入自身的知识体系中,重构成新的知识体系	1. 应用评价标准评价信息及信息源 2. 将选择的信息融入自身的知识体系中,重构成新的知识体系
标准五	能够有效地管理、组织与交流信息	1. 有效地管理、组织信息 2. 有效地与他人交流信息
标准六	作为个人或作为群体的一员能够有效地利用信息来完成一项具体的任务	1. 制订一个人独立或与他人合作完成具体任务的计划 2. 确定完成任务所需要的信息 3. 通过讨论、交流等方式,将获得的信息应用到完成任务的过程中 4. 提供某种形式的信息产品(例如综述报告、学术论文、项目申请、项目汇报等)
标准七	了解与信息检索、利用相关的法律、伦理和社会经济问题,能够合理、合法地检索和利用信息	1. 了解与信息相关的伦理、法律和社会经济问题 2. 遵循在获得、存储、交流、利用信息过程中的法律和道德规范

注:由北京高校图书馆学会 2005 年发布,分为 7 个标准维度、19 个二级指标和 61 个三级指标。

(二)中国科学技术信息研究所"高校学生信息素养评价指标"

中国科学技术信息研究所"高校学生信息素养评价指标"见表 1-6。

表 1-6　中国科学技术信息研究所"高校学生信息素养评价指标"

序号	标准维度	二级指标
标准一	信息意识:人们对信息的捕捉、分析、判断和吸收的自觉程度	1. 对信息素质概念的了解 2. 寻求查找信息帮助 3. 参加信息素质活动情况 4. 对提高信息素质方式的认识

续表

序号	标 准 维 度	二 级 指 标
标准二	信息能力：获取、评价、处理、保存、传递和利用信息的能力	1. 计算机应用水平 2. 常用信息资源 3. 常用信息查找方法 4. 主要信息获取渠道 5. 科研活动能力 6. 数据库利用 7. 检索主要困难 8. 需要培训的信息技能
标准三	信息观念与伦理：信息观念指人们对信息的看法和态度及对信息本质特征和价值的看法；信息伦理指在整个信息活动中调节信息创造者、信息服务者、信息作用者之间相互关系的行为规范的总和	1. 引用他人论文的做法 2. 对知识产权的态度 3. 对信息服务适当收费的态度

注：由中国科学技术信息研究所2005年建立，包括3项一级指标和15项二级指标。

（三）教育部高校图工委"高校大学生信息素质指标体系"

"高校大学生信息素质指标体系"由教育部高校图工委组织北京地区高校专家于2008年研讨提出，以《北京地区高校信息素质能力指标体系》为基础进行了修改，除了部分表达上的差异，内容基本与《北京地区高校信息素质能力指标体系》一致，讨论稿共包含7项一级指标和19项二级指标。

综观国内外信息素养评价标准与体系，其核心内容大致相同，主要体现在信息意识、信息获取能力、信息评价能力、信息利用和创新能力及信息伦理道德五个方面。信息能力是信息素养中的核心能力。当然也有不同之处，如语言描述上的差异，最大的不同在于标准研究制定的主体存在明显的差异。国外的评价标准和体系大多由较有威望的各类学会、协会或专业机构研究制定，并注重积极吸纳各方面的专家，使其参与其中，从而最大限度地保证了评价体系和标准的权威性、实用性、专业性和学术性。国内的评价标准和体系主要由一些专家学者或个别研究机构设计提出，其普及性和操作性受到局限。

直到2015年12月，教育部印发了《普通高等学校图书馆规程》（以下简称《规程》）。《规程》指出高等学校图书馆是为人才培养和科学研究服务的学术性机构，并明确要求"图书馆应全面参与学校人才培养工作，充分发挥第二课堂的作用，采取多种形式提高学生综合素质。图书馆应重视开展信息素质教育，采用现代教育技术，加强信息素质课程体系建设，完善和创新新生培训、专题讲座的形式和内容"。《规程》的制定与发布为我国高校信息素质教育的进一步发展提供了政策依据。随后，2018年3月，教育部发布了《关于进一步加强高等学校信息素养教育的指导意见》（以下简称《指导意见》），积极推进了全国性标准的研究与制定。《指导意见》以《普通高等学校图书馆规程》为指导，以全球信息素养教育研究成果为参考，从当前中国高等教育的实际出发，结合中国国情，制定了新时期中国高等教育信息素养教育规划和发展指南，它是各高校组织规划和开展信息素养教育实践的指导性文件。它建议不同层次的协会、机构以此参考制定适应本学科、本机构的指导和实施文件，为各图书馆提升信息素养教育水平创造更好的条件，从而为学校人才培养发挥更加重要的作用。

目前各高校参考和借鉴了国际图书馆界极具影响力的美国大学与研究图书馆协会2000年提出的《高等教育信息素养能力标准》和2015年发布的《高等教育信息素养框架》，结合我国国情及教育部2018年发布的《关于进一步加强高等学校信息素养教育的指导意见》，综合以上作为经济学科信息素养能力评价的参照标准。

第四节　经济学科信息素养培养内容及层次

一、经济学科信息素养培养目标

经济学科信息素养是指融合了多种关于经济领域信息的知识技能和思维意识的一组复合能力，它与学生的专业学习、学术研究乃至职业生涯密切相关。具体包括：在经济信息生产过程中，认知和评价不同产生途径和形式的经济信息的价值；在学科专业相关问题解决过程中，能够制订、调整信息发现和获取的策略；以辩证思维分析评价所获取的经济信息；规范合理地利用获取的经济信息解决问题并创造出新内容；以各种方式呈现和交流自己的研究成果。它强调学生作为专业信息使用者和专业信息创造者的双重角色，强调信息素养与高校学生个人成长的相关性。

按照美国大学与研究图书馆协会（ACRL）2015年发布的《高等教育信息素养框架》指导精神，结合教育部2018年发布的《关于进一步加强高等学校信息素养教育的指导意见》，本书将高校信息素养教育的目标确定为培养大学生：

(1)基于信息的问题解决思路；
(2)基于科学的信息检索方法；
(3)基于过程的实践探究精神；
(4)受用一生的终身学习能力。

经济学科信息素养培养则以引导学生构建个人学科资源集合并能灵活加以应用为目标，使其具备基于学科信息解决问题的思路，掌握科学的信息检索方法，具备拆解和处理专业复杂问题的能力和实践探究精神，获得受用一生的自我知识更新能力和终身学习能力；一言以蔽之，就是引导学生将信息素养灵活迁移到学科专业学习及职业生涯中，帮助其成长与职业发展。

二、经济学科信息素养培养内容

教育部2018年公布的《关于进一步加强高等学校信息素养教育的指导意见》结合国内外高等院校信息素养教育最新研究成果和当前教育形势，及时而全面地阐述了信息素养教育的内容，主要包括以下四个方面。

(一)信息源的认知与选择

1. 学习目标

当前信息环境下，信息来源日趋多元化。信息源的可靠性、权威性与信息生产过程、生产者专业水平、使用者知识水平和信息使用环境密切相关，信息源评价标准并不是唯一的。

要求学生以辩证式、开放式的思维理解信息源评价标准，根据具体问题，结合学科和使用环境，合理选择信息源，获取有效信息。

2. 学习内容

(1)了解各类信息产生途径、呈现形式、交流方式的多元化。
(2)认识不同来源信息的特点和价值。
(3)认知学科领域中信息的产生和传播方式及作用。

(4)掌握信息源的评价标准、评价方法及适用范围。
(5)根据问题需求,合理选择信息源。
(6)形成有效的常用信息源集合。

(二)信息的查询与获取

1. 学习目标

信息的查询与获取是一个不断探索的过程,贯穿于问题的发现、研究和解决的各个环节,包括确定检索需求、制订检索策略、分析检索结果,并根据需要改进检索策略。

要求学生掌握信息查询与获取的工具、策略、步骤和检索结果的评价方法。

2. 学习内容

(1)分析问题,表达信息需求,确定信息查询的初步范围。
(2)综合使用不同的查询工具,正确选取检索词,编制检索式,制订检索策略。
(3)提高信息敏感度,善于在浏览、阅读中发现信息。
(4)分析检索结果,评价其全面性与准确性,不断调整检索策略。
(5)利用图书馆、其他信息服务机构或公共网络等渠道获取信息。
(6)寻求专家指导,如图书馆馆员或其他专业人员。
(7)反思信息查询过程,形成有效的信息查询与获取的思维和行为习惯。

(三)信息的管理与利用

1. 学习目标

对通过多种渠道获取的各类信息,需要以有效的方式进行组织与管理。信息利用过程中,学生既是信息的使用者,也是信息的生产者与传播者。信息和知识的整合与重组形成新的成果,需要与同行分享、交流,并融入学术对话,促进研究进步,以及发现新的研究问题。

要求学生具备信息管理与利用以及信息生产、发布和传播的意识、方法与技巧。

2. 学习内容

(1)合理使用管理工具对查询与获取的信息进行整理、组织和保存。
(2)辩证审视他人研究成果,正确评价其学术价值。
(3)在学术研究中合理引用他人成果。
(4)注重归纳不断演化的研究内容和观点,形成系统认知。
(5)整理分析已获取的信息,提炼新的研究问题,提出解决问题的新思想、新方法。
(6)通过各种方式在不同场合或环境中分享和交流成果。

(四)信息的伦理与安全

1. 学习目标

信息与知识是研究者智慧的结晶,具有学术价值、社会价值和经济价值。信息的滥用、误用等行为会引发信息污染、信息犯罪等问题,影响信息与知识真正价值的发挥,损害各相关方利益。

要求学生了解信息查询、获取与利用过程中的相关法律政策、信息伦理与安全问题,约束和规范信息行为,保护个人和集体权益,防范不良侵害。

2. 学习内容

(1)了解关于信息传播与利用的相关法律、政策。
(2)在信息查询、获取与利用过程中尊重他人知识产权。
(3)信息产生和知识创新过程中保护个人知识产权。
(4)学术研究和论文写作中,遵守学术规范,杜绝学术不端行为。

(5)保护个人隐私和研究成果,防止个人信息和涉密信息泄露。
(6)使用安全软件,防止黑客、计算机病毒等攻击。
以上这些内容在本书中将会有针对性地涉及,也是学生重点学习的内容。

三、经济学科信息素养培养层次

大学生学科信息素养培养主要为学科学习与研究服务,为终身学习能力培养奠定基础。大学生在校期间学科信息素养培养需要遵循学习规律并考虑不同学习阶段的信息需求,通过渗透与递进的方式与学科学习和专业人才培养过程相结合,注重学习者在整个学习历程及终身学习中信息素养的阶段性培养,体现出层次性。如图1-4所示,信息素养分层培养分三个阶段:初级阶段适合信息素养基础与通识教育;中级阶段侧重学科信息资源集合的搜集利用以及专业数字工具的学习使用;高级阶段侧重创新能力和在学术对话中的沟通表达能力的培养。

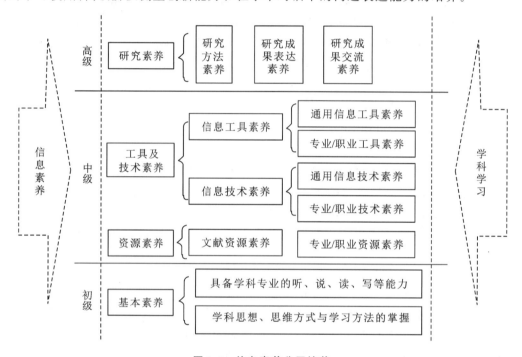

图1-4 信息素养分层培养

思考题

1. 简述信息素养的构成。
2. 说说信息素养教育主要包括哪四个方面的内容。
3. 简要介绍美国大学与研究图书馆协会2015年发布的《高等教育信息素养框架》核心内容,比较其与2000年发布的《高等教育信息素养能力标准》的异同,说说大学生应注重培养自己哪些方面的信息素养和综合能力。
4. 阅读材料,思考与讨论:一辈子一张文凭够用吗?

【材料】 据统计,在农业经济时代,一个人学习8年可满足终身需求;在工业经济时代,一个人学习17年大体能满足终身需求;而在知识经济时代,知识与信息总量迅猛增长,知识日新月异,一个人在学校里学到的知识仅占其一生所需知识的10%左右,而其余90%左右的知识是在以后的工作和生活中不断学习和获取的。

5.阅读材料,思考信息素养与终身学习能力的关系。

【材料】 张先生是广东某职业技术学校的投资创办人,也是泰国某集团的创始人和董事长,荣获泰国蓝甘杏大学工商管理学博士,2006年荣获泰国农业大学森林学名誉博士,还曾任泰国上议院议员、泰国总理经济顾问等显要职务。

少年时期的张先生家境清贫,读了两年书他便辍学了,14岁便独自到泰国曼谷谋求发展。在自强自立之外,他一直保持学习的态度,并不因为学校教育的结束而停止学习,而是根据实际业务需求不断调整和充实自己的知识结构,不断地向书本、向社会、向实践学习,锐意进取。也正是他的好学、苦学、善学、边学边干的终身学习的思想,造就了他成功的事业。

第二章 经济信息概述

第一节 经济信息的概念

市场经济体系下,不论是在宏观经济还是在微观经济活动中,都存在着大量经济信息,人们通过其接收、传递和处理,反映和沟通各方面经济情况的变化,借以调控和管理生产和销售等环节,实现各环节间的联系。经济信息分为计划信息、控制信息、生产和经营信息、市场信息、统计信息等。它们有的来自经济单位外部,有的产生于经济单位内部,因此,经济信息有时也会分为外源信息及内源信息。在整个社会生产过程中,无时无刻不在产生和使用大量的经济信息,经济信息是客观经济过程的基本构成要素之一。海量的经济信息特性各异,不同的学者有不同的认识,主流研究多从信息学、经济学、管理学三个角度考察经济信息,都涉及"经济信息"相关概念,本书也尝试从这三个角度去理解经济信息的概念。

一、从信息学角度理解经济信息

经济信息经常存在于收集、整理、存储、传递、利用信息处理的全过程,是对经济活动的一种客观反映。

观点一:经济信息是指经济活动中一切有用的最新的消息、情况、指令、报表、数据等的报道,是国民经济各种发展变化和特征的真实反映。[1]

观点二:经济信息是反映经济活动实况和特征的各种消息、情报、资料、指令等的统称,是各种经济运动发展变化及相互内在联系的客观反映。[2]

观点三:经济信息是与经济活动、经济现象相伴而生的,并且是对它们及其属性的客观描述和真实反映。[3]

二、从经济学角度理解经济信息

经济信息是经济理论赖以建立和发展的基础,还可被作为资源或生产要素加以研究和开发。

观点一:经济信息是经济理论赖以建立和发展的基础,也可以被看成是对一切物质产品和精神产品的生产、交换、分配、流通、消费等现象的考察,还可以被看成是生产要素研究的开发和利用。[4]

---

[1] 邓淑范,刘江,文燕.经济学习实用手册[M].哈尔滨:黑龙江人民出版社,2002:143.
[2] 十所财经高校文献检索课程教材编写组.经济信息资源检索与图书馆利用[M].大连:东北财经大学出版社,2015:29.
[3] 王胜利,袁锡宏.经济信息检索与利用[M].北京:海洋出版社,2008.
[4] 詹仁锋,张丽.经济信息检索与利用[M].2版.大连:大连理工大学出版社,2001.

观点二：经济信息是反映经济活动特征及其发展变化情况的消息、情报、资料等的总称。[1]

观点三：经济信息是对经济运动属性及其有关对象特征的一种客观描述，是经济活动各种发展变化及其特征的真实反映。广义的经济信息是指那些与整个经济活动有关系的各种信息，这些信息从不同角度、不同侧面来反映经济运动的变化和特征；狭义的经济信息是指经济活动过程中直接反映出来的信息。[2]

三、从管理学角度理解经济信息

经济信息既是决策的依据，又为管理的对象，需要组织、协调和规划，是跨学科多元化的复杂综合体。

观点一：经济信息既是经济决策的依据，同时，它作为一种具有战略意义的资源，又成为管理的对象，需要对其进行规划、组织、协调和控制。经济信息是信息和经济的统一体，是对经济运动属性及其有关对象特征的一种客观描述，是经济活动各种发展变化及其特征的真实反映。[3]

观点二：经济信息是对跨学科的、多元化的综合现象的考察。[4]

观点三：经济信息是反映经济状况和变化的消息与信号，是宏观经济管理和微观经济活动的依据和指导。[5]

综上所述，经济信息是社会经济活动中的各种消息、资料和数据的统称。它通过各种数据、文字、图表和信号反映经济活动的特征和发展趋势。在社会经济活动中，不断产生着各种经济信息，随着社会化生产和商品经济的发展，经济信息的重要作用日益突出。人们需要通过对经济信息的收集、存储、分析和处理，在不同层次的经济管理中，对生产经营活动做出决策。国家加强经济信息工作，及时全面地提供精准的信息，既可以直接完善国民经济科学管理，还可以直接指导各部门、各行业沿着计划要求的方向发展，更好地为经济工作服务。

第二节　经济信息的特征

经济信息作为社会信息的一个组成部分，除有知识性、可扩充性、可压缩性、可分享性等一般信息特征外，还具有自身的个性化特征，主要体现在经济性、客观性、时效性、系统性、专业性这五方面。

一、经济性

这是经济信息的重要特征之一。经济信息的主要内容是反映社会生产力和生产关系方面运动变化的特征，它产生于社会经济活动，又服务于社会经济活动，是构成生产力的首要资源。它被人们及时掌握和运用就可能产生直接或间接的经济效益。信息就是经济，经济信息更具有经济性。

---

[1] 尹伯成,袁恩桢.简明经济辞典[M].上海：上海辞书出版社,2006.
[2] 王守安.中国经济新名词辞典[M].海口：南海出版公司,1994.
[3] 王涛,张恩英,贾淑萍,等.经济信息的分析与利用[M].北京：中国财政经济出版社,2000.
[4] 詹仁锋,张丽.经济信息检索与利用[M].2版.大连：大连理工大学出版社,2001.
[5] 《中国大百科全书》第二版总编辑委员会.中国大百科全书[M].2版.北京：中国大百科全书出版社,2009.

二、客观性

信息是物质的运动形式,经济信息是对社会经济运动过程的客观如实描述。由于社会经济运动不间断地进行着,始终处于不停运动之中,因而,经济信息也就源源不断地产生出来。这些产生出来的经济信息是对经济运动变化过程的真实反映,这种真实性是不以人们的意志为转移的。经济信息的这种客观性也就构成了经济信息的基本来源,综合考察大致可以分为三个方面:第一,社会各种直接的经济活动产生的信息;第二,社会经济活动管理方面产生的信息;第三,国际经济技术交流方面产生的信息。这几方面构成复杂、客观的经济运动,可以说,经济信息具有客观性。

三、时效性

经济信息直接产生于经济活动全过程之中,而任何一种经济活动都是人们有意识的自觉行为,经济信息作为对经济运动的客观反映,它的生成、传递及应用都是为一定的经济目的服务的,所以说,经济信息是具有一定的经济利益和效用的信息。经济信息一旦产生,如不及时采用,其价值将随着时间的推移迅速递减,特别是随着人类科学技术的发展,社会生产力水平提高,经济活动瞬息万变,经济运动的节奏不断加快,变化幅度日益增大,从而使经济信息时效性更强,同时,信息技术的提升加速了经济信息的变化。内容真实、传输快、符合需要的经济信息,能保证迅速的判断和恰当的决策,而迟到的信息会失去其自身应有的价值。

四、系统性

经济信息是人与人之间相互传递的社会信息,是人们在经济活动中沟通、联络及实现各方面联系的工具,反映经济运行变化特征的信息总是不断地出现、发送,形成不间断的信息流,涉及生产力要素、市场要素等众多信息。这些信息流具有规律性、系统性。所以,经济信息具有全面性和连续性,即系统性。

五、专业性

经济信息的专业性是指其内容范围限于经济领域,并因此与其他社会信息相区别。经济信息是反映社会经济活动的信息,无论形式如何,其内容必须是有关经济的。作为一种社会信息,经济信息客观地描述社会各个时期、各个地区、各个领域的经济运动的变化和发展趋势,或反映人类具体的经济活动和经济行为的规律及其特征。经济信息也是为社会经济活动服务的,为人们认识经济状况、了解经济形势、更好地从事经济活动提供重要的依据。因此,不论是从广义角度还是狭义角度来说,不包含经济活动的内容,或与经济活动无关的信息,一般都不能算是经济信息。专业性是经济信息的一个重要特征,也是经济信息与其他社会信息(如政务、科技、文化、教育、军事等信息)相区别的重要标志之一。经济信息的内容主要限定在经济领域内,经济领域是经济信息的源泉和归宿,这就明确了经济信息的内涵和外延,方便将经济信息与其他信息进行区分。

不同的研究者对经济信息的特征的描述不同,还有广泛性、目的性、共享性、社会性、同质性等描述,这里不再赘述。

第三节　经济信息的功能

经济信息的功能,是指经济信息所具有的功效与能力,以及其在整个经济活动中的地位和作用。经济信息的功能是多方面的,可以从不同的角度来论述。一般来说,经济信息主要有决策、管理、预测、增值四项功能。

一、决策功能

决策与规划是经济管理的重要职能,经济决策和规划是否正确,影响到全局的发展。正确的决策取决于多个因素,但全面、及时、客观的经济信息是决策者做好决策的重要前提。提供经济信息效率低或者提供的信息不准确、预测不准,必然导致决策部门做出错误或偏颇的决策判断,甚至是大的失误。只有掌握了充分、客观的经济信息,对经济活动的发展和变化能心中有数,才能做出成功的决策和规划。决策的正确与否和质量高低十分依赖信息的水平和质量,经济信息全面、及时、准确是保证经济决策与规划科学的基础。

二、管理功能

经济信息具有经济管理的功能。经济管理是指为实现预定的目标,对社会经济活动或生产经营活动进行计划、组织、指挥、调节、监督等一系列实施活动的总称。经济管理必须依赖信息才能有效地行使其职能,保障其过程顺利进行。

在人们的经济活动全过程中,各个环节都必须加以管理和控制,而任何经济管理都离不开信息。经济信息可以直接为经济管理服务,是经济管理的基础和依据。为达到预定的目标,经济管理要实行决策、计划、组织、指挥、调控、监督、实施和评估等,而经济信息在整个过程、各个阶段以及各个方面都发挥着重要的作用。以决策为例,决策的正确与否是管理成败的关键。在经济活动中,决策就是从多种方案中选择一种最符合自身条件和发展的方案,而要做出合理的选择,就必须基于大量、全面、及时、准确的信息。没有信息就无从分析和比较,无法排除选择中的不确定因素。因此,可以说,经济信息是决策过程及决策效果科学化的保障。

三、预测功能

经济信息具有经济预测的功能。经济预测通常针对特定的预测对象,在遵循有关经济理论的基础之上,通过调查有关的历史信息,以定性分析法、定量分析法等为手段,对有关经济活动的演变规律进行研究,进而对未来的发展预先做出科学的推断。经济信息不仅反映经济活动的过程,且还隐含着经济活动的发展趋势。事实上,很多企业就是通过对行业及经济环境的过去进行分析(如编制经济发展报告、公司财务报告等),最终对未来的发展趋势做出准确的判断,从而占领市场先机的。

四、增值功能

经济信息的增值功能是指在经济活动中,信息可以提高企业的劳动生产率,增加企业的经济效益,从而增加社会财富。经济信息的增值功能在现代经济发展中具有十分重要的意义。要想运用信息扩大财富的增值空间,就应加强信息的交流和传递,拓展信息传播的渠道,提高信息流动的速度,以便广泛、快捷、准确地掌握有关的经济信息,发展高增值的经济活动。

第四节　经济信息的类型

本书结合用户对经济信息的需求类型,将经济信息分为文献型经济信息、数值型经济信息、事实型经济信息等,对于应用型本科院校经济管理专业学生而言,掌握其检索途径就能较好地在日常学习和生活中应用。

一、文献型经济信息

文献型经济信息是利用经济类图书、报纸、期刊、报告、会议、政府出版物、专利、标准、样本、档案等经济文献反映经济活动实际情况和特征的各种信息,是信息检索和利用的主要对象。文献型经济信息的形式多样,常见以下几种:

(1)经济图书——范围广,包括精深的专著及各类教科书和科普读物等。它的特点是内容系统、全面、成熟、可靠,图书作者全面地向读者介绍创见、成果或新的观点、观念、技巧。经济图书中既有一次文献(如专业著作)又有二次文献(如文摘、索引)等。

(2)经济报纸——以宣传报道经济信息和经济政策为主的一种文献,例如《中国财经报》《中国证券报》等。

(3)经济期刊——周期性出版物,具有品种多、数量大、报道速度快、内容新颖、能及时反映当前经济水平等特点。经济期刊是一次文献,是人们传递经济信息、交流学术思想使用的基本且广泛的手段,也是经济信息文献检索的重点。

(4)经济报告——关于某项经济成果的正式报告,或是其进展、阶段的实际记录。它的特点是每份报告自成一册,有连续编号,内容精深。经济报告是一次文献,许多最新的经济课题和尖端学术成果,往往首先反映在经济报告中,它往往代表一个国家或专业的经济水平,既像书又像刊或既不像书又不像刊是经济报告在文献类型方面的特点。

(5)会议文献——报道最新经济动向的一次文献。会议录中收集的论文或报告,均为会议文献,此外还有会前文献。

(6)政府出版物——体现政府经济政策的三次文献,这是各国政府部门或机构出版的有关经济的政策性文件,它们集中反映了政府各有关部门的观点、方针、政策,对了解某一个国家的经济政策有一定的参考价值。

(7)专利文献——集技术、经济、法律为一体的一次文献。专利申请制度是用法律来保护经济发明产权的制度。当专利申请案被提出和批准时,由发明人呈交的专利申请说明书、公开发明的技术内容、支持权利要求的保护范围等即被公布,这些就是专利文献。专利文献包括了丰富的技术情报和经济情报,同时专利的范围几乎囊括所有的技术领域。

(8)标准文献——促进社会产品质量提升的一次文献。标准文献主要是针对工农业产品、工程建设的质量、规格及其检验方法等所做的技术规定,是从事生产建设的一种共同技术依据。它作为一种规章性的技术文件,具有一定的法律约束力。

(9)学位论文——体现毕业生学术水平的一次文献。学位论文是作者为获得某种学位而撰写的研究报告或科学论文,目前很多高校都将学生的学位论文作为本校的知识成果进行保存。一些商业数据库也收录了高质量的毕业论文。

(10)产品样本——提供产品技术规格的一次文献,是产品制造商介绍产品的文献,如产品说明书、产品目录等。

(11)经济档案——各种经济组织、管理部门、团体、个人在各项经济活动中形成的、经过归类整理的、有参考和利用价值的文件和资料,包括工程图纸、图表、图片、原始记录或其复印件、任务书、协议书、审批文件、计划方案和实施措施等。

二、数值型经济信息

数值型经济信息是经济信息的重要组成部分,是反映经济发展变化、动向和趋势的各种统计数字、统计数据和统计资料的总称。数值型经济信息,以客观和直观的公式、数据、图表、经济资料等形式反映某一国家、某一地区在某一时期内经济发展变化的规律、动向和趋势。数值型经济信息有助于我们研究和了解不同历史时期社会生活和经济状况,从而在有关经济问题的论证中,做出精确的定量分析,为国民经济的科学管理和检查监督提供可靠的依据。统计数字、统计数据和统计资料是展现数值型经济信息的主要方式。

1. 统计数字

统计数字是在对社会经济现象进行有目的的调查的基础上,经过分析、筛选编成的有序化数字性特殊资料。统计数字,单从经济领域看,就是关于人口、财产、国民收入和分配、社会产品生产、商品流通、物资供应、财政、金融、进出口贸易、市场行情、人民生活、物价等方面的资料。

2. 统计数据

统计数据主要指社会经济研究方面经常使用的一些经济参数、常数等,具体说来,包括理论数据、实验数据、数字数据和预测数据等,通常是科学论证多次的产物,较之统计数字,更能反映经济现象的本质特征和规律性。

3. 统计资料

统计资料是统计调查活动的成果,是通过统计调查活动得到的反映社会、经济、科学技术发展情况的统计信息的总称。它包括:原始调查资料和经过调查分析的综合统计资料;以统计表形式提供的数据资料和以统计报告形式提供的文字、数字和图表资料;由统计机构和统计人员直接进行调查所取得的统计资料和由财务会计机构、业务管理机构及有关人员根据统计调查制度的要求整理提供的统计资料;以书面或文件形式提供、传输的统计资料和以电讯、磁介质提供、传输或保存的统计资料。许多出版物都可归入这一类,如统计政策法令、统计程序说明书、统计调查报告、统计数字汇编、统计年鉴、统计杂志以及有关统计的文章等。

数值型经济信息的特点如下:

(1)数量性。

一般经济信息既有数据形式也有文字形式,但数值型经济信息都是数据资料。

(2)大量性。

数值型经济信息是对大量现象或同类现象进行实地观测所取得的数据资料,而不是反映个别现象的个别数据。

(3)具体性。

数值型经济信息是对事实的记载,而不是对拟考虑的数据资料(如计划数据)的反映,所以质量标准或技术规范等经济信息,虽也有大量性和数量性,但都不是数值型经济信息。

(4)分散性。

经济信息的广泛性也为数值型经济信息带来了分散性,为经济信息检索带来了困难和多维度性。

(5)保密性。

数值型经济信息多具有保密性,各种统计数字、统计数据和统计资料在特定的时段、空间、行业领域内具有一定的私密性。

三、事实型经济信息

事实型经济信息主要包括经济史实和事件、名词术语、人名、地名、商标以及机构、经济法规等。在日常的学习和工作中,经常需要弄清一些名词术语的内涵、历史事实的经过以及人物、地名和机构情况等,可以通过事实型经济信息检索获取。

1. 经济大事

经济大事一般指在人类社会生产和生活中发生的与人们经济生产和生活密切相关的具有历史意义和现实意义的重大事件。检索经济大事可通过经济年鉴、大事记、百科全书、百科辞典、报刊等查找。

2. 经济名词术语及基础知识、基本理论

了解经济名词术语及基础知识、基本理论是进一步认识经济活动、掌握经济信息的重要方式之一。检索经济名词术语、定义、概念以及基础理论知识可以利用《辞海·经济分册》、百科全书和经济学专业辞典等工具书。百科全书对知识的覆盖面广,它客观、系统、完备、翔实地介绍了各门学科的概况和基本理论,并且具有权威性。利用百科全书可以查检到较为系统的基础理论知识和名词术语。经济学专业辞典是解释经济名词的比较重要的检索工具书,它汇集了经济学及有关边缘学科的专业词语、学说、学派、学术团体、人物、著作、事件、经济组织、法律法规、计算公式等,信息量大,查检方便快捷。

3. 经济管理知识与管理方法

查找有关经济管理知识与管理方法的资料可以利用经济管理类的辞典大全、手册、汇编等工具书。

4. 人物传记资料

查找经济领域人物的生平简历、主要活动、代表著作、重要贡献等,使用的检索工具一般是人名录、人名辞典、年鉴、年谱、人物传记辞典、百科全书和经济学家专著、人物数据库等。

5. 地名资料及经济学术机构、经济组织机构

地名资料及经济学术机构、经济组织机构的检索可利用专门的检索工具,如地名录、地名辞典、企业名录、投资指南、机构手册等;也可利用综合性工具书,如年鉴、词典、百科全书等。

6. 经济法律法规

经济法律法规是国家用法律手段对宏观与微观经济实施管理的重要依据,具有十分重要的作用。经济法律法规可通过综合性法律汇编、经济学科法律法规全书进行查找,也可通过数据库资源进行检索,可以查询涉及企业、合同、担保、证券、期货、保险、票据、信托、经济贸易、税收、财会等各类经济法律法规信息。

四、经济信息的其他分类

经济活动复杂多样,同时又相互影响、相互制约,在经济活动中产生的大量经济信息,从不同的角度出发,可以有不同的类型。为了更好地搜集、管理、开发和利用它们,理论界从不同的角度,采用多种方法来划分,产生各种不同的类型。常见的划分方法有按照经济信息的内容性质、经济信息产生与涵盖的范围、经济信息的传递方向、经济信息的特征、经济信息产生的过程、经济信息的载体形式等角度来分类。本书尝试从以下几个角度去划分常见的经济信息。

(一)按照经济信息的内容性质分

从内容性质的角度,经济信息有多种多样的分类法。这里主要分为以下两大类。

1. 理论性经济信息

理论性经济信息是指有关经济理论研究方面的各种信息,包括经济学的基本理论(各种经济理论、学说、观点和方法论等)信息,如马克思主义政治经济学,经济学的各个分支学科,如市场经济学,以及经济思想史等。这类信息是经济理论研究活动的成果,也是经济理论研究发展与创新的基础。

2. 应用性经济信息

应用性经济信息是指有关经济实践活动的各种信息,包括企业信息、市场信息、商品信息、金融信息、财务信息、经济统计等一些具体的指标、数据和消息。这类信息是经济实践活动的客观反映,也是各项经济活动不可或缺的信息。

(二)按照经济信息产生与涵盖的范围分

按产生与涵盖的范围划分,经济信息主要有以下五个方面的内容。

1. 企业经济信息

企业经济信息是指有关企业经济活动的各类信息,包括企业内部产生的信息,也包括企业搜集的各种有关信息。这类信息主要为各个企业所使用。企业经济信息又可分为企业生产、管理市场信息等。

2. 部门或行业经济信息

部门或行业经济信息是指有关国民经济各部门或各行业经济活动的各类信息,包括各部门、各行业内部产生的信息,如部门规范、行业标准等,也包括各部门、各行业搜集的各种有关信息。这类信息常由主管部门和行业协会组织整理、发布,并为各部门或行业内的企业所使用,例如旅游业、餐饮业行业信息。

3. 地方经济信息

地方经济信息是指有关某一国家中的某一地区(如省、市、自治区、县、旗、乡、镇等)或多个地区经济活动的各类信息,包括地方经济各方面的内容,如地方经济政策、经济发展计划、特色经济、少数民族经济等。这类信息主要产生于本地,常由地方有关机构组织整理、发布,并在当地交流使用,如深圳市经济信息,长三角区域经济信息等。

4. 国家经济信息

国家经济信息是指有关某一国家经济活动的各类信息,包括一个国家经济活动的各方面内容,如国家经济方针政策、国民经济计划及其管理、国家经济建设与发展、国家标准、对外经济关系等。这类信息常由国家有关机构组织整理、发布,并在一个国家内交流使用,如中国经济信息。

5. 国际经济信息

国际经济信息是指有关全球、某一大洲及多个国家之间经济活动的各类信息,包括世界经济信息和区域经济信息,如金砖国家出口信息。

(三)按照经济信息的传递方向分

经济信息可分为横向传递的经济信息和纵向传递的经济信息。横向传递的经济信息是指在不同地区、不同部门、不同经济活动单位之间传递的经济信息。纵向传递的经济信息是指一个经济系统内传递的经济信息。

(四)按照经济信息的特征分

经济信息可以分为定性经济信息和定量经济信息。定性经济信息是指以非计量形式来描述经济活动状况、分析经济过程、总结经济活动规律的信息。定量经济信息是指以计量形式来表示经济活动的信息。当前经济信息的需求正从以定性经济信息为主逐步转向定性、定量相结合并以定量经济信息为主。

（五）按照经济信息产生的过程分

按产生的过程划分，经济信息主要有原始经济信息和加工经济信息。

1. 原始经济信息

原始经济信息包括由各种经济活动直接产生的、未经加工的经济信息，也称零次信息，例如经济活动中产生的各类原始数据、发票、凭证、营业记录等。原始经济信息也包括经济科研活动的产物——各种原创的作品，也即一次信息。原始经济信息是经济信息中常见的基础信息，大多具有极高的利用价值，也是加工经济信息的"原料"。但原始经济信息数量庞大，种类繁杂，不便于搜集与管理。

2. 加工经济信息

加工经济信息是指在原始经济信息的基础上，按照一定的目的和组织方法整理而成的信息，包括二次信息和三次信息，例如各种有关的进度表、简报、调查报告、综述等。加工经济信息是对原始经济信息进行分析研究、去粗取精、去伪存真后，有序地整理出来的，因而比原始经济信息数量少、内容精，利用价值也更高。

（六）按经济信息的载体形式分

按载体形式划分，经济信息主要有文献型经济信息和非文献型经济信息。

1. 文献型经济信息

文献型经济信息是指以文献形式记录、保存和传递的经济信息，包括纸质的书报、手稿、档案、广告、图表等，以及非纸质的缩微型、视听型、数字型经济文献等所含的信息。这类信息广泛多样、稳定可靠、易于获取、便于管理，对于经济理论研究和经济实践活动都具有重要的参考价值。

2. 非文献型经济信息

非文献型经济信息是指以非文献形式存在和传递的经济信息，也即通过人物（口头、动作）、实物等传递的经济信息，一般为零次信息。

（1）口头经济信息。

口头经济信息是指通过口头语言表述与传递的信息。它具有针对性强、传递便捷、反馈迅速等优点，也有数量大、不稳定、不规范、核对难等缺点。口头经济信息可以通过交谈、讨论、报告会等方式交流。在经济活动中，人是主体，因而由人的口头语言或肢体动作传递的信息也是经济信息的重要组成部分。

（2）实物经济信息。

实物经济信息是指实物（产品、商品等）本身所具有并反映出来的信息。其包罗万象，包括产品的设计图案、技术线路、零部件结构、材料、性能、重量、体积、色彩、包装等。实物经济信息具有真实、直观、全面、可比性强、易检验的特点，可以通过产品展销会、订货会、交易会、实地参观考察、交换等方式交流。在经济活动中，实物经济信息的利用价值极高。

经济信息还可以采用更多的分类方法，如从信息的功能、信息的运行状态、信息流通的渠道等角度来分类。即便是从同一个角度来划分，如从信息内容特征的角度分，也会因为采用的细分标准不同而产生不同的类型。例如，按照经济信息产生与涵盖的范围分，也有人将其分为宏观经济信息与微观经济信息的。同时也要注意，划分的标准各异，不同种类的经济信息之间常常是彼此交叉、相互重叠的。例如，一条有关商品的经济信息，它既属于企业经济信息、内源信息、原始经济信息,也可以是非文献型的实物经济信息。

思考题

1. 简述经济信息的概念。
2. 简述经济信息的功能。
3. 简述经济信息的类型。
4. 常见的文献型经济信息有哪些?

第三章 经济信息检索

第一节 经济信息检索基础

一、经济信息检索基础知识

(一)经济信息检索的概念

经济信息检索是指利用各种检索工具,从信息源或信息集合中查找出所需经济信息的方法与过程。它属于信息检索的范畴,也完全遵从信息检索的一般原理、方法和基础理论,主要强调检索的信息内容是有关经济领域的。[①]

在经济全球化和信息技术飞速发展的当今世界,经济信息检索具有重要意义。它能提高经济信息资源的利用效率,有助于推动国民经济的发展;它能获取大量经济活动的实践信息,有助于提高工作效率;它还能及时掌握先进的科学技术信息,有助于经济领域的技术创新。对于经济类学生而言,经济信息检索能帮助其获取所需的经济信息与知识,解决学习、生活及将来工作中遇到的实际问题。

(二)经济信息源分类与选择

当前信息环境下,经济信息来源日趋多元化,信息呈现形式更加多样化。研究经济信息源,是开展经济信息检索的基础。要想准确、及时、有效地搜集、管理、检索和利用经济信息,就必须全面、系统地掌握经济信息源。

1. 经济信息源定义

"信息源"一词是由英文"information sources"翻译过来的。信息源一般指信息的发源地/来源地,包括信息资源生产地和发生地、源头、根据地。信息源是用户获取信息的来源,其含义十分宽泛,在不同的领域有不同的解释。联合国教科文组织把信息源定义为"个人为满足其信息需要而获得信息的来源"。经济信息源即指经济信息的来源,包括经济信息产生的根源及经济信息获取的渠道。经济信息类型多样,来源也非常广泛。

2. 经济信息源类型

常见的经济信息源有文献信息源、非文献信息源和其他信息源等。在学习或工作过程中,为实现信息的搜集与应用,不仅要明确不同的信息源和信息类型,还应了解所需信息的获取途径。

首先是文献信息源。目前常见的文献信息主要有印刷型和电子型,这些文献信息通常从图书、期刊、报纸、科技报告、学位论文、标准文献、政府出版物、数据库、音像制品、网络中获取。

[①] 孙更新.经济信息检索概论[M].武汉:武汉大学出版社,2011.

其次是非文献信息源,属于非记录性的、以人脑或实物为载体的信息源,主要包括实物信息、实情信息和口头信息,主要特点为具有不稳定性、原始性和隐蔽性,其获取方式较文献信息源更为直接,有较大的开发利用价值。

此外,还伴随有其他信息源,如政府信息源(可以从中央人民政府门户网站或基础信息库当中获取信息)和行业协会信息源(是获取行业实时和最新资讯的有效途径,比如可以从中国证券业协会网站、中国汽车工业协会网站中获取行业相关经济信息)。另外,信息保障系统信息源或联盟资源也是获取信息的重要渠道,比如CALIS、NSTL、CASHL、全国文化信息资源共享工程、Google全球数字图书馆等。

经济信息源类型详见表3-1和表3-2。

表3-1 经济信息源类型

序号	信息源类型		举例
1	文献信息源		图书、期刊、报纸、学位论文等
2	非文献信息源		实物信息、实情信息、口头信息等
3	其他信息源	政府信息源	中央人民政府门户网站、基础信息库、我国其他政府信息资源
		行业协会信息源	中国证券业协会网站、中国汽车工业协会网站等
		公益信息服务部门信息源	国家图书馆、上海图书馆、中国科学院国家科学图书馆、国家档案局等
		内容信息服务商信息源	商业综合/电子商务网站、搜索引擎、商业数据库
		信息保障系统信息源(联盟资源)	CALIS、NSTL、CASHL、全国文化信息资源共享工程、Google全球数字图书馆等
		专业社区/论坛/网站信息源	环球外贸论坛、中国营销传播网等
		个人信息源	个人学术网站、博客、专家在线咨询等

表3-2 联盟资源列表

序号	名称	说明	获取链接
1	中国高等教育文献保障系统(CALIS)	经国务院批准的我国高等教育公共服务体系之一	www.calis.edu.cn
2	国家科技图书文献中心(NSTL)	经国务院领导批准于2000年6月12日组建的一个基于网络环境的科技文献信息资源服务机构	www.nstl.gov.cn/index.html
3	中国高校人文社会科学文献中心(CASHL)	教育部根据高校人文社会科学的发展和文献资源建设的需要而设立	www.cashl.edu.cn
4	大学数字图书馆国际合作计划(CADAL)	由中美两国计算机科学家发起,是全球数字图书馆项目的组成之一	www.cadal.edu.cn
5	全国文化信息资源共享工程	政府提供公益性服务的重大文化项目	www.ndcnc.gov.cn
6	国际联机计算机图书馆中心(OCLC)	世界上最大的提供网络文献信息服务和研究的机构	www.oclc.org

续表

序号	名　称	说　明	获取链接
7	Google 全球数字图书馆	数字化格式存储,本地端或远程访问	books.google.com

3. 经济文献信息源

在多种经济信息源中,文献信息源是经济信息管理中最主要的信息源,也是经济信息检索利用的最重要的信息源。

文献型经济信息繁多且形式多样。从不同的角度,根据不同的标准,可以将其划分为不同的类型。这里介绍几种主要的分类方法及文献类型。

(1) 按载体形式划分。

从文献的物质载体及其记录方式的角度,经济文献可分为以下几种类型:

①手写型文献。

手写型文献是指由作者亲笔撰写的手稿、工作笔记、业务日记、会议记录等。这类文献信息的特点在于内容具有原始性,其中的文字、数据、图表等,都没有经过他人的删改和加工,信息价值高,但一般难以获得。

手写型经济文献包括手稿、工作笔记、会议记录和一些档案等,是一种原始经济信息源。

②印刷型文献。

印刷型文献是指以纸张为载体,以油印、胶印、铅印、激光照排等印刷技术记录的文献,优点是用途广泛,便于阅读、流传,符合人们的阅读习惯,缺点是存储信息密度较低,保藏和管理需要很大的空间和人力。

印刷型经济文献包括经济类图书、报刊、论文、科技报告、会议文献、专利文献、标准文献、企业出版物、政府出版物等,是经济信息传播的主要媒介。在过去、现在和今后相当长的时期内,印刷型经济文献都是最基本、最重要的信息源。

③缩微型文献。

缩微型文献是指含有缩微影像的各种制品,如缩微胶片等存储的文献。缩微型文献通常是印刷型文献的复制品,具有容量大、存储密度高、结构独特、易于复制与保管等特点,但阅读时须借助于专门的设备,且不便于多人同时利用。

缩微型经济文献真实、完整地反映了文献的原貌,并能够长期保存和利用,也是一种不可忽略的经济信息源。

④声像型文献。

声像型文献是指以声音、图像等方式记录在磁性材料上的文献,主要包括录音带、录像带、电影片、唱片等存储的文献,也称视听型文献、音视频文献等。这类文献以声音和图像作为记录和传播信息的手段,具有内容丰富、生动直观、载体形态多样等特点,但在使用时必须借助于配套的设备。

声像型经济文献集声音、图像和文字于一体,直观、生动地反映文献的内容,对传播信息有独特的作用,也是重要的经济信息源之一。

⑤电子型文献。

电子型文献是指用计算机编码处理、存储,并通过计算机设备(如 CD-ROM 播放器)或与计算机网络连接阅读使用的文献,也称数字型文献、机读型文献。其形式多种多样:依据载体形式分,有磁介质文献、光盘文献和网络文献等;依据出版的类型分,有电子图书、电子期刊、电子报纸等;依据信息组织的方式分,有文本型文献、超文本文献、多媒体文献、超媒体文献以及数据库型和网站型文献。电子型文献具有许多新特点,如内容丰富、形式新颖、增长迅速、存储量大,类型复杂、载体各异,版本多样、更新频繁,交互性强、检索便捷等。超文本技术、多媒体技术和网络技术等的应用,不断提高电子型文献的品质和适用性,使其成为目前最受读者欢迎的信息媒介。

电子型经济文献的发展十分迅速,各种经济类电子图书、经济类电子报刊、经济类数据库及经济类网站层出不穷,在信息总量中所占的比重日益增大,已成为当前人们最常用的经济信息源。[①]

(2)按加工程度划分。

从文献加工程度角度,经济文献可以分为以下四种类型:

①零次文献:还没有正式发表的最原始的资料。又可包括两个方面:一是人们的"出你之口,入我之耳"的口头交谈;二是未经正式发表的原始资料,如实验记录、书信、手稿、笔记、日记等。零次文献的特点是原创性好,形式多样,曾存在收集困难、不易获得的劣势。但目前网络环境下零次文献的电子化及发布越来越方便,如私人手稿、博客、网络论坛、个人网站等。

②一次文献:人们直接以自己的生产、科研、社会活动等实践经验为依据生产出来的文献,也常被称为原始文献,如期刊论文、专利文献、科技报告、会议录、学位论文等。这些文献具有创新性、实用性和学术性等明显特征,是人们获取文献的直接目标。

③二次文献:将大量分散、零乱的一次文献进行整理,并按照一定的逻辑顺序和科学体系加以编排,使之有序化,以便于查找原始文献线索的文献,如目录、题录、索引、文摘等。其作用在于节省查阅原始文献的时间,提高其查找和利用率。

④三次文献:在一、二次文献的基础上,经过综合分析之后所编写出来的辞典、年鉴、综述、专题述评、学科年度总结、进展报告、手册、名录等文献的统称,具有综合性、浓缩性、参考性的特点。

(3)按出版形式划分。

从文献出版形式角度,经济文献可以分为以下几种常见类型:

①图书:联合国教科文组织的定义是,凡由出版社(商)出版的不包括封面和封底在内的49页以上的印刷品,具有特定书名和著者名,编有国际标准书号,有定价并取得版权保护的出版物。图书著录标准格式如表3-3所示。图书的特点是内容成熟、系统。

表3-3 图书著录标准格式

书名	会计学原理(第二版)
责任者	唐国平主编;吴德军副主编
出版项	东北财经大学出版社
价格	32.00元
ISBN	978-7-5654-1337-7
中图法分类号	F230
主题词	会计学-高等学校-教材

②期刊:采用统一名称,定期或不定期出版的汇集许多个著者论文的连续出版物。期刊上刊载的论文大多数是原始文献,包含有许多新成果、新水平、新动向。其特点是出版周期短,报

---

① 孙更新.经济信息检索概论[M].武汉:武汉大学出版社,2011.

道文献速度快,内容新颖,学科广、数量大、种类多,发行及影响面广,是人们进行科学研究、交流学术思想经常利用的文献信息资源,如周刊、旬刊、半月刊、月刊、双月刊、季刊、半年刊、年刊等。

③报纸:每期版式基本相同、以报道新闻及其评论为主的一种定期出版物。它的出版周期更短,信息传递更及时,按出版发行周期分为日报、双日报、周报等,按内容分为时事政治类、科技类、商业类、文教类等。

④专利:专利制度的产物,广义上是指所有与专利有关的资料,狭义上的专利文献仅指专利说明书。特点是内容新颖、技术性强、实用性强并具有法律效力等。它是结合技术、法律和经济于一体的带有启发性的一种重要文献信息。

⑤标准:标准文献是经过公认的权威当局批准的标准化工作成果,主要为有关工业产品和工程建设的质量、规格和检验方法的技术规定文件。标准文献作为一种规章性的技术文件,具有计划性、协调性、法律约束性等特点,是从事生产和建设的共同技术依据和准则,它可以促使产品规格化、系列化及产品质量标准化,对提高生产水平和产品质量、合理利用资源、节约原材料、推广应用研究成果、促进科技发展等有着非常重要的意义。按照使用范围不同,《中华人民共和国标准化法》将我国标准分为国家标准、行业标准、地方标准、企业标准四级。按照内容特点,标准还可被划分为基础标准、产品标准、方法标准、安全与环境保护标准等。

⑥学位论文:高等院校、科研机构的毕业生为申请学士、硕士、博士等学位在导师指导下完成学术论文。学位论文的质量参差不齐,但都是就某一专题进行研究所做的总结,对问题的论述比较详细、系统,具有一定的独创性。学位论文是非卖品,一般不公开出版,仅由学位授予单位和国家指定单位收藏。

⑦会议文献:每个会议都有其特定的主题,会议文献所涉及的专业领域集中,针对性强,信息传递速度快,能反映具有代表性的各种观点,有助于了解有关领域的新发现、新动向和新成就,一些重要的研究成果或新的发现,通常首先通过会议文献向社会公布。

⑧科技报告:某项科研成果的立项报告、中试报告、中期阶段性报告、结题报告或鉴定报告,是关于某项研究的阶段性进展总结报告或研究成果的正式报告。①

在实际查找和获取经济信息的过程中,文献型经济信息是使用较多的一种信息源,也是经济管理学院大学生需要重点掌握的信息类型。

4. 经济文献信息源的选择

面对各种各样的经济信息源,我们该如何选择呢?

经济信息源类型繁多,适用范围各不相同,根据不同的需求,从众多的信息源中选择适合的、最佳的信息源是解决问题的关键之一,因此,需要对众多经济信息源进行对比、分析、鉴别,筛选出适合的信息源。选择信息源有两个重要依据:一是对信息需求进行分析,从而明确信息需求;二是对信息源进行筛选。对于一个特定的信息需求来说,可以利用的信息源很多,但我们并不能要求面面俱到而使用所有的信息源,而应尽可能选择与信息需求相关度高、针对性强、信息来源可靠、易于获取的信息源。

因为不同类型的经济信息源在信息传递中所起的作用是不相同的,所以,熟悉各类经济信息源的特征和用途,将有助于我们有针对性地选择合适的信息源。

图书类型的信息源具有知识系统、理论成熟可靠的特征,适合全面了解某一领域的基础知识。期刊类型的信息源,其特点是周期短、内容新、影响广,当我们想了解学科最新研究动向和

---

① 吴红光,艾莉,张溪.信息检索与利用[M].武汉:武汉大学出版社,2015.

研究热点问题时,是最佳选择。学位论文则是通过大量的思维劳动而提出的针对某一主题的专深研究,是具有个人学术性的见解或结论,具有一定的独创性、创新性和系统性,并且参考文献数量多、主题集中、内容全面,有助于对相关文献进行追踪检索,其数据信息是重要的经济信息类型之一,常作为经济课题研究的支撑材料。

举例来说,当我们研究"中国数字贸易的发展态势与策略研究"课题,需要查询"数字贸易"相关知识点或理论体系时,我们倾向于搜索图书资源;当我们研究"中美贸易战对我国出口贸易的影响研究"课题,需要了解课题最新的国内外研究进展时,我们首选中外期刊资源;当研究"文化差异下跨境电商网络营销策略研究"课题,想要参考水平较高的专题研究资料时,我们倾向于选择优秀硕博论文资源;当研究"全球服务贸易自由化规则的建构与中国的选择"课题,想要查询近年来全球服务贸易额的分国别、分地区数据时,我们选择提供经济数据的数值型资源平台,如 EPS 数据平台或国家统计局网站;当进行"新媒体市场营销典型案例"研究时,可通过专业网站、网络社区或网络论坛等获取行业资讯、行业交流、营销案例或实务等相关信息;当研究"中东部地区外贸竞争力对比与发展前景分析"时,需要用到 Excel、Photoshop、PPT 等软件,相关软件技能可以通过搜索、学习相关视频课程资源,配合练习而习得。

经济信息源没有优劣之分,有适用程度高低的区别。以撰写毕业论文为例,当面对多种信息源时,应优先选择专业性、学术性强的信息源,再选择综合性的信息源,见图 3-1。如选择知识系统、全面、专业性强的图书,包括专著、专业教材,深入学习专业知识,图书中的经典理论可以用于论文的查证引证;选择权威、可靠、时效性强的信息源,如期刊,可以获取专业领域学术影响力较大的学者、大师撰写的论文,还可以了解该领域最新的发展动态、研究成果及创新点;选择学位论文作为信息源,可以借鉴学位论文结构系统完整的特点,搭建自己毕业论文写作框架,因硕博论文中对研究方法有说明,还可以将适合的研究方法应用到自己的课题研究中;另外,选择综合性信息源,如百度、必应等搜索引擎以及一些专题类网站、专业数据库等,可以进行补充阅读,丰富撰写素材。

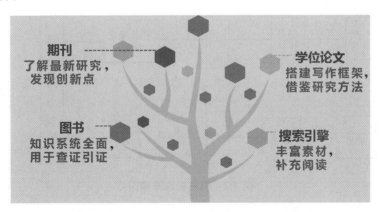

图 3-1 以毕业论文写作为例的文献信息源选择

(三)经济信息检索原理[①]

经济信息检索原理与一般信息检索原理相同,可以从信息检索基本原理中领悟其中真谛。信息检索原理的核心是用户信息需求与文献信息集合的比较和选择,信息检索是两者匹配

---

① 刘宪立,杨蔚.信息检索与利用[M].昆明:云南大学出版社,2018.

(match)的过程。

(1)组织有序的文献信息集合,即存储过程。首先是对大量的原始文献(如图书、连续性出版物、特种文献)进行筛选,然后对文献进行加工,形成信息特征标识。具体来说,信息的存储包括对信息的著录、标引以及对正文和所附索引的编排等。所谓信息的著录是按照一定的规则对信息的外表特征和内容特征加以简单明确的表达。信息的外表特征包括信息的来源、卷期、页次、年月、号码、文种等。信息的内容特征包括题名、主题词和文摘。信息的标引就是将信息内容按一定的分类表或主题词表给出分类号和主题词。

在加工过程中,第一步是对文献内容进行主题分析;第二步,需将主题分析上升为概念分析;第三步,根据某种检索语言的词法和语法将主题概念转换为标引词,这样就在检索工具中形成了信息的标引。

(2)满足用户的信息需求,即检索过程。检索过程则为存储过程的逆过程,事实上,检索过程是人们将信息提问与文献的检索标识相比较而决定其取舍的过程。

用户必须要有所谓的"信息需求",同时,用户针对信息提问必须要对其内容进行分析,这是第一步,因为有些用户常常不能清楚地描述他究竟需要检索什么样的文献;第二步,需要做进一步的主题概念分析;第三步,将概念分析的结果根据同一种检索语言的规则转换成检索词;第四步则是将检索词(标识)与存储标识(标引词)相比较,如能取得一致,则检索命中,查到所需文献。如果不相符合,就需改换或修改检索词,继续(重新)查找,直到两者一致为止。

检索就是从用户特定的信息需求出发,对特定的信息集合采用一定的方法、技术手段,根据一定的线索与规则从中找出相关的信息。信息检索的本质是一个匹配的过程,简单地讲,即用户对信息需求和一定的信息集合进行比较与选择的过程。匹配有其匹配标准。用户根据自己的需求提出检索概念或检索词,与信息系统中的标识进行比较,如果检索出的信息与需求一致或比较一致,则所需信息就被检中,否则检索失败。

信息检索原理图见图 3-2。

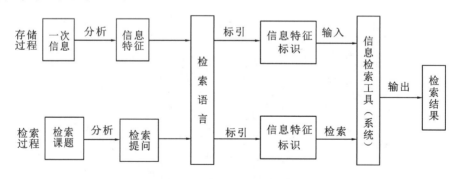

图 3-2 信息检索原理图

(四)经济信息检索语言

经济信息检索语言是内容信息为经济领域的一种检索语言,是用户关于经济信息的检索提问与检索系统内容信息实现匹配运算的桥梁和关键因素,所以有必要进一步了解检索语言。

1. 检索语言的定义

检索语言是文献信息存储和检索过程中共同使用的一种专门语言,用于描述检索系统信息的内部及外部特征和表达用户信息需求,是编制检索工具的依据。也就是说,检索语言能简明准确描述文献信息和检索提问,应有较高的专指度,对内容相同及相关的文献信息加以集中或揭示其相关性,使大量分散的文献存储系统化、组织化,便于进行有规律的检索。

2. 检索语言的类型

按描述文献特征的不同,检索语言可分为描述文献内容特征的语言和描述文献外表特征的语言。描述文献内容特征的语言包括分类语言和主题语言两种。其中,主题语言又有标题词语言、关键词语言、单元词语言和叙词语言之分。描述文献外表特征的语言包括题名、作者姓名、代码等。描述文献外表特征的语言往往是显而易见的,但描述的这些项目与信息内容没有直接关系;表述文献内容特征的语言才是研究重点,也就是说,需要重点研究分类语言和主题语言的原理和使用方法。

检索语言的类型见图 3-3。

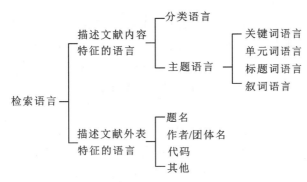

图 3-3　检索语言的类型

3. 常用检索语言

检索语言有很多类型,下面介绍两种常用检索语言。

(1)分类检索语言。分类检索语言是依据一定的意识形态观点,以学科属性为基础,结合信息内容特征的一种直接体现知识分类概念的检索语言。其以文献信息的内容学科属性为对象,运用概念划分和概括的方法,按照知识、门类的逻辑次序,从总到分,从粗到细,层层进行概念划分,构成具有上位类和下位类之间隶属关系、同位类之间并列关系的概念等级体系;形成了有序的知识门类体系后,再用规范化的人工符号——字母、数字和词语表示这些类目,用不同的类号和类名表示各类目的先后顺序。分类检索语言在图书、期刊论文以及其他文献信息分类中经常用到。目前国内外常用的分类检索语言有中国图书馆图书分类法(简称中图法)、中国科学院图书馆图书分类法(简称科图法)及杜威十进制分类法(decimal classification)(简称杜威法)等。下面以中图法为例介绍等级体系分类语言的结构与特点。中图法是目前国内绝大多数图书馆和信息研究部门使用的分类法,最新版本是第 5 版。它将图书划分为马列主义、毛泽东思想、邓小平理论,哲学、宗教,社会科学,自然科学,以及综合性图书 5 大部类,在此基础上再分成 22 个基本大类。每个大类用一个英文字母表示,各大类下进一步按二、三、四级等类目层层展开。二级类目以英文字母加阿拉伯数字表示其分类号,最终形成一个等级分明、次序清晰的知识系统。中图法分类部分类目如图 3-4 所示。[①]

图 3-4　中图法分类部分类目

---

① 包平.农业信息检索[M].南京:东南大学出版社,2003.

(2)主题检索语言。主题检索语言又叫描述性检索语言,是以能反映信息内容的主题概念的词语作为标识的一类检索语言,具有表达能力强、专指度高、查准率较高等特点。主题检索语言又包括关键词语言、单元词语言、标题词语言、叙词语言等。关键词是从文献题目、文摘或正文中提取出来的、具有实质意义、能代表文献主题内容的词汇。关键词语言是自然语言,其优点是便于检索者使用,能准确检索到含有新概念的文献;缺点是,因为关键词往往由作者自己选定,或由计算机自动从文中抽取,所以,词的形式不同、拼法不同或存在近义词、同义词等,会造成文献分散在各种不同表述的关键词之下不能集中。

(五)经济信息检索工具

检索工具是指用以存储、报导和查找信息的工具。按提示文献深度来分类,检索工具可分为目录型检索工具、题录型检索工具、文摘型检索工具、索引型检索工具等;按检索工具的载体形态来分类,可分为卡片式、书本式(辞典等)、缩微式、机读式(数据库等)检索工具。其中,机读式检索工具是目前使用最为广泛的。下面介绍三种常用的机读式检索工具。

1. 数据库

数据库(database)是一种机读式检索工具,是至少由一种文档组成,能满足特定目的或特定数据处理系统需要的数据集合,可以被直观地理解为存放数据的仓库。[①] 数据库收录了大量的数据和信息,目前市场上形成了各种类型的数据库,比如集图书、期刊、学位论文、专利、标准于一身的学术型数据库,涵盖统计数据、数据动态、数据应用、数据定制、物价、物价指数等的数值型数据库,以及囊括课程、考试、资讯、直播等的音视频数据库等。国内主要的学术型数据库有中国知网(CNKI)、万方、读秀等,国外学术型数据库有 EBSCO 等;数值型数据库有 EPS 等;音视频数据库包括考试库(如起点考试网)、课程库(如爱课程)等。数据库检索是重点,后面会详细展开讲解。

2. 搜索引擎

搜索引擎(search engine)是根据一定的策略、运用特定的计算机程序搜集网络信息,并将组织和处理后的结果显示给用户,为用户提供检索服务的系统。[②]

(1)搜索引擎的起源与发展。

在 Internet 诞生初期,并没有搜索引擎,直到1990年,位于蒙特利尔的麦吉尔大学的三名学生发明了 Archie。他们想要开发一个可以用文件名查找文件的系统,于是便有了 Archie。Archie 是一个可搜索的 FTP 文件名列表,用户必须输入精确的文件名,然后 Archie 会告诉用户哪一个 FTP 地址可以下载该文件。Archie 深受欢迎,受其启发,Nevada System Computing Services 大学于 1993 年开发了一个 Gopher(Gopher FAQ)搜索工具 Veronica。Jughead 是后来另一个 Gopher 搜索工具,现在这个工具主要用在国外大型图书馆的信息检索上。

1994 年 4 月,斯坦福大学的两名博士生,美籍华人杨致远和 David Filo 共同创办了 Yahoo。随着访问量和收录链接数的增长,Yahoo 目录开始支持简单的数据库搜索。因为 Yahoo 的数据是手工输入的,所以它不能真正被归为搜索引擎,事实上只是一个可搜索的目录。Yahoo 中收录的网站,因为都附有简介信息,所以搜索效率明显提高。Yahoo 几乎成为 20 世纪 90 年代的因特网的代名词。

1995 年,一种新的搜索引擎形式——元搜索引擎(meta search engine)——出现了。用户只

---

① 唐圣琴. 现代农业文献信息资源检索[M]. 贵阳:贵州大学出版社,2008.
② 刘三满,申兴山. 公安信息系统应用教程[M]. 北京:群众出版社,2014.

需提交一次搜索请求,由元搜索引擎负责转换处理后提交给多个预先选定的独立搜索引擎,并将从各独立搜索引擎返回的所有查询结果集中起来处理后再返回给用户。

随着网络技术的发展,中文搜索引擎的发展速度惊人,现今,中文搜索引擎将计算机网络、人工智能、数据库、数字图书馆等技术有机结合,成为重要的检索工具之一。

(2)搜索引擎的工作原理。

搜索引擎的工作原理大致可以分为抓取网页、处理网页和提供检索服务三个方面。首先,每个独立的搜索引擎都有自己的网页抓取程序(spider),搜索引擎在工作时,这些网页抓取程序定期或不定期搜索 Internet 的各个站点,抓取网页信息。接下来,对搜索引擎抓取到的网页信息进行处理,如分析网页的词汇并提取关键词、索引文件,去除重复的网页,分析超链接等,对信息资源进行标引,形成规范的索引,并加入到集中管理的索引库中。最后是提供检索服务,用户可以输入关键词进行检索,搜索引擎从索引库中找到匹配关键词或检索提问的查询结果,反馈给客户端供用户浏览。

(3)常用搜索引擎举例。

①百度。

百度是全球领先的中文搜索引擎,2000 年 1 月由李彦宏、徐勇两人创立于北京中关村。百度一直致力于让用户更便捷地获取信息,找到所求。用户通过百度搜索,可以快速找到相关的搜索结果,这些结果来自百度数百亿的中文网页数据库。"百度"二字源于宋朝词人辛弃疾的《青玉案》里的"众里寻他千百度",象征着百度对中文信息检索技术的执着追求。在网页浏览器地址栏内输入 https://www.baidu.com/,进入百度主页,其检索界面十分简洁。在搜索框中输入关键词,单击"百度一下",百度会自动检索出符合查询条件的全部信息,并将相关度高的优先排列在前。百度还提供其他搜索服务,进入主页单击"更多",可以获取更多类型的服务,如导航服务、社区服务、移动服务、软件工具下载等一系列服务。

在用搜索引擎检索的过程中,掌握一定的检索方法有利于我们更精准地获取相关文献信息。一般有两种检索方法,即基本检索和特色检索。

a. 基本检索。

以空格表示逻辑与。在百度查询时不需要使用符号"and"或"+",百度会在多个以空格隔开的词语之间自动添加逻辑与处理,如输入"东风汽车公司经营状况 2021",百度会自动检索 2021 年东风汽车公司经营状况。

以"-"表示逻辑非。百度支持"-"功能,用于有目的地删除某些无关网页,但减号之前必须留一空格。

以"+"表示逻辑或,使用"A+B"来搜索"或者包含词语 A,或者包含词语 B"的网页,如"消费者物价指数+居民消费价格指数"。

此外,搜索语法的应用可以使搜索结果精确,提高检索效率。比如,搜索语法"intitle:"表示在网页标题中搜索。在一个或几个关键词前加"intitle:",可以只反馈标题中含有这些关键词的网页。又如,知道某个站点中有自己需要找的东西,就可以使用"site:"把搜索范围限定在这个站点中,提高查询效率。注意,"site:"后面跟的站点域名,不要带"http://";另外,"site:"和站点名之间,不要带空格。

b. 特色检索。

每个被百度收录的网页,在百度上都存有一个纯文本的备份,称为百度快照。百度搜索结果网页打开速度较慢时,可以通过"百度快照"快速浏览页面内容。

进行文档搜索可利用搜索语法"filetype:","filetype:"后可以跟以下文件格式:DOC、XLS、

PPT、PDF、RTF、ALL。其中，ALL 表示搜索所有文件类型。例如，查找关于西方经济学的课件，可输入"西方经济学 filetype:ppt"。

精确匹配——双引号、书名号。如果输入的查询词很长，百度在经过分析后给出的搜索结果中的查询词可能是拆分的，给查询词加上引号，就可以达到完全匹配的效果。例如，搜索中南财经政法大学研究生院，输入"中南财经政法大学研究生院"并加上引号，获得的结果一般不会被拆分，查询内容将作为一个整体出现。书名号是百度独有的一个查询语法。加上《》的查询词，有两重特殊功能：一是《》会出现在搜索结果中；二是加上《》的内容，不会被拆分。例如，输入"手机"，如果不加《》，很多情况下出来的是通信工具——手机的相关信息，而加上《》后，查询结果就是关于《手机》这部电影的信息。

百度百科犹如一部内容开放、自由的网络百科全书，涵盖许多领域知识，服务所有互联网用户。

②必应。

必应（Bing）是微软公司于2009年5月28日推出的全新搜索引擎。必应集成了多个独特功能，包括主页每日美图，与 Windows 8.1 深度融合的超级搜索功能，以及崭新的搜索结果导航模式等。用户可登录微软必应主页，打开内置于 Windows 8 操作系统的必应应用，或直接按下 Windows Phone 手机搜索按钮，均可直达必应的网页、图片、视频、词典、翻译、地图等全球信息搜索服务。

必应的主页美图改变了传统搜索引擎主页单调的风格，必应搜索通过将来自世界各地的高质量图片设置为主页背景，并加上与图片紧密相关的热点搜索提示，使用户在访问必应搜索的同时获得愉悦体验和丰富资讯。在浏览器地址栏内输入 https://cn.bing.com/，可进入必应主页。

必应与传统的搜索引擎有所不同，比如具有全球搜索、图片搜索、跨平台等特色功能。我国有大量具有英文搜索需求的互联网用户，但可用的国际搜索引擎很少，必应则弥补了缺少国际互联网搜索的不足，满足中国用户对全球搜索——特别是英文搜索的刚性需求。此外，必应拥有图片搜索功能，可以帮助用户找到最适合的精美图片。必应率先实现了中文输入全球搜图，用户不需要用英文进行搜索，而只需输入中文，必应自动为用户匹配英文，帮助用户发现来自全球的合适图片。必应还具有跨平台服务功能，在其合作平台上用户可一站直达微软必应搜索，获取网页、图片、视频、词典、翻译、地图等全球信息搜索服务。

③其他搜索引擎介绍。

a.新浪搜索：2005年新浪推出的自主研发的搜索引擎。新浪搜索是目前较为领先的智慧型互动搜索引擎，也是全球首个提供自然语言搜索的中文搜索引擎，提供包括网页、新闻、"爱问知识人"、共享资料、地图、视频、图片等全方位的搜索服务。

b.搜狗搜索。搜狗原是搜狐公司于2004年8月推出的全球首个第三代互动式中文搜索引擎。搜狗以网页搜索为核心，在音乐、图片、新闻、地图等多领域提供垂直搜索服务；通过"说吧"建立用户间的搜索型社区；搜狗浏览器能大幅提高上网速度；搜狗拼音输入法是当前网上较流行、用户好评率较高、功能较强大的拼音输入法。

c.有道搜索。作为网易自主研发的全新中文搜索引擎，有道搜索致力于为互联网用户提供更快更好的中文搜索服务。它于2006年底推出测试版，并于2007年12月11日推出正式版。目前有道搜索已推出的产品包括网页搜索、博客搜索、图片搜索、新闻搜索、音乐搜索、海量词典、桌面词典、工具栏和有道阅读。特别要指出的是，有道桌面词典功能全面，不但具有常规的英汉、汉英、英英翻译功能，还能够提供普通字典里未收录的各类词汇的网络释义；除此之外，它特有即时提示功能,能在用户查询时列出以用户的查询词为前缀的提示词语,使查询更加方便、快捷。

3. 开放获取资源平台

开放获取(OA)资源平台是基于非商业用途,借助网络信息技术自由参考、使用和修改的资源平台,如各种视频公开课、开放课件、免费学术资源库等,主要分为开放文献资源平台和开放课程资源平台。

(1)开放文献资源平台。

①开放阅读期刊联盟:由中国高等学校自然科学学报研究会发起,加入此联盟的会员(期刊)承诺,期刊出版后,在网站上提供全文,免费供读者阅读,或者应读者要求,在三个工作日之内免费提供各种期刊发表过的论文。读者可以登录各会员(期刊)的网站,免费阅读或获取论文全文。目前,该联盟有理工科类期刊 23 种、师范类期刊 8 种、医学类期刊 6 种、社会科学类期刊 2 种,其他专业类期刊 5 种。

②中国科技论文在线:在线学术期刊免费全文库、国内唯一免费全文期刊库,经教育部批准,由教育部科技发展中心主办,针对科研人员普遍反映的论文发表困难、学术交流渠道窄、不利于科研成果快速高效地转化为现实生产力的问题而创建的科技论文网站。中国科技论文在线利用现代信息技术手段,打破传统出版物的概念,免去传统的评审、修改、编辑、印刷等程序,给科研人员提供一个方便、快捷的交流平台,提供及时发表成果和新观点的有效渠道,从而使新成果得到及时推广,科研创新思想得到及时交流。其主要栏目有首发论文、在线出版、名家精品、科技期刊等。目前已收录近千家科技期刊、逾 130 万篇各领域科技论文全文,全部提供给科研工作者及爱好者进行免费下载。中国科技论文在线网址:http://www.paper.edu.cn/。

(2)开放课程资源平台。

开放课程资源平台主要指慕课。

①慕课概述。

慕课,即 MOOC。MOOC 是"massive open online courses"的缩写,中文意思是"大规模网络开放课程"。"massive"(大规模的)是指对注册人数没有限制,用户数量级过万;"open"(开放的)是指任何人均可参与并且通常是免费的;"online"(在线的)是指学习活动主要发生在网上;"courses"(课程)是指在某研究领域中的围绕一系列学习目标的结构化内容。

MOOC 是由加拿大学者布赖恩·亚历山大(Bryan Alexander)和戴夫·科米尔(Dave Cormier)率先提出来的,以其大规模、开放、在线、免费课程资源共享的网络教学模式,得到世界名校重视,风靡美国,得到国际化追捧。慕课可以说是"互联网+"与远程教育融合发展的产物,因其为开放的课程,无论国籍、性别、学历,只要有兴趣,都可以参加学习。人们不受身份限制,只要能够联网,就能使用电脑、手机等随时学习,也不受时空限制。慕课的产生,打破了传统知识学习的边界,模糊了大学校园的概念,使知识学习变得容易。一般而言,慕课包括由视频课程、网上阶段练习、课外作业、互动社区、线下研讨活动、考试测验等环节构成的教学过程,这些环节的设计,保障了慕课的授课效果。

②国内主要慕课平台。

a. 爱课程。爱课程是教育部、财政部"十二五"期间启动实施的"高等学校本科教学质量与教学改革工程"支持建设的高等教育课程资源共享平台,课程涵盖哲学、经济学、法学、教育学、文学、历史学、理学、工学等十余门学科,集中展示了"中国大学视频公开课"992 门和"中国大学资源共享课"2882 门。课程资源在不断更新,向高校师生和社会大众提供优质教育资源共享和个性化教学资源服务,并且具有资源浏览、搜索、重组、评价、课程包的导入导出、发布、互动参与和教学兼备等功能。

爱课程是高等教育优质教学资源的汇聚平台,优质资源服务的网络平台,以及教学资源可持续建设和运营的平台。它推动了优质课程资源的广泛传播和共享,有助于深化本科教育教学改革,推动高等教育开放,并从一定程度上满足人们的学习需求。

在浏览器地址栏内输入 https://www.icourses.cn/home/,即可进入主页,实现在线免费学习。

b. 中国大学 MOOC。中国大学 MOOC 是由网易与高教社合作推出的大型开放式在线课程学习平台,于 2014 年 5 月上线,它联合北京大学、复旦大学、浙江大学、新加坡国立大学、微软亚洲研究院等 211 所知名高校和机构推出上千门精品大学课程,每门课程有教师设置的考核标准,学生的最终成绩达到教师的考核分数标准,即可免费获取由学校发出、主讲教师签署的合格/优秀证书(电子版),也可付费申请纸质版认证证书。获取证书,意味着学生达到了学习目的,对这门课内容的理解和掌握达到了对应大学的要求。在浏览器地址栏内输入 https://www.icourse163.org/,进入主页,通过学科分类或选择相应的学校及课程,注册账号或直接选用 QQ 或微信登录,即可在线免费学习。

此外,国内还有其他知名的优质慕课资源平台,如 MOOC 中国、网易公开课、中国教育在线、国内大学名师讲堂、北京大学公开课等。获取链接如表 3-4 所示。

表 3-4 国内知名慕课列举

序号	名 称	获 取 链 接
1	爱课程	https://www.icourses.cn/home/
2	中国大学 MOOC	https://www.icourse163.org/
3	MOOC 中国	https://www.cmooc.com
4	网易公开课	https://open.163.com/
5	中国教育在线	https://www.eol.cn/
6	国内大学名师讲堂	http://v.qq.com/zt2011/university/index.htm
7	北京大学公开课	http://opencourse.pku.edu.cn/course/opencourse/

二、经济信息检索方法与途径

经济信息检索方法与途径遵循信息检索的一般方法、途径和规律。

(一)检索方法

检索方法是为实现检索目的而采取的具体操作方法,根据课题或特定的需要,运用好检索方法,可以达到省时、省力并保证检索效率的效果。

信息检索方法较多,主要的信息检索方法有下述几种:

(1)顺查法。顺查法是经过分析,确定查找的起始年代,再利用选定的检索工具由远及近地逐年查找文献的方法。它适用于普查一定时间的全部文献,查全率较高,并能掌握课题的来龙去脉,了解其研究历史、研究现状和发展趋势。

(2)倒查法。与顺查法相反,倒查法是按照时间范围,利用选定的检索工具由近及远地逐年查找,直到查到所需文献为止。由于这种方法重点是查检近期文献,所以能获得较新的文献信息,节省检索时间。缺点是不及顺查法查全率高,容易造成漏检。

(3)抽查法。抽查法是指根据检索需求,针对所属学科处于发展兴旺时期的若干年进行文献查找。用这种方法能获得一批具有代表性、反映学科发展水平的文献,检索效果和效率较高,前提是必须了解该学科发展的历史。

(4)追溯法。追溯法也叫追踪法,是指利用已知文献的指引,如已有文献后附的参考文献、有关注释、附录等,追踪查找文献。做法是:根据已知文献的指引,查找到一批相关文献;再根据相关文献的有关指引,扩大并发现新的线索,去进一步查找;如此反复追踪扩展下去,直到检索到切题的文献。用追溯法检索文献,最好利用与研究课题相关的专著与综述,因为它们所附的参考资料既多且精。文献线索很少的情况可采用此法。

(5)循环法。循环法又称交替法或综合法,是交替使用追溯法和倒查法这两种检索方法以实现优势互补、获得理想结果的一种检索方法。采用循环法的步骤:先采用前面所述方法查找出一批相关文献,然后利用这批文献的参考文献进行追溯检索,从而得到更多相关文献信息。

(二)检索途径

检索途径又称检索点。根据文献的特征,可将检索途径分为内容特征检索途径和形式特征检索途径。一般根据已知信息需求、已掌握的文献线索及检索工具的实际情况,有针对性地选择合适的检索途径。

(1)主题词或关键词途径:将表达文献主题内容的主题词或关键词作为标识来查找文献的途径。计算机检索系统都提供主题词和关键词检索途径,输入某一主题词或关键词,可检索出文献标题、文摘或正文中包含该主题词或关键词的文献。

(2)题名途径:根据文献的标题或名称,包括书名、刊名、篇名等,来查找文献的途径。

(3)著者途径:根据已知文献著者的名称来查找文献的途径。

(4)其他途径:根据代码,如 ISSN、ISBN、标准号、专利号等,来查找文献的途径。

三、经济信息检索的常用技术

经济信息检索常用技术主要针对计算机介质而言,它遵循计算机检索的一般规则。计算机信息检索的实质是"匹配运算",即由检索者把检索提问变成计算机能识别的检索表达式输入到计算机中,由计算机自动对数据库中各文档进行扫描、匹配。掌握检索技术,快速准确地构建计算机能识别的检索表达式,是进行计算机检索的重要环节。运用计算机进行经济信息检索,主要使用布尔逻辑检索、截词检索、精确检索、模糊检索、字段限制检索等基本技术。

(一)布尔逻辑检索

布尔逻辑检索是利用布尔代数中的逻辑与(and,用"*"表示)、逻辑或(or,用"+"表示)和逻辑非(not,用"-"表示)等运算,由计算机进行逻辑运算,以找到所需文献的方法。它是计算机检索中使用频率较高、使用面较广泛的一种技术。逻辑与(and)用来表示所连接的各个检索项的交集,有助于缩小检索范围,提高查准率。如"A and B and C"表示文献中同时含有 A、B 和 C 这三个词。逻辑或(or)用来表示所连接的各个检索项的并集,通常用来连接同义词、近义词或同一种物质的不同种叫法,有助于扩大检索范围,提高查全率。如"(A or B) and C"表示文献中含有 A 或 B 其中之一,但必须包含 C,它的检索效果等同于"(A and C) or (B and C)"。逻辑非(not)用来排除文献中不希望出现的词,有助于缩小检索范围,提高查准率。如"A and B not C"表示文献中同时含有 A 和 B,但不含有 C。布尔逻辑检索表达举例如图 3-5 所示。[①]

---

① 陈荣,霍丽萍.信息检索与案例研究[M].上海:华东理工大学出版社,2015.

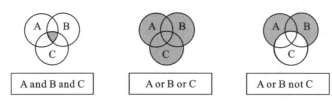

图 3-5 布尔逻辑检索表达举例

(二)截词检索

截词是指在检索中保留相同的部分,在检索式中用专门的符号(截词符)代替可变化的部分。截词检索就是在检索词的适当位置截断,用被截断的词的一个局部进行检索,是检索词与数据库所存储信息字符的部分一致性匹配检索。在西文检索系统中,使用截词符处理自由词,对提高查全率的效果非常显著。截词检索可以扩大检索范围。一般截词符用"?"或"*"表示,前者通常表示有限截断,后者表示无限截断。由于西文的构词特性,在检索中经常会遇到以下情况:名词的单复数形式不一致;同一个意思的词,英美拼法不一致;词干加上不同性质的前缀和后缀就可以派生出许多意义相近的词等。因此,截词检索主要应用于西文电子资源的检索。截词检索有多种不同方式。按照截断的位置来分,有前截断、中间截断、后截断三种类型;按照截断的字符数量,可分为有限截断、无限截断两种类型。

(1)前截断:前截断检索是将截词符号置放在一个字符串左方,表示其左的有限或无限个字符不影响该字符串的检索匹配。例如输入"*economy",可以检索出含有 microeconomy、macroeconomy 等词汇的文献。

(2)中间截断:在检索词中间加一个或几个截词符,而不是在左右两侧加。由于英文中有些单词的拼写方式有英式和美式之分,所以中间截断主要用于检索一些英文拼写不同的单词。例如输入"won?n",可以检索出含有 woman、women 的文献;输入"organi?aton"可以检索出含有 organization 和 organisation 的文献。

(3)后截断:允许检索词的词尾有若干变化,例如输入"econom*"可以检索出含有 economy、economic、economics、economical 的文献。

(三)精确检索

当检索词与文献中的词语完全一致时才将相关文献作为命中记录的检索技术称为精确检索。精确检索能有效地缩小检索范围,提高查准率。常用的精确运算符是英文半角的双引号或括号。

(四)模糊检索

模糊检索是与精准检索相对应的一个概念,顾名思义,是指搜索系统自动按照用户输入的关键词的同义词进行模糊检索,从而得出较多的检索结果。使用模糊检索可以自动检索关键词的同义词,提高检索的精确性。

(五)字段限制检索

字段限制检索是指限定检索词出现的查找区域或限定检索字段进行检索。检索字段指检索工具提供的用来匹配条件的特征项,也称检索入口。不同的数据库的检索字段不同,它主要描述文献的内部特征与外部特征,同时也描述与文献相关的其他重要特征。比较常见的字段有题名(title)、文摘(abstract)、关键词(keyword)、著者(author)、文献来源(source)、语种(language)、文献类型(document type)、分类号(classification)等。采用字段限制检索,系统只对限定的字段进行匹配检索,从而提高了检索效率和查准率。

四、经济信息检索的一般步骤

面对一个具体的经济信息资源检索任务时,我们往往要遵循一定的检索思路和检索步骤。概括而言,一次完整的检索过程包括五个必不可少的检索步骤,依次为分析研究课题、选择检索工具或检索系统、确定检索途径和检索策略、调整检索策略及索取原始文献。具体如下:

(1)分析课题的研究目的,明确检索要求,掌握与课题有关的基本知识、名词术语及需要检索的文献范围,包括文献类型、所属学科、时间年代、语言种类等。

(2)根据课题分析所确定的学科范围和文献范围,选择合适的检索工具或检索系统、信息源。

(3)检索途径的选择应从课题的已知条件和检索工具或检索系统的结构等方面综合考虑,如常用的检索途径主题、关键词、作者、代码和来源途径等,然后应构建逻辑表达式。一般一个课题需用多个检索词表达,并且这些检索词要用一定的方法确定关系,以完整表达一个统一的检索要求。

(4)在检索过程中,要根据查找的具体情况不断分析,调整检索途径和检索策略,直到获得满意的效果。

(5)对检索到的文献线索进行研究和筛选,并索取原始文献。若检索系统提供了原始文献,则可以直接根据链接找到原文;若检索系统只提供了摘要,则可以根据文摘、题录等提供的文献来源,向文献收藏单位或通过文献传递方式获取原始文献。

五、经济信息检索的类型

经济信息检索从不同的角度可以划分为多种不同类型,为便于展开说明,这里结合应用型高校可用资源范围和学生信息需求类型,将经济信息检索划分为文献型经济信息检索、数值型经济信息检索、事实型经济信息检索和综合型经济信息检索。

(一)文献型经济信息检索

文献型经济信息检索是指以文献为查找对象,检索符合特定需要的经济文献。它检索的文献既包括传统的印刷型文献,也包括目前使用广泛的数字型文献。[①] 印刷型文献包括用于手工查检的经济手册、经济年鉴、经济辞典、百科全书等。数字型文献包括以数据库或网络等形式呈现的经济专著、期刊论文、报告或法律全文等,这些都是重要的专业信息源。

(二)数值型经济信息检索

数值型经济信息检索是指以数据和数值为查找对象,检索符合特定需要的经济数字信息。它以查找具体的经济统计数据、市场行情数据、企业财政数据等为目的,主要利用数值数据库、网络系统和参考工具书,如年鉴、手册、统计资料汇编、数据集、数据表册等。数值型经济信息检索不仅能查找出具体的数据,一些检索工具还提供数据运算、分析和可视化展示功能,体现了经济研究对数值信息的特定需求和专业特性。

(三)事实型经济信息检索

事实型经济信息检索是指以事实为查找对象,检索符合特定需要的经济信息。它以查找具

---

① 孙更新.经济信息检索概论[M].武汉:武汉大学出版社,2011.

体的经济事件、机构、人物等为目的,主要利用事实型数据库、网络系统和各种参考工具书,如百科全书、年鉴、手册、指南、名录、表谱等。[①]

(四)综合型经济信息检索

人们基于对经济信息的需求除了进行典型的文献型、数值型、事实型检索以外,常常为满足某个或某些特定的信息需求而开展综合型经济信息检索,这时需要灵活应用各种检索工具,比如企业及产品信息检索、市场及预测信息检索、关税及贸易信息检索以及会议及会展信息检索等。

下面展开介绍。

第二节　文献型经济信息检索

文献型经济信息是指以文献为载体形式来记录和传递的经济信息,也称经济文献,主要包括经济类图书、期刊、报纸、会议论文、学位论文、专利、商标、法律法规、政府报告等,是经济信息检索和信息利用的主要对象。文献型经济信息检索可以为科学研究提供参考资料,为社会经济发展提供参考信息,为政府决策提供科学依据。

文献型经济信息检索既包括传统的印刷型文献检索,也包括现代数字型文献检索。

一、经济类图书检索

(一)经济类纸质图书检索

1. 经济类工具书检索

工具书是指专供查找知识信息的文献。它系统汇集了某方面的资料,是按特定的方法加以编排,供需要时查考用的文献。常用的工具书类型有百科全书、手册、年鉴、辞典、标准、规范等。经济学科知识信息量极大,对工具书的需求较为迫切。如果不利用工具书,很难顺利地得到所需要的信息和资料。另外,由于经济学的范围广、应用性强的特点,经济类工具书的种类远远超过社会科学中其他的任何学科[②]。使用经济学工具书有利于全面、迅速、准确地直接从工具书中或通过工具书的指引,从大量经济文献中获得所需要的知识信息和资料。

1)经济学工具书主要类型

经济学工具书类型及部分工具书见表3-5。

表3-5　经济学工具书类型及部分工具书

工具书类型	部分工具书
书目	《经济学工具书指南》《最新经济学工具书手册》《中国经济学图书目录》《经济学著作要目》《全国经济科学总目》《中国近代经济史论著目录提要》《商业与经济学书目指南》《中国人文社会科学核心期刊要览》
辞典	《现代经济学词典》《世界经济学大辞典》《新帕尔格雷夫经济学大辞典》《现代西方经济学辞典》

---

① 孙更新.经济信息检索概论[M].武汉:武汉大学出版社,2011.
② 中国社会科学院经济研究所图书馆.经济学工具书指南[M].北京:经济科学出版社,1989:10.

续表

工具书类型	部分工具书
百科全书	《中国经济百科全书》《世界经济百科全书》《中国大百科全书　经济学》《WTO 大百科全书》《中国商业百科全书》
年鉴	《世界经济年鉴》《中国经济年鉴》《香港经济年鉴》
手册	《世界经济统计手册》《美国经济统计手册》《独联体国家经济统计手册》《世界发展数据手册》《世界各国商务指南》
文摘索引	《经济学文摘》《经济文献杂志》《经济学科论文索引》
资料汇编	《经济法学法规汇编》《改革开放三十年农业统计资料汇编》
图录	《中华人民共和国国家经济地图集》《中国百年证券精品图录》
表谱	《毛泽东经济年谱》《中国财政金融年表》《中国金融改革开放大事记》

①书目。《经济学工具书指南》由中国社会科学院经济研究所图书馆编，由经济科学出版社于 1989 年 9 月出版。该书列举了中华人民共和国成立以来经济学的各种工具书，并选取二三十年来国外有参考价值的经济工具书，共计书籍近千种。

②辞典。《现代经济学词典》由皮尔斯(D. W. Pearce)编，宋承先等译，由上海译文出版社于 1988 年 12 月出版、发行。全书共收录词目 2500 余条，包括现代经济学各分支、各门类重要、常见的名词术语。此外还酌情收录了重要的国际经济机构信息、经济立法、著名的经济学家信息以及常用的商业用语，书后附有汉英词目索引。

③百科全书。《中国经济百科全书》由陈岱孙主编，由中国经济出版社于 1991 年 12 月出版，英文题名为"Encyclopedia of the Chinese Economy"。该书分为国民经济计划、工业、农业、物资、对外贸易、旅游、财政税务、金融、价格、工商行政管理、审计、教育等 22 篇。

④年鉴。《世界经济年鉴：2009/2010 年卷》由世界经济年鉴编辑委员会出版，由经济科学出版社于 2010 年 1 月起在国内发行，包括：综合报告·专论；国别（地区）经济；世界农业；世界工业·科技；世界贸易·国际投资；国际金融；世界旅游业；世界环境保护；世界流通业；国际经济组织活动（集团）最新动态；国际经贸最新动态；中国经济之窗；世界经济统计汇编。

⑤手册。《独联体国家经济统计手册》由李垂发、连丽珍编著，由时事出版社于 1994 年 8 月出版发行。该书介绍独联体及 11 个独联体成员国的经济概况，附有独联体各国企业名录。

2）经济学工具书检索方法

经济学工具书检索，一是通过经济类印刷型文献，利用目录、索引或者联机公共目录计算机进行检索，得到相关线索或相应馆藏地后获取纸本文献；二是通过经济类电子文献，利用数据库进行检索，如读秀学术搜索、书生之家、方正 Apabi 数字图书馆、中国国家数字图书馆、美国国会图书馆、超星数字图书馆、NetLibrary 电子图书数据库、Bookwire 图书在线等，获得相关信息后获取纸本。

2.经济类专业图书检索

1）利用书目检索系统查询

馆藏书目检索系统又常称为联机公共检索目录，英文名称是"online public access catalog"，简称 OPAC，是读者查找馆藏的检索工具，如 ILAS 平台，见图 3-6。用户可以在 OPAC 中进行网上续借、预约、查询个人借阅情况等操作。

利用馆藏书目检索系统查询馆藏经济类专业图书可以通过多种检索途径或检索点，比如按

图 3-6 馆藏书目检索系统举例——ILAS 平台

书名、作者、ISBN(国际标准书号)、主题词检索等,此外,还可以按照中图法分类号进行检索。例如,中图法设有"F 经济"专类。在经济大类下,又分为 11 个二级类目,分别是:F0 经济学;F1 世界各国经济概况、经济史、经济地理;F2 经济管理;F3 农业经济;F4 工业经济;F49 信息产业经济;F5 交通运输经济;F59 旅游经济;F6 邮电通讯经济;F7 贸易经济;F8 财政、金融。在 OPAC 检索界面,选择检索条件"分类号",输入所需的经济类目,如"F8",即可查询到馆藏"财政、金融"类别下的书目,点开任意一条书目可获得馆藏地及馆藏状态等详细信息,以便获取纸本。

2)利用素质教育阅读指导书目查询平台检索

素质教育阅读指导书目查询平台(见图 3-7)提供按学院、专业、图书类别划分的指导书目检索系统供读者检索。阅读指导书目分为思政推荐阅读书目和专业课程阅读书目两大类。其中,专业课程阅读书目根据各院系所开专业课程名称对应图书分类号进行书目汇集。学生可以通过该平台查询了解相关专业图书有哪些及这些图书的馆藏信息。

图 3-7 素质教育阅读指导书目查询平台

(二)经济类电子图书检索

经济类电子图书是指以数字代码方式将图、文、声、像等经济信息存储在磁、光、电介质上,通过计算机或类似设备读取的数字化书籍,又称 ebook,具有信息容量大、方便查阅、流通便捷、表现形式丰富等特点,一般具有完备的检索系统,可以直接检索并阅读全文。这里挑选几种有代表性的进行重点介绍。

1. 经济类中文电子图书检索

1)读秀学术搜索

读秀学术搜索(https://www.duxiu.com)是由海量全文数据及元数据组成的超大型数据库,以海量中文图书和全文资料为基础,为用户提供深入到图书章节内容的全文检索,读者能一站式搜索馆藏纸质图书、电子图书等学术资源。读秀学术搜索界面如图 3-8 所示。

图 3-8　读秀学术搜索界面

①读秀图书搜索。

读秀图书搜索有快速检索、高级检索和专业检索(分类导航)三种检索方式。

快速检索:选择"图书"频道,检索框下方提供有全部字段、书名、作者、主题词等几个检索字段类型,读者可以根据需要选择检索字段类型,并在检索框内输入关键词,然后点击"中文搜索"搜索中文图书,或点击"外文搜索"搜索外文图书。

高级检索:点击"图书"频道,可通过点击检索框右侧的"高级搜索"链接进入图书高级检索页面。页面上提供了书名、作者、主题词、出版社、ISBN、分类、年代等多个检索项,读者根据需要可完成一个或多个检索项的填写,还可对检索结果显示的条数进行选择。完成填写设置之后点击"高级搜索"按钮即可。

专业检索(分类导航):点击"图书"频道,可通过点击检索框右侧的"分类导航"链接进入图书专业检索页面,可以看到检索框下方按照中国图书馆图书分类法设置的分类。点击一级分类或二级分类的链接,可以看到属于相应类别的图书及其子分类的链接。如点击一级分类"经济",则可浏览经济类别的图书,同时可看到"经济"类别的子分类"经济学"等的链接。

②读秀知识搜索。

读秀知识搜索是以知识点作为检索点进行搜索的,搜索内容深入到图书的正文,可以检索到一句话、一个短语的出处,找到插图、表格等,为读者提供了新的搜索体验,更有利于资料的收集和查找。

例如,想要了解"数字经济"这个知识概念及相关信息时,可以利用读秀知识搜索,在其目前所收录的 410 余万种图书资料的内容中进行搜索,用时仅 0.076 秒,即可找到相关知识条目信息 42 251 条(用时及条目信息数时有变化),有利于读者快速全面了解知识概念。读秀知识搜索不仅检索方便快捷,其结果来源于图书专著,内容更权威、全面和深入。

③读秀文献传递。

读秀与本地OPAC挂接，直接整合本地纸本文献和电子文献，可提供馆藏纸本借阅、包库全文阅读、在线试读三种获取图书内容信息的方式。对于仅提供部分阅读的图书文献，可以通过文献传递的方式获取到全文信息。文献传递是将用户所需的文献复制品以有效的方式和合理的费用，直接或间接传递给用户的一种非返还式的文献提供服务，它具有快速、高效、简便的特点。

2)方正Apabi电子图书

方正Apabi电子图书是方正Apabi核心的数字内容资源部分，目前方正已经与450多家出版社全面合作，在销电子图书近40万种，每年新出版电子书超过12万种，累计正版电子书近70万册，涵盖了社科、人文、经管、文学、历史、科普等各种分类，并与纸质书同步出版。

方正Apabi数字图书馆提供快速检索、高级检索和分类检索三种检索方式。

快速检索：提供书名、作者、年份、全面检索、全文检索等8种检索入口。输入检索词，单击"查询"按钮，可迅速查到要找的书目。"结果中查"，表示在当前结果中增加检索框中的条件后再进一步进行检索。"新查询"，表示使用检索框中的条件开始一个新的检索。

高级检索：分为"本库查询"和"跨库查询"。使用高级检索可以输入比较复杂的检索条件，在一个或多个资源库中进行查找。

分类检索：用户可以根据显示的分类，方便地查找所有该类别的资源。单击"显示分类"，可以查看常用分类和中国图书馆图书分类法。单击类别名，页面会显示当前库该分类下所有电子图书资源的检索结果。

阅读方正Apabi电子图书文献需提前下载安装好Apabi阅读器。方正Apabi阅读器是用于阅读电子书、电子公文等各式电子文档的阅读软件，支持CEB、XEB、PDF、HTML、TXT等多种文件格式。Apabi阅读器的界面友好，最大限度地保留了传统图书阅读的习惯，可以实现任意翻页、灵活设置书签、添加标注等功能。读者可以在网站页面单击下载。

3)超星移动图书馆

超星移动图书馆是专门为各图书馆研发的专业移动阅读平台，使用户在任何地点都可以实现快速查询的功能。用户可在手机、平板电脑等移动设备上自助完成个人借阅查询、馆藏查阅、图书馆最新资讯浏览等，同时可对超过百万册电子图书、海量报纸文章以及外文文献元数据进行自由选择，获得方便快捷的移动阅读服务。

2. 经济类外文电子图书检索

1)博图外文电子图书

博图BKS(book knowledge search)数据库是北京易联博图信息技术有限公司与美国BookSearch公司携手合作，联合国外300多家出版社，打造的外文原版电子图书平台，见图3-9。

博图外文电子图书涵盖各学科领域，包括经济、法律、商业、历史、文学、自然科学、工程制造、教育、美术、图书馆学、政治、语言、哲学、心理学等，为广大高校师生开阔视野、提高外文阅读能力和进行专业学习提供了专业的、全面的外文素材。

博图外文电子图书数据库提供简单检索和高级检索两种检索方式，需输入外文检索词进行检索。另外，博图还提供分类浏览功能。比如，想要查看"财政、金融"方面的外文图书，可以通过主页左侧分类目录"H Social sciences"下的"Financial"查看。

2)Springer电子图书

Springer(施普林格)是世界著名的学术出版集团。Springer电子图书是Springer推出的全球最大规模的综合性网上电子图书系列，根据科研人员需求而特别设置成网上电子书数据库。

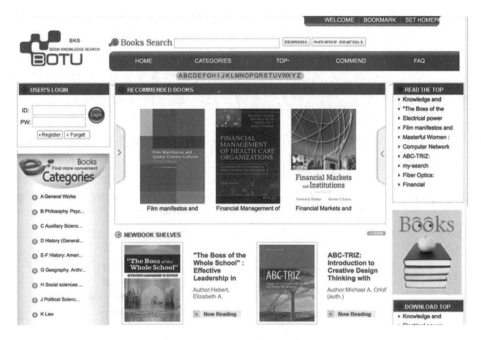

图 3-9 博图 BKS 数据库界面

该数据库数据可回溯至 1997 年,图书种类丰富,并以每年 3000 余种新书的速度增长。

Springer 电子图书在学科上分为以下专题库:商业及经济、建筑、设计及艺术(2006 年新推出)、行为科学、生物医学及生命科学、化学及材料科学、计算机科学、地球及环境科学、工程学、人文学科与社会科学及法学、数学、医学、物理学及天文学。在图书类型上包括一般图书、丛书及参考工具书。

Springer 电子图书数据库除了提供一般的简单检索、高级检索及按学科浏览功能外,还提供"在本书内搜索"功能,可输入关键词,在特定的某本图书中进行检索,方便用户快速聚焦书中感兴趣的内容。该库可以免费检索、浏览图书章节目录、摘要信息,查看下载全文则需付费使用或可通过已购买使用权的图书馆网站的检索入口使用。

3. 其他获取经济类电子图书的途径

经济类电子图书还可通过超星数字图书馆、中国国家数字图书馆、书生之家、天方有声数字图书馆等数据库,以及全球数字图书馆(The Universal Digital Library,http://ulib.isri.cmu.edu/)、NetLibrary(http://www.netlibrary.com)等网络开放平台获取。

二、经济类期刊检索

(一)经济类中文期刊检索

1. 中国知网(CNKI)——中国学术期刊全文库

数据库介绍:该库由中国知识基础设施工程(China National Knowledge Infrastructure,CNKI)集团主持建设,是世界上最大的连续动态更新的中国学术期刊全文数据库,是"十一五"国家重大网络出版工程的子项目,是《国家"十一五"时期文化发展规划纲要》中国家"知识资源数据库"出版工程的重要组成部分。该库以学术、技术、政策指导、高等科普及教育类期刊为主,内容覆盖自然科学、工程技术、农业、哲学、医学、人文社会科学等各个领域,收录国内学术期刊约 8000 种,全文文献约 5000 万篇,分为十大专辑:基础科学、工程科技Ⅰ、工程科技Ⅱ、农业科技、医药卫生科技、哲学与人文科学、社会科学Ⅰ、社会科学Ⅱ、信息科技及经济与管理科学。十大专辑下分为168个专题,收录1915年至今出版的期刊,部分期刊可回溯至创刊。

检索方法:任何用户可以在浏览器地址栏内输入 https://www.cnki.net/,进入中国知网主页,免费访问 CNKI 系列数据库中的题录和摘要信息,若需要获取全文,则需付费或获得授权使用。多数高校图书馆采用镜像站点或网上包库的方式,一般为授权 IP 范围内,高校学生无须登录或注册,即可从本校图书馆主页进入 CNKI 链接,直接访问并获取全文。

CNKI 主要提供以下几种期刊检索方式,即简单(一框式)检索、高级检索、专业检索、作者发文检索、句子检索等,见图3-10。

图3-10 中国知网期刊检索界面

(1)一框式检索:用户只需要在检索框中直接输入检索词,选择下拉框当中的字段,如篇名、关键词、摘要、作者、ISSN、全文等,即可以检索,简单快捷。

(2)高级检索:其功能是在指定的范围内,按一个以上检索项表达检索式,可以实现多表达式的逻辑组配检索,查询结果精准,适用于命中率要求较高的查询。在 CNKI 首页,通过单击界面右上角"高级检索"字样,可以进入高级检索界面。

(3)专业检索:用户按照自己的需求来组配逻辑组合表达式,进行更为精确的检索。运用此种检索方法,用户须熟练掌握检索技术。

(4)作者发文检索:在高级检索界面,单击"作者发文检索"字样,即进入作者发文检索界面。该检索方法适用于检索某位作者所发表的文献,方法简单,只需要输入作者姓名和单位即可。

(5)句子检索:在高级检索界面,单击"句子检索"字样,即可通过输入一句话或一段话检索到相应的文献。

此外,中国知网的知网节功能和出版物检索功能强大且方便易用,可提升检索效率和优化检索体验。

2. 博看网——人文畅销期刊数据库

博看网是一个人文畅销期刊数据库,它将人文期刊的内容进行专业化、数字化的加工处理之后,以精美的阅读形式呈现给读者。作为目前全球第一中文报刊网,它以逐一签约、正版授权的期刊为核心资源,收录了4000多种畅销期刊,我们经常订阅的杂志几乎都被囊括其中。它每天更新100~120本期刊,每年可以增加20 000本以上。新刊上线时间基本上与纸版期刊上市时间同步。所有的过刊也仍然保存在网站上,可以采取与现刊同样的方式阅读。该库人文期刊有4000多种,收录了国内发行的人文畅销期刊的95%以上,其中,财经管理类期刊有《销售与市场》《中国经济周刊》《经理人》《财经天下周刊》《证券市场周刊》《中外管理》等。

检索方法非常简单,可按刊名检索,或按个人喜好选定刊物后阅读刊物原貌版或文本版。

3. 经济类专业核心期刊检索

期刊内容专深,学术性强,是获取学科领域发展动态信息的重要渠道。尤其是核心期刊,更能反映学科的学术水平,信息量大,利用率高,是深受专业人士重视的权威性刊物。

1)经济核心期刊列举

经济核心期刊包括《经济研究》《经济评论》《经济学》《经济学家》《经济科学》《当代财经》《经济纵横》《经济经纬》《经济管理》《经济问题》《经济学动态》《当代经济研究》《当代经济科学》《中南财经政法大学学报》《山西财经大学学报》《现代财经:天津财经大学学报》《河北经贸大学学报》等。

《经济研究》是由中国社会科学院主管、中国社会科学院经济研究所主办的全国性综合经济理论刊物,为月刊。《经济研究》创办于1955年,1998年被国家新闻出版署评为百种全国重点社科期刊之一,2009年被中国期刊协会和中国出版科学研究所评为"新中国60年有影响力的期刊"。据2016年中国知网显示,《经济研究》出版文献量为7586篇,总下载量为8 888 366次,总被引量为483 772次,复合影响因子为5.695,综合影响因子为4.293;主要栏目有专家论坛、热点探讨、经济理论、财政与税务、企业与发展、新农村建设、东北老工业基地、"三农"问题研究、金融证券、市场营销、财会研究等。

《经济评论》由教育部主管、武汉大学主办,1980年创刊,面向国内外公开发行。该刊立足于中国经济实践,着眼当代经济学理论发展前沿,发表经济学各领域具有原创性的学术论文,致力于推动中国经济学研究的规范化、现代化和本土化。目前《经济评论》机构用户已经扩大到5237个,分布在24个国家和地区,如美国的普林斯顿大学、美国国会图书馆,英国的牛津大学,法国国防部,南澳大利亚大学、悉尼科技大学,日本国会图书馆,新加坡国家图书馆等;个人读者分布在19个国家和地区。

2)经济核心期刊检索

核心期刊文献的获取分四种:一是印刷型期刊检索,利用数据库资源、报刊目录及索引获取,如利用图书馆等信息服务机构的OPAC查询馆藏及利用全国报刊索引数据库、《全国报刊索引》、期刊索引、《经济学科论文索引》等;二是电子期刊检索,可以利用数据库资源或网络资源,如中国知网、万方等,获取刊物及文献内容信息;三是利用《中文核心期刊要目总览》进行查询、确认;四是利用武昌首义学院开发的"中国核心期刊投稿指南数据库"进行查询。该库收录了国内四大权威核心期刊评价体系(分别是北京大学图书馆"中文核心期刊"、南京大学"中文社会科学引文索引(CSSCI)来源期刊"、中国科学技术信息研究所"中国科技论文统计源期刊"(又称"中国科技核心期刊")、中国社会科学院文献信息中心"中国人文社会科学核心期刊")数据,利用该库可在查询到经济类有哪些专业核心期刊后,通过中国知网出版物检索查看具体核心期刊不同年份不同卷期的内容信息。

(二)经济类外文期刊检索

1. EBSCOhost

数据库介绍:EBSCO是一个具有70多年历史的大型文献服务专业公司,提供期刊、文献定购及出版等服务。该公司由美国人Elton B. Stephens于1944年创立,公司名称来源于"Elton Bryson Stephens company"的字母缩写,EBSCOhost平台是EBSCO公司专为全文数据库开发的检索平台,其中两个主要外文期刊全文数据库是Academic Search Premier(ASP)和Business

Source Premier（BSP）。

Academic Search Premier 学术期刊集成全文数据库是当今世界最大的多学科学术期刊全文数据库,其提供的许多文献是从其他数据库中无法获得的,包括社会科学、自然科学、人文科学等,涉及教育学、计算机、工程、物理、化学、语言、艺术等学科领域。目前该库收录了4600多种期刊全文,其中包括3900多种同行评审期刊的全文。SCI 和 SSCI 收录的有 1453 种。检索界面见图 3-11。

图 3-11　ASP 检索界面

Business Source Premier 商业资源电子文献全文数据库包括了管理、国际商务、经济学、经济管理、金融、会计、国际贸易、劳动人事、银行等领域文献。本数据库收录了 2100 多种期刊的全文,其中包括 1100 多种同行评审期刊的全文。被 SCI 收录的有 473 种。本数据库每日更新数据。约 200 种期刊可回溯到 1965 年甚至是创刊年,有些期刊可以提供过去 50~100 年的全文。

ASP 和 BSP 可通过已购买使用权的图书馆网站检索入口使用。

EBSCO 除提供基本检索、高级检索、出版物检索外,在检索结果页面还提供是否为学术同行评审期刊等筛选条件,方便挑选出更具学术参考价值的文献优先阅读。

同行评审指由从事该领域或接近该领域的专家来评定一项研究工作的学术水平或重要性的一种方法,有一套严格的评审流程。经过同行评审的期刊往往被视为质量更高、更具学术价值的期刊,因此,同行评审可以被视为期刊质量重要评价指标。

叙词表检索是 EBSCO 的一个特色功能。叙词,也称为主题词,是经过规范化处理的以基本概念为基础的表达信息内容的词和词组,也叫受控词。叙词表由专业的规范词组成,它可以将同一主题不同表述的词按主题内容规范在标准的专业词下,避免了由于词汇书写不同造成漏检,或词义概念混淆导致错检的问题。用户利用叙词表可从主题角度检索文献,进而提高文献的查准率。利用叙词表还可以从主题概念的角度扩展或缩小检索范围,是检索词选取的重要参考。

对检索出的外文文献,EBSCO 还提供全文翻译功能。这是 EBSCO 的又一特色功能。但要注意的是,此项功能的使用仅限于 EBSCO 中 HTML 格式的外文文献。

2. JSTOR 数据库

JSTOR 全名为 Journal Storage,是过期西文期刊全文库(http://www.jstor.org/),提供的期刊有 2000 多种,绝大部分都从 1 卷 1 期开始,回溯年代最早至 1665 年,过刊库中的"最新期刊"多为三至五年前的期刊,这与一般定义的最新出版的期刊不同。JSTOR 收录的期刊质量很高,收录了许多人文社科及艺术类与生物科技类相关的核心期刊。目前 JSTOR 是以政治学、经济学、哲学、历史等人文社会学科主题为中心,兼有一般科学性主题共十几个领域的代表性学术期刊的全文库。

JSTOR 数据库检索方法与其他外文库相似。其部分资源免费开放,凡标有"FREE"或"Download"显示红色(为可下载)的可直接获取全文。不能获取全文的文献,可通过百链、中国高校人文社会科学文献中心文献传递等方式获取。

三、经济类会议论文检索

学术团体经常会召开各种学术会议,就学科或研究课题进行学术交流活动,经济类会议论文就是指在这类学术会议上交流和发表的以经济论题为主题的论文。此类会议论文具有内容新颖、专业性强、研究水平高、传递速度快等特征,能及时反映学科中的新发现、新成果、新成就以及新趋势。通过会议文献可以及时全面地了解学科的研究动向及发展水平。

会议论文的检索工具通常有:

(1)中国知网(CNKI)会议论文库。

中国知网是连续动态更新的中国学术文献数据库,包括学术期刊、博硕士学位论文、会议论文、报纸等中外文资源。中国知网会议论文库为中国知网系列数据库之一,收录由国内会议主办单位或论文汇编单位书面授权并推荐出版的重要会议论文,重点收录1999年以来中国科协系统及国家二级以上的学会、协会、高校、科研院所、政府机关举办的重要会议以及在国内召开的国际会议上发表的文献,部分重点会议文献回溯至1953年,目前,已收录国内会议、国际会议论文集4万本,累计文献总量350余万篇。

中国知网会议论文库网址为 https://kns.cnki.net/kns8?dbcode=CFLP,界面见图3-12。

图3-12 中国知网会议论文库界面

(2)万方中国学术会议文献数据库。

万方中国学术会议文献数据库网址为 https://c.wanfangdata.com.cn/conference,检索界面见图3-13,其会议资源包括中文会议和外文会议。中文会议收录始于1982年,收录中文会议论文共计538万多篇,年收集2000个重要学术会议,年增20万篇论文,每月更新;外文会议主要来源于NSTL外文文献数据库,收录了1985年以来世界各主要学协会、出版机构出版的学术会议论文,共计900万篇全文。

识别会议文献的主要依据有会议名称、会址、会期、主办单位、会议录的出版单位等。

四、经济类学位论文检索

学位论文是作者为获得某种学位而撰写的学术研究论文,一般分为学士论文、硕士论文、博士论文三个级别,通常为对某一主题的专深研究,具有一定独创性、专业性和系统性,是重要的文献情报源之一。不同层次的学位论文代表不同的学术水平,一般不在刊物上公开发表,多保存和收藏在学位授予单位或指定收藏单位。

图 3-13　万方中国学术会议文献数据库检索界面

学位论文的全文获取以向各大学图书馆借阅或馆际合作文献传递为主,或者是通过学校已购买的数据库系统下载获取电子全文。国内可查阅经济类学位论文的数据库有中国学位论文全文数据库(万方)、中国优秀博硕士学位论文全文数据库(中国知网)、中国科学院学位论文数据库、国家科技图书文献中心的中文学位论文数据库、CALIS学位论文中心服务系统、国家图书馆学位论文库;国外学位论文数据库比较权威的有美国 ProQuest 学位论文数据库。

(一)万方中国学位论文全文数据库

万方中国学位论文全文数据库资源包括中文学位论文和外文学位论文。中文学位论文收录始于1980年,收录中文学位论文共计524万多篇,年增30万篇,涵盖理学、工业技术、人文科学、社会科学、医药卫生、农业科学、交通运输、航空航天和环境科学等各学科领域;外文学位论文收录始于1983年,累计收藏11.4万余篇,年增量1万余篇。

万方中国学位论文全文数据库网址为 https://c.wanfangdata.com.cn/thesis,检索界面见图3-14。

图 3-14　万方中国学位论文全文数据库检索界面

(二)中国知网中国优秀博硕士学位论文全文数据库

中国优秀博硕士学位论文全文数据库是中国知网系列数据库之一,重点收录"985""211"高校、中国科学院、中国社会科学院等重点院校及科研机构的优秀博硕士论文,覆盖基础科学、工程技术、农业、医学、哲学、人文、信息科技、经济与管理科学等各个领域,收录年限为1984年至今,是目前国内相关资源较完备、质量高、连续动态更新的全文数据库。

中国知网中国优秀博硕士学位论文全文数据库网址为 https://kns.cnki.net/kns/brief/result.aspx?dbprefix=CDMD,其高级检索界面见图3-15。

(三)ProQuest 学位论文库

ProQuest 是美国国会图书馆指定的收藏全美国博硕士论文的机构,ProQuest Dissertations & Theses Global(PQDT Global)是目前世界上规模较大、使用较广泛的博硕士论文数据库,收录1637年至今全球3100余所高校、科研机构逾498万篇博硕士论文信息,其中,全文逾260万篇;涵盖了从1861年获得通过的美国第一篇博士论文,到本年度本学期获得通过的博硕士论文信息,可回溯至17世纪的欧洲培养单位的博士论文。PQDT Global 内容覆盖工程学、经济与管理科学、健康与医学、历史学等各个领域,每周更新,年增全文逾20万篇。

图 3-15　中国知网中国优秀博硕士学位论文全文数据库高级检索界面

学位论文的检索字段一般有论文题名、作者、学科专业、导师姓名、学位授予单位、授予学位年份等。

五、经济类专利与商标检索

(一) 专利检索

专利文献,指专利申请、审查、批准过程中所产生的各种文件的总称。狭义的专利文献包括专利申请书、说明书、权利要求书、相关法律性文件等。广义的专利文献还包括专利公报以及各种索引与供检索用的工具书等。专利文献是一种集技术、经济、法律三种情报为一体的文件资料。我国是实行专利制度的国家,专利分为发明专利、实用新型专利和外观设计专利三大类。

在市场经济体制下,广泛应用专利文献是国际上普遍采用的推动科技进步和经济持续发展的一种基本手段。专利文献是科学技术和生产实践相结合而产生的有较强实用价值的情报信息源,是人类现有技术的缩影。

下面介绍几个常用的专利文献检索工具。

1. 国家知识产权局专利检索 (http://pss-system.cnipa.gov.cn/)

国家知识产权局,英文全称为 China National Intellectual Property Administration,缩写为 CNIPA,是国务院主管专利、商标工作和统筹协调涉外知识产权事宜的直属机构。该政府机构官网提供专利和商标的免费检索服务,但特别要注意的是,用户需先注册、登录后才能检索。由其主办的专利检索及分析服务系统,见图 3-16,收录了 1985 年 9 月 10 日以来公布的全部中国专利信息,包括发明、实用新型和外观设计三种专利的著录项目及摘要,并可下载浏览各种说明书全文及外观设计图形。该服务系统可以作为一种免费的专利检索工具使用,提供的检索方式有常规检索、高级检索、导航检索等,同时提供专利分析功能。

常规检索:主要提供一种方便、快捷的检索模式,可快速定位检索对象(如一篇专利文献或一个专利申请人等)。当检索目的十分明确,或者初次接触专利检索时,推荐使用常规检索。常规检索提供了基础的、智能的检索入口,主要包括自动识别、检索要素、申请号、公开(公告)号、申请(专利权)人、发明人以及发明名称。

高级检索:根据检索需求,在相应的检索表格项中输入相关的检索要素,并确定这些检索项目之间的逻辑运算,进而拼成检索式进行检索。当希望获取更加全面的专利信息,或对技术关键词掌握不够全面时,可利用系统提供的"智能扩展"功能辅助扩展检索要素信息。

图 3-16 国家知识产权局专利检索及分析界面

导航检索：一个基于国际专利分类（IPC）的查询工具，当希望了解专利指定分类号的含义或者指定技术所属分类体系时，可以通过该工具获得最直接的帮助。

专利分析：通过专业的专利数据分析模型，快速、准确、全面地在海量专利数据中分析出潜在的信息关系和完整的专利情报链，帮助有效利用专利资源。分析功能包括申请人分析、发明人分析、区域分析、技术领域分析、中国专项分析、高级分析等。

2. 万方中外专利数据库（https://c.wanfangdata.com.cn/patent）

万方中外专利数据库涵盖了 1.3 亿余条国内外专利数据。其中，中国专利收录始于 1985 年，共收录 3300 万余条专利全文，可本地下载专利说明书，数据与国家知识产权局保持同步，包含发明专利、外观设计和实用新型三种类型，准确地反映中国最新的专利申请和授权状况，每月新增 30 万余条。该库收录了国外专利 1 亿余条，均提供欧洲专利局网站的专利说明书全文链接，收录范围涉及中国、美国、日本、英国、德国、法国、瑞士、俄罗斯、韩国、加拿大、澳大利亚、世界知识产权组织、欧洲专利局等十一国两组织数据，每年新增 300 万余条。在该库中若要获取全文，需付费或获得授权使用。

万方中外专利数据库检索提供的检索字段包括题名、摘要、申请号/专利号、公开号/公告号、申请人/专利权人、发明人/设计人、主分类号、分类号等，见图 3-17。

图 3-17 万方中外专利数据库检索界面

3. 中国知网专利库

中国知网专利库收录了1985年9月以来的专利,专利的内容来源于中国国家知识产权局知识产权出版社。相关文献、成果等信息来源于CNKI各大数据库,包括发明专利、实用新型专利、外观设计专利三个子库,根据国际专利分类和国际外观设计分类法分类。可以通过申请号、公开号、专利名称、摘要、分类号、申请人、发明人、代理人、优先权等检索项进行检索,并下载专利说明书全文。其检索方法与CNKI其他数据库检索方法类似。在该库中若要获取全文,需付费或获得授权使用。

国际专利信息则可以通用一些机构网站免费获取,如欧洲专利局网站(https://worldwide.espacenet.com)、美国专利商标局网站(https://www.uspto.gov)以及世界知识产权组织门户网站(https://www.wipo.int/)等。

(二)商标检索

介绍商标文献,要从商标专用权说起。商标专用权,是指经核准的注册商标在一定时期内,在其使用商品上拥有的专用权。它的内容包括商标使用权、禁止权、许可权和转让权。依据《中华人民共和国商标法》第三条的规定,商标专用权必须是商标注册人通过经商标局核准注册的商标而取得。只有注册商标的所有人享有商标专用权,受法律保护。商标文献则是指商标专用权的物质承载者,它是商标活动的产物,是实行商标制度的国家在受理商标申请、进行审查、注册和管理等活动中形成的。从某种意义上讲,商标文献是记录商标知识的一切载体。

在当今商品经济竞争日趋激烈的社会环境下,商品竞争日益表现为商标的竞争。商标文献作为商标专用权的承载者,是重要的、不可缺少的情报信息源,从中可以获得权利情报、商业经济情报、法律情报和预测情报。

检索中外商标的途径与专利相似,也可以通过一些机构网站免费获取,如中国商标可以通过国家知识产权局的商标检索平台,检索国外商标可以通过美国专利商标局网站(https://www.uspto.gov)以及世界知识产权组织门户网站(https://www.wipo.int/)检索。

商标检索的主要途径有关键词检索、分类检索、图像检索、组合检索等。

学会检索并充分利用专利和商标文献,可使其在市场经济条件下发挥应有的作用,这也是经济类大学生应该重视且需要着力培养的一种能力。

六、经济类法律法规检索

随着社会的进步和人类文明程度的提升,法律法规信息越来越受到人们的重视并在不知不觉中融入日常生活的方方面面。特别是对于从事经济领域相关工作或活动的职业人士而言,懂得经济相关的法律法规,知道相关信息的获取渠道,是自身基本职业素养的体现,因而十分重要。因此,关于经济法律体系及其相关信息检索的知识,包括知识产权相关案例,详见第六章。

第三节 数值型经济信息检索

数值型经济信息是指以客观和直观的数据、图表等形式反映某一国家、某一地区在某一时期内的经济发展变化、动向和趋势的信息,覆盖工业、农业、人口、金融、财务、经贸等各行业各领域,能为人们了解所取得的经济成就、总结经验教训、制定经济政策和经济发展的战略方针提供翔实、可靠的依据。

检索数值型经济信息,主要利用数值型数据库检索系统、网络信息检索系统、各类工具书及有关经济统计的各种文献来实现。

一、EPS全球统计数据分析平台

EPS全球统计数据分析平台(主页见图3-18)是集丰富的数值型数据资源和强大的经济计量系统为一体的数据服务平台,大规模集成整合了各类数据资源,形成了国际数据、宏观经济、金融市场、产业运行、区域经济、贸易外经、资源环境、县市数据、人文社科、普查数据多个数据库集群,包含60个数据库,拥有超过25万条统计指标的时间序列,数据总量达到40亿条,并且每年以2亿条左右的速度递增。

图3-18 EPS全球统计数据分析平台主页

EPS平台的设计参考了SAS、SPSS等国际著名分析软件的设计理念和标准,将各种数值型数据与数据分析预测工具整合在一个开放的系统平台中,提供集跨库检索、数据处理、统计分析、建模预测和可视化展示于一体的强大系统功能,为各类读者及国内外图情系统、各类研究机构提供从数据获取、数据处理、分析预测、多样展现到本地保存的一站式数据服务。该平台包括社会民生、金融市场、宏观经济、重点行业、产业经济、贸易外经、国内普查、全球经济、区域&县域等不同主题类别的数据子集若干。部分子库介绍如下:

(1)世界贸易数据库,数据来源于联合国统计司(署)、中国海关,是进行国际贸易分析的必不可少的数据库,提供了国际海关组织的多种商品分类标准数据查询,包括HS1992、HS1996、HS2002、HS2007、HS2012多个子库,已经覆盖250多个国家、地区和经济体,包含6000多种HS2、HS4、HS6位编码商品的年度进出口数据。主要数据指标有进口、出口、进出口、贸易差额、贸易总额等。数据收录起始于1992年,按年度更新。

(2)世界宏观经济数据库,数据来源于国际货币基金组织,是用于评估国家总体经济发展水平和经济状况的基础数据库,提供了世界各国的宏观经济、人均经济指标、国际收支、货币供应、财政收支结构、政府债务状况等方面的年、月度数据。主要数据指标涵盖人口、劳动力和就业、贫困与收入、教育、卫生、能源、经济、贸易、政府财政、货币、投资环境、交通和通信、信息科技、旅游及国际收支平衡等。

(3)世界经济发展数据库,数据来源于世界银行,是用于对比分析世界各国经济状况的综合数据库。此数据库提供了全球300多个国家和地区的国民经济、人口发展、国际往来、环境以及企业总体状况的基本数据。主要指标涵盖经济政策与债务、教育、环境、金融部门、健康、基础设施、社会保障、贫困状况、私营部门与贸易、公共部门、社会发展等。数据收录起始于1960年，按年度更新。

EPS平台可通过已购买使用权的图书馆网站检索入口使用或经过付费使用。其检索功能及使用特点如下：

(1) 数据查询：EPS数据平台可以实现对数据库指标的实时多维查询、指标模糊查询、指标维度转换以及对指标的各种选择功能。

(2) 跨库检索：在搜索栏中输入完整的指标名称或输入关键词，系统就会根据指标或关键词在所有平台上的数据库中进行匹配查询。特别要注意的是，EPS指标与国家统计局对数据指标的规定和表述一致，用户进行指标输入时需要有一定的专业知识储备。

(3) 导出：通过点击数据导出按钮，一般可以将查询到的数据以Excel格式导出。地图功能提供了图片、Excel等多种格式文件导出服务。

(4) 数据可视化：提供表格、地图等多种数据可视化展示服务。

(5) 云分析：通过"添加序列"功能可将来自不同数据库的指标时间序列添加到云分析，并且可以对来自不同数据库的指标数据进行预处理、建模分析和预测。

二、CEPII经济数据检索平台

CEPII（网址为http://www.cepii.fr/cepii/en/bdd_modele/bdd.asp）是法国领先的世界经济信息研究中心，该中心于1978年成立，其通过对国际贸易、移民政策、宏观经济和金融领域进行独立深入分析，并集合专业模块及数据库（CHELEM、Geography、Macroeconomics、Production & Specialization Indicators、Profile、Trade & International Investments等）以及专业领域研究动态、专业期刊文章等，为专业学习研究、从业、决策做出贡献。通过CEPII官网可查询了解国际经济政策、宏观经济数据、生产与专业化指标、国际贸易数据、国家地理距离、语言数据等。

CEPII检索遵循如下流程：登录CEPII官网→找到"DATA"（见图3-19）→选择左侧具体数据库→查看"Download"界面→选择数据包→直接下载。

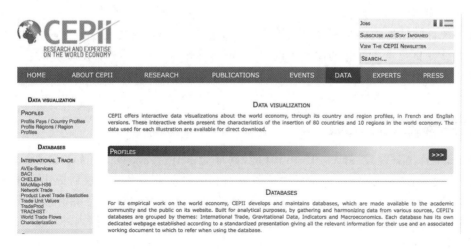

图3-19　CEPII首页

三、中国经济信息网数据检索

中国经济信息网(网址为 http://www.cei.gov.cn,主页见图 3-20),简称中经网,是国家信息中心组建的、以提供经济信息为主要业务的专业性信息服务网站。中经网所提供的信息形式多样,有数据、视频、文字、图片、图表等多种形式,其内容涵盖面广,覆盖宏观、金融、行业、区域、国际等多个频道,有对各行各业的现状、动态、发展等的全方位的报道与分析,是监测和研究中国经济的权威网站。

图 3-20　中国经济信息网主页

中经网系列数据库包括统计数据库、产业数据库、中经金融、行业发展报告、地区发展报告等多个子库。其中,中经网统计数据库是一个面向社会各界用户提供权威、全面、及时、准确、实用的经济类统计数据的基础资料库。说它权威,因其数据多来源于国家发改委、国家统计局、海关总署、中国人民银行、财政部、各行业主管部门等国家正规统计渠道;说它全面,因其内容涵盖宏观经济、行业经济、区域经济以及世界经济等各个领域;说它实用,因为所有统计指标数据均为满足分析长度的时间序列。

中经网统计数据库提供时间、指标、地区三个维度的组合方式及任意词检索方式;提供对口径、范围、调整变更及重要概念的注释和说明;数据可导出为 Excel 格式,方便外接分析软件;数据显示模式灵活简便;提供个性化定制功能,如利用"我的收藏夹",可实现对查询结果的保存和再查询。

四、国研网经济数据检索

国研网,全称国务院发展研究中心信息网,网址为 http://www.drcnet.com.cn,是中国著名的专业性经济信息服务平台,检索界面见图 3-21。国研网以国务院发展研究中心丰富的信息资源和强大的专家阵容为依托,与海内外众多著名的经济研究机构和经济资讯提供商紧密合作,以专业性、权威性、前瞻性、指导性和包容性为原则,全面汇集、整合国内外经济、金融领域的经济信息和研究成果,全力打造中国权威的经济研究、决策支持平台,为中国各级党政机关、研究机构和企事业单位准确把握国内外宏观环境、经济和金融运行特征、发展趋势及政策走向提供有价值的参考,帮助其管理决策、理论研究、微观操作。

图 3-21　国研网检索界面

国研网教育版专为高校用户设计,网址为 http://edu.drcnet.com.cn/www/edunew/,首页见图 3-22。其整合了国内外经济、金融和教育等领域权威、实用、及时的资讯信息和研究报告,为高校管理者、师生及相关研究机构提供高端的管理决策和教学研究参考信息。

图 3-22　国研网教育版首页

国研网教育版由专题文献库、研究报告库、统计数据库、专家库四个数据库集群和一个个性化服务板块组成。其中,国研网统计数据库(简称"国研数据")是国研网在全面整合我国各级统计职能部门所提供的各种有关中国经济运行数据的基础上,历经数年研究开发、优化整合后推出的大型数据库集群,对国民经济的发展以及运行态势进行了立体、连续、深度展示,是中国经济量化信息较为权威、全面、科学的统计数据库之一,是投资、决策和学术研究的有力助手。

"国研数据"由世界经济数据库、宏观经济数据库、区域经济数据库、重点行业数据库、对外贸易数据库、产品产量数据库、工业统计数据库、国有资产管理数据库、财政税收数据库、人口与就业数据库、居民收支与价格数据库、教育统计数据库等内容构成。

"国研数据"具有以下特点:

(1)全面性:数据内容丰富全面,涵盖国民经济的各个方面。

(2)权威性:所有数据均源自国家权威统计部门提供的信息资料。

(3)实用性:数据库指标体系的设计遵循分析研究的逻辑推衍,科学实用。

(4)准确性:数据的校验实行严格的三级审查制度,确保统计数据准确无误。

(5)及时性:月度、季度、年度数据都在国家规定的解密时间后及时更新。

(6)系统性:各数据库都提供经过专业化处理、长度充足的时间序列数据,系统有序。

(7)灵活性:提供多维检索方式,实现对数据的立体查询,并可以 Excel 格式导出下载。

"国研数据"检索分为以下几步:

第一步,选择数据库。有两种方式。如果知道所要查找的数据在哪个数据库,可通过从首页直接进入该数据库的方式进行查询。如果不知道所要查找的数据在哪个数据库,可通过首页数据检索功能进行检索,选择全部数据库,进行遍历检索。

第二步,查找参数。也有两种方式:一是直接选择参数,即进入数据库后,选择时间、地区、指标等参数;二是使用参数查询功能,即通过数据库页的参数查询功能,列出该库中与所查指标相关指标,再选择自己需要的指标。

第三步,显示数据表。选择完参数后,点击搜索按钮,可显示查询结果。

第四步,调整数据表。通过功能按钮"转换行列",可实现将数据表中的行列进行转换。此功能有点类似于"转置"。为了作图或比较的方便,经常会用到"转换行列"功能。另外,如果想快速查看数据表包含的参数,或重新选择参数构建数据表,功能按钮"显示参数"将会提供一些帮助。

第五步,导出数据表。通过功能按钮"导出数据",可以将数据表打开或保存到Excel中。另外,利用"查询"功能,可以将查询结果保存到收藏夹。可以对收藏夹进行新建、重命名、删除等操作。打造属于自己的个性化收藏夹,便于以后快速找到所需要的数据。

"国研数据"还具有作图功能,可对数据表进行作图分析。可以选择折线图、柱状图、饼图形式并下载。

五、经济类年鉴、政府公报、国家统计数据检索

经济类年鉴也是我们获取数值型经济信息的重要途径之一。经济类年鉴包括综合性年鉴、地区性年鉴、行业年鉴等,如《世界经济年鉴》《上海经济年鉴》《中国会计年鉴》等。查询经济类年鉴数据可以通过纸本图书查找,亦可通过收藏有经济年鉴的电子图书数据库进行查找。

对于经济类年鉴、政府公报、国家统计数据等信息,还可通过一些开放、权威的政府网站获取,如国家统计局网站、中华人民共和国中央人民政府官网等。

国家统计局网站(http://www.stats.gov.cn/),是中华人民共和国国家统计局的官方网站,是国家统计局对外发布信息、服务社会公众的唯一网络窗口,检索界面见图3-23。该网站通过先进的网络技术汇集了海量的全国各级政府各年度的国民经济和社会发展统计信息,建立了以统计公报为主,统计年鉴、阶段发展数据、统计分析、经济新闻、主要统计指标排行等为辅助的多元化统计信息资料库,目前在线资料已达上万份,并通过专业的索引页面,帮助使用者在最短的时间内找到自己需要的资料,大大减少了数据需求者在查询数据时所消耗的时间。

图3-23 国家统计局检索界面

国家统计局网站提供的信息资源包括统计年鉴、统计公报、经济新闻、经济分析、数据排行等。其服务包括各类年鉴资料下载,各地年度统计公报在线查阅,各地重要经济新闻报道,地方、行业发展分析,各省市年度GDP排行查询,各省市年度主要经济指标排行下载等。网站的主要访问者为政府经济部门机构、经济研究单位、高校经济专业师生、企业市场企划投资部门、关注区域经济民生发展的网民等,为知识层面较高、具备市场消费能力的群体。

国家统计局统计调查的领域包括国民经济核算、农业、工业、能源、投资、建筑业、房地产开

发、批发零售、住宿餐饮业、人口、劳动就业、住房、价格、科技等。国家统计局的官方网站已成为社会各界获取中国政府统计数据最重要的渠道,访问者可以在网站上的多个栏目查询到统计数据。

"最新发布与解读"栏目:所有通过新闻发布会、新闻稿、统计公报和其他方式公布的最新统计数据及相关分析报告、解读稿、统计图表等资料,都会在第一时间刊登在"最新发布与解读"栏目中。

"数据查询"栏目:该栏目提供了数据库查询、年鉴数据查询、可视化产品等多种数据查询途径,可使各类统计用户快速查阅详细完整的月度数据、季度数据、年度数据、普查数据、部门数据、国际数据等各类统计数据。

"统计公报"栏目:该栏目收录了从1978年以来国家统计局历年发布的年度统计公报、人口普查公报、基本单位普查公报、经济普查公报、农业普查公报、工业普查公报、第三产业普查公报、R&D普查公报及其他统计公报。

"统计制度""统计标准""指标解释"栏目:这些栏目提供了统计分类标准、统计调查制度、统计指标解释等内容。

"发布日程表"栏目:该栏目在每年年初刊登国家统计局本年度经济统计信息发布日程表,访问者可以在这里查询到本年度所有统计数据的具体发布时点。

"网站链接"栏目:该栏目通过与各地方统计网站、国际组织网站和国外统计网站等进行链接,基本实现了一站式统计服务。

六、世界银行开放数据检索

世界银行开放数据平台(网址为 https://data.worldbank.org,检索界面见图3-24)提供世界各国7000多个数据指标供用户免费开放获取,用户可以按国家、指标检索全球发展数据,其中数百个数据指标可上溯50年。

图3-24 世界银行开放数据平台检索界面

按国家检索数据:从国家列表中选择一个国家,可检索该国的基本信息、所属地区、所属收入组别、国民生产总值和人口数量等数据信息。

按指标检索数据:从所列目录中选择一项指标,可查询该指标的详细说明和200多个国家的指标数据。可以在表格或地图中浏览数据或以多种格式下载,还可以借助搜索功能获得数据。

第四节　事实型经济信息检索

事实型经济信息是指记录社会经济发展历史、发展现状、发展轨迹、发展规律等的事实信息,产生于人们的生产、生活和各项经济活动,主要包括经济事件、经济领域人物、经济机构信息等。此类信息由于时间跨度长、体量大、覆盖面广,常被分门别类地收藏于一些综合性或专门性检索工具中。当人们有特定事实型经济信息需求时,可通过这些检索工具快速获取。

事实型经济信息检索既包括传统的印刷型文献检索,也包括现代数字型文献检索。检索事实型经济信息,主要利用事实型数据库检索系统、网络信息检索系统、各类辞典、百科全书、年鉴、手册、名人录、表谱、黄页等检索工具来实现。

一、经济事件检索

(一)利用工具书检索

经济事件信息可通过辞典、年表、大事记、年鉴、百科全书等纸质版或电子版工具书获取。利用这些工具书,可以查到从古至今重大经济事件的名称、内容、时间及详细记载。下面列举几个工具书代表。

《辞海》(第六版):夏征农、陈至立主编,上海辞书出版社2009年出版,是当代中国极具权威的大型综合性辞典,包括重要的名词、概念、成语、国名、人名、地名、组织机构、事件、会议、著作、文件等信息。

《中国历史年表》:柏杨著,海南出版社2006年出版。该书以表格形式,逐年记录上自盘古开天辟地的数千年间的重要事件与人物。

《中华人民共和国经济大事记(1949—1980年)》:房维中主编,中国社会科学出版社1984年出版。该书记载了从中华人民共和国成立到1980年为止的全国经济大事记,极具史料价值,为查检和研究中国现代经济事件提供了参考依据。

《中国经济年鉴》:国务院发展研究中心主办,《中国经济年鉴》编委会编辑,1981年创办,一年一度全面记载中国经济和社会发展状况,综合反映国民经济各行业、各部门、各地区的运行态势,汇集中央政府重要经济文献、经济理论研究主要成果和年度经济与社会大事记,系统反映中国经济与社会、改革与开放的新成就、新问题、新趋势。

《中国经济百科全书》:陈岱孙主编,中国经济出版社1991年出版,是一部经济学巨著,500多万字。内容以实务为主,兼容理论。

此外,还有《中国市场经济学大辞典》《金融与投资辞典》《世界经济学大辞典》《世界经济年鉴》等工具书,都可用于经济事件等的查检。

(二)利用事实型数据库检索

检索国内经济事件可以利用中国经济信息网(中经网,http://www.cei.gov.cn)、国务院发展研究中心信息网(国研网,http://www.drcnet.com.cn)、宏观经济信息网(中宏网,http://www.macrochina.com.cn)及中国知网年鉴数据库等。检索全球经济事件可以利用全球案例发现系统(Global Cases Discovery System,GCDS)、BvD系列数据库(欧洲著名全球金融与企业资信提供商产品)等。

1. 中经网

中经网"综合频道"实时发布国内大事、国际大事、财经报道、中经评论、世经评论、总编时评等;"宏观频道"点评经济热点问题,汇编宏观经济政策,监测宏观经济运行;"行业频道"汇编各行业运行中的热点问题和报道,汇集典型分析文章。这些都是获取和了解重大经济事件的重要渠道。

2. 国研网经济·管理案例库

国研网经济·管理案例库由教学案例库、企业管理案例库、公共管理案例库和实用资源库四个子数据库构成。它以经济现象、中外机构和企业管理实践为研究对象,通过大量的高水准、专业化经济案例分析,探索最新的管理理论、方法与应用实践,为用户了解典型的经济事例提供了丰富的素材。

(1)教学案例库:集中展现教学案例,并按照研究生、本科、通用分类,以满足不同的教学需求。

(2)企业管理案例库:分十三大类,包括战略管理、市场营销、人力资源、组织管理、运营管理、信息管理、项目管理、财会管理、物流与供应链管理、公司治理、投融资管理、创新管理等。

(3)公共管理案例库:分八大类,包括公共财政管理,行政管理,劳动与社会保障,城市管理,公共安全与应急管理,公共事业管理,教育、科技与文化管理,以及国土资源管理。

(4)实用资源库:分四大类,包括企划方案、咨询报告、计划总结和管理制度。

3. 全球案例发现系统

GCDS 是由北京华图新天科技有限公司研发的大型案例文献数据库集群,整合了世界众多知名案例研究机构的研究成果,定位于为从事案例开发和案例教学的用户提供一站式检索和传送服务。

GCDS 由工商管理专业类的中国工商管理案例库、工商管理案例素材库、全球工商管理案例在线以及公共管理专业类的中国公共管理案例库、公共管理案例素材库、全球公共管理案例在线六个数据库组成。

1)中国工商管理案例库(CBAC)

中国工商管理案例库收录了清华大学经济管理学院中国工商管理案例中心开发的高质量教学案例。每篇案例的研发都严格遵循哈佛案例的研发标准,其撰写需长期跟踪目标企业并实地调研,篇均研发周期约 6 个月。CBAC 中的案例包括案例全文和教学指导两个部分,高校可以直接将其运用于工商管理学科的案例教学中。

2)工商管理案例素材库(BACM)

工商管理案例素材库采集了众多知名媒体的相关报道,重点筛选出社会关注度高、蕴含深刻商业内涵且具有较高案例开发价值的典型性商业事件。BACM 提供了优质、丰富的案例素材,这些案例素材一般由事件描述、专业机构评论和学科本源三部分组成。

3)全球工商管理案例在线(GBACO)

全球工商管理案例在线收录了哈佛(Harvard)商学院、毅伟(Ivey)商学院、欧洲案例交流中心(ECCH)以及中国工商管理案例中心等全球知名工商管理案例研究机构的案例的详细信息。GBACO 是全球案例发现系统的搜索引擎,提供数万条工商管理案例文献的索引信息。

4)中国公共管理案例库

中国公共管理案例库是清华大学公共管理学院中国公共管理案例中心精心研究、自主开发的具有时效性、本土性和典型性的高品质教学案例库,每一篇案例均由清华大学公共管理学院教师指导,硕士和博士研究生等专业案例写作人员基于实地调研和各类参考文献开发写成,具有真实性、典型性和冲突性等,能够培养 MPA 学生在公共管理理论框架下分析、解决问题的能力,实现了理论与实践的有效结合。

5)公共管理案例素材库

公共管理案例素材库采集了众多知名媒体公共管理方面的相关报道,重点筛选出社会关注度高、蕴含深刻内涵且具有较高案例开发价值的典型性公共事件,数据库每日更新,可用于及时了解最新的公共事件。

6)全球公共管理案例在线

全球公共管理案例在线收录了哈佛大学肯尼迪政治学院和清华大学公共管理学院等著名研究机构收藏的案例的详细信息。

除上述列举的事实型检索工具外,经济事件还可通过一些综合性学术数据库,如中国知网、万方的学术研究文献,以及读秀电子图书来获取。

(三)利用网络资源检索

经济事件信息也可以通过搜索引擎、在线工具书、专业网站、社区论坛等网络途径获取。搜索引擎有百度、必应、雅虎、维基百科等。在线工具书包括《中国大百科全书》(访问 http://www.ecph.com.cn 获取),提供有经济学大事年表。专业网站有:Infoplease(http://www.infoplease.com),提供年鉴、大事记、百科知识等;中国经济网(http://www.ce.cn/)、经济观察网(http://www.eeo.com.cn/)等,都可获得各行业实时更新的经济事件动态信息。社区论坛有经管之家(http://bbs.pinggu.org/)、新浪财经(https://finance.sina.com.cn)等,可提供经济事件及财经新闻等事实信息。

二、经济领域人物检索

经济领域人物信息可通过工具书、事实数据库、网络资源等几种途径查找获取。

(一)利用工具书检索

检索经济领域人物可利用名人录、人名词典、年鉴、传记、百科全书等纸质版或电子版工具书。利用这些工具书,可以查到经济领域知名人士的生平事迹及主要贡献等相关信息。下面挑选几个简要介绍。

(1)《影响新中国60年经济建设的100位经济学家》:吴太昌等主编,广东经济出版社2009年出版。该书选编百位经济学家,几乎囊括了中华人民共和国成立至2009年影响经济建设的我国重量级经济学家,是了解经济领域重要人物的重要资料。

(2)《中国人物年鉴》:创刊于1989年,是经新闻出版总署批准出版的、我国唯一一部以年鉴的形式介绍每年度我国各方面知名人士和先进人物的活动、贡献及其生平事迹的大型年刊。

(3)《当代外国著名经济学家》:《经济学动态》编辑部编,中国社会科学出版社1984年出版。该书介绍了64名当代外国著名经济学家,重点介绍了他们的学术观点和学术成就。

(4)*The International Who's Who*(《国际名人录》):由 Europa Publications 公司于1935年起出版,收录世界各国政治、经济、法律、外交、军事、教育、宗教、文艺、科技等界的知名人士。

(5)《新帕尔格雷夫经济学大辞典》:由英国经济学家伊特韦尔约请美国经济学家米尔盖特和纽曼为他的合作者,于1983年开始编纂,1986年编成,1987年9月出版。这部四卷辞典共收词条2000多条,涉及经济学各个领域的重要问题和最新发展,还收录了约700位近现代世界著名经济学家的小传。

(二)利用数据库检索

(1)中国资讯行中国人物库:在中国资讯行网站主页(http://www.infobank.cn)上选择左侧"更多资讯服务",选择"中国人物库"进入,通过输入人名或其他相关检索词,可得到详尽的中国主要政治人物、工业家、银行家、企业家、科学家以及其他著名人物的简历及有关资料。该库定期更新并提供免费查询。

(2)国研网专家库:通过国研网首页 http://www.drcnet.com.cn 选择"专家库"进入,可以进入人物检索界面,免费查询到经济领域专家的学习及工作经历、研究领域、学术成果及媒体相关报道信息。

(3)Gale 人物传记资源中心(Biography Resource Center)数据库:该库由美国 Gale 公司开发,收录了 100 多万人物的传记,是目前检索人物传记比较权威的一个数据库,内容涵盖文学、科学、政治、文化、商业、娱乐、体育、艺术等。此外,该库还与 15 000 多个人物的网站链接,且这些网站都经过人物传记专家的严格考证,保证其权威性。该数据库更新速度快,每年新增 8 万~10 万篇人物传记,需要注意的是,该库需付费使用或通过购买了使用权的图书馆的检索入口使用。

(三)利用网络资源检索

(1)利用搜索引擎:利用百度、必应、Yahoo、搜狐、天网、网易、新浪等搜索人物名称,均可获得该人物相关信息。

(2)利用工具书网站:比如传记网(Biography,网址为 https://www.biography.com/),通过人名或关键词检索,可以获取 25 000 名杰出人物的传记,资料均来自《剑桥百科全书》等权威信息源;又如中国大百科全书网站(https://www.zgbk.com),通过人名搜索,可以获得相关人物的生平、思想、成就等信息。

(3)利用经济信息网站:比如"经济 50 人论坛"(http://www.50forum.org.cn/),是由中国著名经济学家于 1998 年 6 月在北京共同发起组成的非官方、公益性学术组织,论坛聚集了中国具有一流学术水准、享有较高社会声誉并致力于中国经济研究的近 50 位著名经济学家,被国内外公认为是中国高层经济决策的"智库"。论坛宗旨是为中国经济发展与改革等重大问题献策献力。论坛定位是把各个领域有着深入理论研究的专家对中国经济发展、改革中的问题及政策建议的研究成果集合起来,希望用他们的思想精华对中国经济改革及各行业乃至地区经济的发展起到推动作用。通过该论坛,可以查询了解到这些经济学家的相关信息。

此外,还可通过著名大学的知名学科门户来获取相关专家、学者信息,比如通过访问北京大学光华管理学院网站获取相关人物信息。

三、经济机构检索

(一)利用工具书检索

检索经济机构可利用机构名录、黄页、年鉴、辞典、手册、指南、百科全书等纸质版或网络版工具书。利用这些工具书,可以检索到经济机构相关事实信息。下面简要介绍几个。

(1)《中国工商企业名录》:新华出版社 1981 年出版。该书汇集了全国工业、交通、商业、金融等各行业 10 000 家有代表性的企业的名称、地址、电话号码、电报挂号、厂长或经理姓名、职工人数、主要产品和经营范围。书末的附录包括中国经济概况、全国经济大事记(1949—1980 年)、经济法规和条例、行业介绍等,索引部分包括名录索引等。

(2)《中国企业年鉴》:真实客观地记录了中国企业改革、管理和发展的新成就和新经验,主要内容包括企业发展概况、企业管理综述、企业论坛、经济法律法规选编、统计资料、附录、图片资料等。

(3)《世界著名跨国公司实用手册》:张隆高主编,中国国际广播出版社 1995 年出版。该书收录了世界31个国家930多家公司的资料信息。

类似的工具书还有《中国财经界》《中国金融机构概览》《世界1000家大银行手册》《世界进出口工商企业大辞典》等。

(二)利用数据库检索

(1)中国企业、公司及产品数据库:该库收录了96个行业16余万家中国主要企业、公司的信息,包括企业名、负责人、地址、电话、传真、性质、进出口权、注册资金、固定资产、营业额、利润、创汇额、企业概况、主要产品及其产量、价格、规格型号等信息。该库需付费使用,或通过购买了使用权的图书馆的检索入口使用。

(2)中国资讯行中国上市公司文献库:中国资讯行(China INFOBANK)是专门收集、处理及传播中国商业信息的企业,为世界各地各行各业的公司和研究机构提供信息,由其提供的中国上市公司文献库收录1993年至今的在沪、深交易所上市的公司(包括A股、B股及H股)的资料,网罗深圳和上海证券市场的上市公司的各类招股书、上市公告、中期报告、年终报告等文献资料。其另一产品——中国企业产品库收录了中国27万余家各行业企业基本情况及产品资料,该库需付费使用,或通过购买了使用权的图书馆的检索入口使用。

(3)Gale商业与公司资源中心数据库(Business & Company Resource Center):该数据库涵盖商业、经管、财政、金融等专业,不仅提供期刊类数据库,而且还包含公司及行业协会信息、原始投资报告、Gale集团出版的众多著名商业参考书等。该库需付费使用,或通过购买了使用权的图书馆的检索入口使用。

(4)EBSCO商管财经(非刊类)检索平台:提供5000多种全文案例研究(case studies)、1600多种全文经济报告、近20 000种全文产业报告、7400多份知名高管人员及分析师的全文访谈录、近2400种全文市场研究报告及3300多种全文SWOT分析。此外,还包括伯恩斯坦金融数据(Bernstein financial data)、EIU 272种全文出版物、8种晨星基金股票分析出版品、AICPA(美国注册会计师协会)出版品、Richard K. Miller & Associates市场研究报告及Global Insight、ICON Group International,Inc.等报告。同时,还收录了哈佛大学57段研讨会视频(seminar video)。该库需付费使用,或通过购买了使用权的图书馆的检索入口使用。

除上述所列,还有ProQuest、BvD、D&B等都提供企业相关信息查询,均需付费使用。

(三)利用网络资源检索

(1)利用搜索引擎:利用百度、必应、Yahoo、搜狐、天网、网易、新浪等搜索机构或企业名称,亦可获得相关信息。

(2)利用网上黄页:比如中国电信黄页(http://www.yellowpage.com.cn/)、中国114黄页(http://www.114chn.com/),目前拥有超过1800万有效黄页信息,为全球华人提供较新较全的黄页查询服务,非常方便实用。

(3)利用机构主页:找到机构或企业主页,可直接了解机构或企业及其产品等丰富信息。

(4)利用经济信息网站:比如中国企业网(http://www.corpzg.com)、胡佛网站(http://www.hoovers.com/),提供基本的公司概况,包括主要子公司清单、行政主管和竞争对手信息等。

第五节 综合型经济信息检索

人们对于经济信息的需求和检索不一定是单一的,有时为满足特定的信息需求人们往往会进行综合型经济信息检索。这里列举几种类型,并概要介绍相关检索工具,当我们有相关信息需求时可以灵活选择并加以应用,从而更好地满足我们的信息需求。

一、企业及产品信息检索

企业及产品信息检索是开展或发展一项业务必做的功课。它对于确定自己的产品方向、了解竞争对手情报、寻找合作方和客户、挖掘国际贸易机会,做出管理决策等都具有重要意义。查询企业及产品信息的途径很多,除了第三章第四节介绍的中国企业、公司及产品数据库,中国资讯行中国上市公司文献库,Gale 商业与公司资源中心数据库,以及企业官网、网上黄页等查询途径外,还有如下检索工具可供选用。

1. 中国企业网(http://www.cen.cn)

中国企业网是经国家工商和信息管理部门批准成立,由国内外几百家行业协会、学会、科研院校提供学术、技术和专家资源支持,并由中企网(北京)信息技术有限公司负责管理和运营的产业互联网平台。中国企业网实时提供国内外资讯,介绍优质企业,推广科技产品与服务等,用户通过该网站,可查询产品、企业、招商等商务信息。

2. 中国制造网(https://cn.made-in-china.com)

中国制造网是一个中国产品信息荟萃的世界,面向全球提供中国产品的电子商务服务,致力于通过互联网将中国制造的产品介绍给全球采购商。中国制造网目前已经汇集国内十万多种产品信息,成功地帮助众多供应商和采购商建立了联系,提供了商业机会,为中国产品进入国内和国际市场开启了一扇方便的电子商务之门。

3. 公司信息网(https://www.corporateinformation.com)

公司信息网提供全球约 35 万个以上公司的链接,收录其中 2 万多个公司的数据信息,包括大量的分析报告。部分链接站点免费,也有少数收费站点。通过公司名称检索,可直接查到相关公司信息。该网站还提供 30 个行业、全球 65 个国家的企业信息的检索,以及全球 100 多个国家的企业研究信息、产业和经济信息(可按州检索美国企业公司的信息),此外,还提供 50 多个国家约 15 000 个公司的研究报告。

检索国内外企业及产品信息还可通过商务网库、D&B 企业数据库、托马斯在线数据库等检索工具获取。因部分为商业数据库,用户需注意使用权限。可多利用网络开放信息获取平台获取所需相关信息。

二、市场及预测信息检索

市场及预测信息主要包括市场份额、市场规模、市场需求、销售额等信息,是企业掌握行业动态信息、监测产品运营情况、调整企业发展战略的重要依据。下面介绍几种市场及预测信息的检索工具。

1. 市场研究数据库(https://www.marketresearch.com)

市场研究数据库收录全球 350 多个主要出版发行商的 16 万份有关全球产品及市场的研究报告及出版物,包括生产厂商、公司、产品、市场及发展趋势信息,涵盖各个行业(包括新兴行业)。该数据库每日更新,需付费使用,或通过已购买使用权的图书馆的检索入口使用。

2. 市场与技术预测综览数据库(http://www.gale.cengage.com)

市场与技术预测综览数据库是美国著名的同名印刷版文摘型检索刊物的网络版,是产品、技术、市场、销售的重要情报源,主要报道世界各国的技术动态和市场行情,内容遍及 60 多个制造和服务行业,收录来自上千种美国国内外报纸、工商业期刊、政府报告、企业出版物、银行信函、特种报告和统计资料的信息。该库需付费使用,或通过已购买使用权的图书馆的检索入口使用。

检索专用数据库是获取市场及预测信息的一种途径,利用一些大数据分析平台或工具对产生的商业信息或数据进行分析预测,也是获取相关信息的一种途径。

三、关税及贸易信息检索

关税是主权国家对进出国境或关境的货物或物品所征收的一种税,属商品课税。关税按课税对象划分,可分为进口关税、出口关税和过境关税。① 对做国际贸易的商务人士而言,关税及贸易信息的检索必不可少。查询关税及贸易信息可以通过以下途径或检索工具获取。

1. 中国商务部外贸实务查询服务网(http://wmsw.mofcom.gov.cn/wmsw/)

中国商务部外贸实务查询服务网是中国商务部提供给从事外贸的中国企业的查询网站,使用这个网站可以查询到任何一个国家的海关进口关税,具体包括88国/地区进出口税费、76种出口商品报告、48国/地区监管条件及55国/地区税费计算。对于特殊的产品进口,海关有哪些特别的规定,产品的监管条件、各国的法规是什么,以及进口清关需要哪些单证,该网站会给予提示,对中国企业出口可能遇到的风险也起到警示作用。特别提示:使用该网站,需要知道具体产品的海关编码才能查询。

2. 美国国际贸易委员会的美国进口关税查询网址(https://hts.usitc.gov/)

美国进口关税查询网址适用于各个国家出口到美国的进口产品关税查询。网站信息权威有效。输入海关编码或产品名称,就能检索到所需缴纳的关税税率信息。

3. 亚太经合组织关税查询网(http://tr.apec.org/tdb.cgi/ff3235/apeccgi.cgi)

在亚太经合组织(APEC)官网,我们可以找到中国大陆、中国台湾、中国香港、俄罗斯、韩国、日本、泰国、马来西亚、越南、新加坡、菲律宾、文莱、巴布亚新几内亚、澳大利亚、新西兰、智利、秘鲁、墨西哥、美国、加拿大的关税在线查询网址。鼠标点击对应每个国家的红点标识,就能进到相应国家(地区)关税信息查询。查询方式有四种:①依分类章节目录;②依HS代码或关税标题;③依字母A~Z排序之关税标题名称;④依产品描述查询。

4. 欧盟进口关税查询网(https://ec.europa.eu/taxation_customs/dds2/taric/)

欧盟现有27个成员国,分别是匈牙利、保加利亚、塞浦路斯、爱尔兰、意大利、波兰、葡萄牙、斯洛伐克、拉脱维亚、罗马尼亚、立陶宛、卢森堡、马耳他、奥地利、比利时、捷克、克罗地亚、丹麦、爱沙尼亚、芬兰、法国、德国、希腊、荷兰、斯洛文尼亚、西班牙和瑞典。欧盟实行关税同盟的贸易政策,即:所有从第三国进口的商品,无论从哪个欧盟国家进入欧盟,均征收相同的进口关税。

常用海关进口关税查询网址如下:

(1)中国海关进口关税查询网址:http://www.customs.gov.cn/tabid/67735/default.aspx。

(2)美国海关进口关税查询网址:https://hts.usitc.gov/。

(3)加拿大进口关税查询网址:https://www.cbsa-asfc.gc.ca/trade-commerce/tariff-tarif/2019/menu-eng.html。

(4)墨西哥进口关税查询网址:http://www.siicex-caaarem.org.mx/。

(5)欧盟进口关税查询网址:https://ec.europa.eu/taxation_customs/dds2/taric/。

---

① 赵林如.中国市场经济学大辞典[M].北京:中国经济出版社,2019.

(6)俄罗斯海关进口关税查询网址:http://www.russian-customs.org/legislation/tariff/home.html。

(7)日本进口关税的官方查询网址:https://www.customs.go.jp/。

关税及贸易信息还可通过各国海关官方网站进行查询,因为与进出口贸易关系最为密切的政府机构就是各国海关,可以查询到进出口贸易最新的动态权威信息。例如,中国海关网(http://www.customs.gov.cn)提供相关公告、法规、政策、会议的内容全文及其解读,用户还可通过该网在线查询商品信息、通关参数、知识产权备案、统计资讯、归类信息及化验信息。

5. 海关数据网(http://www.hgsj.com)

海关数据网主要提供全球200多个国家含进出口企业名称的海关数据及在线查询分析服务。此外,海关数据网还提供全球200多个国家的贸易流向数据、进出口统计数据和进出口研究报告等。

四、会议及会展信息检索

参加国内外学术会议和国际展览会是获取行业领域前沿资讯、开发国际市场、发现业务机会的重要途径。下面介绍几种会议及会展信息的检索工具。

1. 万方中国学术会议文献数据库(China Conference Proceedings Database)

万方中国学术会议文献数据库收录了1985年以来世界各主要学会、协会、出版机构出版的学术会议论文共计约900万篇全文,其中经济类学术成果是了解行业研究热点和前沿资讯的有效途径。

2. 中国进出口商品交易会网站(http://www.cantonfair.org.cn)

中国进出口商品交易会,又称广交会,创办于1957年春季,每年春秋两季在广州举办。它是中国目前历史最长、层次最高、规模最大、商品种类最全、到会客商最多、成交效果最好的综合性国际贸易盛会。它的多语言版本的官方网站设有新闻中心、采购商指引、参展商指引、展馆展区查询、展商展品查询等专栏,用户不仅仅了解到历届广交会的成交情况、采购商到会情况及相关新闻报道,还能通过网上广交会这一电子商务平台进行网上贸易洽谈。

3. 专业杂志中的会议信息

专业杂志往往会发布一些会议会展信息,有时是一些会议预告,有时会提供展会的详细信息,包括参展商名录和产品目录等,有时还会跟踪报道会议会展进展情况,以及提供会展评价信息等,因此专业杂志也是获取会议会展信息的重要来源。

思考题

1. 中国图书馆图书分类法简称中图法,是基于( )的分类体系。
   A. 概念   B. 学科   C. 知识   D. 信息
2. 在开始研究一项新技术或研制一种新产品之前,最好要掌握的信息是( )。
   A. 会议论文   B. 专利文献   C. 标准文献   D. 科技报告
3. 扩大检索范围的方式是( )。
   A. 使用逻辑与   B. 使用逻辑或
   C. 使用逻辑非   D. 使用优先运算符
4. 什么是文献型经济信息?主要包括哪几种类型?
5. 数值型经济信息的检索工具有哪些?
6. 若要查询关税信息,说说你会选择的检索工具和检索思路。

第四章 经济课题检索流程

学习信息检索知识的根本目的是提高信息素养,帮助解决实际问题。在进行信息检索时,首先要对拟检索的问题进行分析,抓取准确全面的检索词,然后构建完整的检索式,并选择适当的检索工具进行检索。在实际操作中,检索并非一次完成,需要根据检索结果,利用信息检索策略进行调整,以获得更全面、准确的检索结果。分析检索课题、提取检索词、构建检索式和实施检索是本章学习的重点。

第一节 如何分析检索问题并构建检索式

一、如何分析检索问题

正确分析检索课题,让检索者了解检索目的、明确检索要求,是获得满意检索结果的根本保障。对课题的分析越全面、深入,所能提供的信息需求表达才越清楚、准确。对课题的分析主要包括对课题主要内容、所属学科和涉及文献类型的分析。

(1)分析课题主要内容:通过利用搜索引擎和综合性数据库,分析课题的主要概念,包含的内容范畴,以及课题背景知识、发展趋势等。

(2)分析所属学科:根据课题主要内容,利用学术搜索引擎(例如百度学术)或商业数据库(例如万方智搜或超星发现),分析确定课题所属学科范围。

(3)分析涉及文献类型:文献类型有图书、期刊、会议、专利、学位论文等,不同文献类型侧重内容各不相同,应分析确定课题涉及的文献类型。

二、如何选择合适的检索词

检索词是表达信息需求和检索课题内容的基本元素,也是构建检索式和信息检索系统中有关数据进行匹配运算的基本单元。检索词选择合适与否,直接影响检索结果。在全面了解检索课题后,应提炼主要概念、相关概念、隐藏概念和英文检索词。[1]

(一)选择和确定中文检索词

选择和确定课题中文检索词,具体可以从以下几步思考:

(1)提取课题中必须满足的显性概念,并且得出有实质性意义的词语。

(2)从熟悉的已知的文献信息入手,进行概念拆分,将其变成检索的最小单元。

(3)去除课题中意义不大且较广泛的概念,如"发展""研究""展望""现状""近况""生产工艺""应用""利用""作用""方法""影响"等词。必须用时,应该与能表达主要检索特征的词一起配合使用。

---

[1] 黄如花,胡永生.信息检索与利用实验教材[M].武汉:武汉大学出版社,2017.

(4) 深入分析课题,挖掘课题中的隐藏概念。

(5) 利用搜索引擎、主题词表、数据库功能等辅助工具查找同义词、上位词、下位词、相关词等。

(二)确定外文(英文)检索词

课题检索不光涉及中文文献,同时还可能涉及外文文献。检索英文文献时就需要有准确的英文检索词。在实际操作中,往往一个中文词可能有几种英语表达方式,怎么确定更准确又全面的英文检索词?通常有以下几种途径和注意事项:

(1) 利用搜索引擎和网络翻译,如百度、必应、CNKI翻译助手(专业性较强)、金山词霸、有道词典等。

(2) 在相关研究成果如中文期刊论文中的英文摘要及英文关键词部分查找。

(3) 同一个中文检索词的英文可能存在多种写法和表述,注意查全。如"市场营销"有"marketing""marketing management""marketing strategy"等英文写法,一般在实际检索中,这些写法可以用 or 进行联结。

(4) 在英语词汇中,一个词可能有多种形态,如词的单、复数形式不同,英美拼写方法不同,词性不同等,在实际检索时,要保证查全率,可采用截词法,即在检索标识中保留词根相同的部分,用截词符代替可变化部分。如输入"comput*"可检出含"computers""computing""computed""computerization"等的结果。

(5) 扩充英文检索词的辅助方法:利用外文数据库中的词表,如利用图书馆订购的 EBSCO 外文期刊数据库中的叙词表。

三、如何构建检索式

构建检索式是将已经确定的检索词,用计算机系统能识别的布尔逻辑运算符、位置运算符、截词符等,按照检索需要,进行准确、合理组配,构建出检索表达式,进行检索。

构建检索式时,需要明确三点:一是要能全面且准确地反映信息需求的内容;二是要结合具体数据库的索引体系、用词和匹配规则,因为不同的数据库可供检索的字段不一定相同,利用不同的检索字段检索的结果也不尽相同,所以只有准确表达信息需求的检索式才能从数据库中检索出符合需要的结果,才能把需要的信息尽可能全地检索出来;三是要熟悉检索运算符的运用,前面章节有介绍,主要包括逻辑运算符(and、or、not)、截词符(*和?)及字段限制检索(一般数据库都有此功能,具体包括对学科范围、文献类型、年代、是否获取全文等的限制;英文数据库一般还包括对是否有同行评审等的限定)。基于检索结果的各种限定条件,不同的数据库可显示不同的内容。

在实际操作中,构建检索式一般可采用以下方式:

(1) 对于同类或并列概念的词,采用逻辑或(or/+)组配,要尽量选同义词、近义词、上下位词等进行组合。例如,检索课题"企业知识产权研究",为防止漏检,其中"企业"可考虑同义词,检索式可写成"企业 or 集团 or 公司","知识产权"可考虑其下位词,检索式可写成"知识产权 or 专利权 or 商标权 or 著作权 or 名称权"。

(2) 对于有交叉关系的概念,用逻辑与(and/*)组配,需注意,要去掉与课题无关的概念组配,避免因限制过严而漏检。

(3) 考虑关于截词符、字段限制检索的运用,可提高检索效率,使检索结果更符合自己的需要。

(4)使用多种检索运算符进行组配。如检索课题中含有"网络营销",可列检索式"TI=(Web or WWW) and market*"检索外文文献。

第二节 如何选择检索工具实施检索

一、如何选择检索工具

分析完检索需求后,结合检索要求和检索目的,需要选择合适的检索工具,它关系到是否能全面、快速、准确地查询文献资源。

检索工具种类繁多,既有纸质检索工具又有数字检索工具,而各种检索工具所收录的具体内容(如学科种类、数据类型)各有侧重,因此要根据检索目的和要求选择合适的检索工具。

在选择检索工具时,可根据以下几个原则来选择:

(1)结合课题的要求和目的。如需要某一课题系统、详尽的信息,比如撰写学位论文或申报研究课题、科技查新等,这类检索需要了解课题的历史、现状及发展,检索要求全面,其覆盖的年份也较长,在选择检索工具时,可首选一些收录年份较长的综合型和专业型数据库,如中国知网(CNKI)、维普期刊、EBSCO等;如需要检索某一课题的最新信息,可首选一些更新及时的学术期刊库;如需检索经济类宏观数据,则可以选择 EPS 数据库。如检索课题属于理工科类,还可以选择专利数据库。

(2)选择的检索工具,要保证利用方便、使用熟练。利用方便的数据库,一般是较成熟的数据库,资源更全面、准确。使用熟练,则可提高检索效率。

(3)考量数据量和信息年限。

二、如何实施检索

分析检索问题和选择检索工具之后,就可以开始检索了。

实施检索是指利用确定的中英文检索词、构建的检索式,通过一般检索、高级检索或专业检索等在各类数据库中检索资源。检索过程中应实时分析检索结果与检索要求是否一致,根据信息来源评估信息的价值,基于检索结果的数量,考虑采用适当的检索策略进行调整与修改。

检索具体包括中英文检索。中文检索以中国知网(CNKI)为例,该数据库有基本检索、高级检索和专业检索三种检索方式。其中基本检索界面默认有期刊、博硕士论文、会议、报纸等的检索子库,如根据检索需求只需要限定为期刊检索,可直接点击取消其他子库的勾选。

需要注意的是,每个数据库(特别是中文数据库)的专业检索要求是有差别的,所以在进行专业检索时,一定要认真阅读数据库的专业检索说明。结合中国知网专业检索要求,检索式中逻辑运算符 and,or,not 前后需空一格,检索词要加上英文格式的单引号,例如"TI='一带一路' and KY='人才培养'"。

再比如,利用专业检索完成主题为"一带一路"及"丝绸之路经济带"的检索,篇名中含"国际化人才培养",构建出的专业检索式为"SU=('一带一路'+'丝绸之路经济带') and TI='国际化人才培养'"。

除了中文数据库检索,还可能涉及外文数据库,以 EBSCO 外文期刊数据库(以下简称 EBSCO)为例,它也包含有基本检索和高级检索。

一般得到的检索结果有三种情况:一是检索结果太少,说明漏掉了相关文献信息;二是检索结果太多,说明结果中包括有不相关或相关度不高的文献信息;三是检索结果与我们的需求不符,不相关或不够权威。这三种情况都需要通过改变检索策略来进行调整,以获得最佳的查全率和查准率。

(一)检索结果太少时的调整方式

当检索结果太少或为零时,首先检查检索词的确定是否有误和拼法是否正确,如没有问题,则需要扩大检索范围,以增加结果,具体方法可采用:

(1)去掉某些方面的检索要求;

(2)重新选择限制性条件,如放宽检索范围和扩大学科领域、文献时间、文献类型等;

(3)更换为检索范围比较大的字段,比如将题名字段换成主题字段、关键词字段等(常用字段有题名字段、关键词字段、主题字段、摘要字段及全文字段);

(4)增加上位词、同近义词及缩写形式的运用;

(5)利用截词符,增加检索词的单复数形式的词的检索结果;

(6)多使用逻辑或运算符(or),增加同义词、近义词、上位词、下位词等,同时减少使用逻辑与(and)或逻辑非(not)。

(二)检索结果太多时的调整方式

当检索结果太多时,首先考虑如何进一步限制检索条件,提高准确度,具体方法可采用:

(1)减少同近义词的选用,用范围较小的下位词替换范围较大的上位词;

(2)检查是否截词截得过短,导致可用词太多;

(3)更换为检索范围比较小的字段,比如将主题字段、关键词字段等换成题名字段;

(4)检查使用的逻辑运算符是否正确,利用"and"和"not"增加限定词。

(三)检索结果与需求不符时的调整方式

如果没有找到检索结果,则需要返回第一步,分析检索问题,重新开始检索。此外,许多检索系统都设有二次检索或在结果中检索等类似功能,也可以使用这些功能完善检索结果。

第三节 如何筛选检索结果并撰写检索报告

检索结果的处理包括文献信息的选择、下载、保存以及文献的阅读与引用。对于有参考价值、拟在论文写作过程中参考或引用的文献,要逐篇下载,并将所有下载的文献信息按引文格式存盘,以便在论文写作时作为参考文献使用。

一、如何筛选检索结果

具体的筛选方式可参考以下几点因素。

1. 相关性

检索出文献后,大部分检索系统均会进行相关性排序,将系统认为最相关的文献排在最前面,因此可优先选用排在前面的文献。

2. 被引频次

被引频次在某种程度上可说明文献的质量。被引频次越高,说明该文献的阅读价值越高。

3. 来源出版物级别

如文献被权威数据库、核心期刊等收录,则称其来源出版物级别高,可优先采用。对于基金来源,可视基金获批级别、是否为重要研究机构与作者等进行筛选。

权威刊物主要是指被科学引文索引(Science Citation Index,SCI)、工程索引(Engineering

Index,EI)、科技会议录索引(Conference Proceedings Citation Index,CPCI)(原 ISTP)收录的期刊。国内核心期刊主要包括被中文社会科学引文索引(CSSCI)、中国科学引文数据库(CSCD)、《中文核心期刊要目总览》(北京大学主编)收录的期刊。

二、如何撰写检索报告

撰写检索报告的目的是真实记录科研人员调研领域文献的全过程,以便查验科研人员撰写的相关综述论文的全面性和科学性。

课题检索报告的形式不是唯一的,需要根据检索课题的实际需求和要求而定。有些检索报告要求有封面、目录、课题分析、检索策略、检索式及检索结果等内容;有些检索报告只需依据检出文献的相关程度,对中外文文献检出情况进行陈述,做到论述言之有理,参考文献在所列出的相关范围之内,结论客观、公正、准确、清晰地反映课题的真实情况即可。本书要求撰写的检索报告中,检索结论应较全面地反映课题整个的发展周期及发展趋势,且应以 PPT 形式展现检索过程及结论。

此处简单介绍两种形式的课题检索报告。

(一)要求有封面、目录、课题分析、检索策略、检索式及检索结果等的检索报告

(1)封面:写明检索课题的名称、完成人信息(姓名、班级、学号)、完成时间等。

(2)目录:能让阅读者对本报告内容一目了然。

(3)课题分析:对课题的重点研究内容进行分析判断。只有判断正确了,才能进一步做有针对性的检索。

(4)检索策略:包括数据库或检索工具的选择、检索词的选择和通用检索式的制订。

(5)检索式及检索结果:写清楚每个数据库的检索策略和检索结果,并附上研究课题的国内外研究概况时的参考文献的题名、作者、来源、摘要等信息。

(6)检索评价:经过对一个课题的系统检索,谈谈有何体会。重点放在检索过程中检索策略的调整,要有具体的调整过程。

(7)检索结论:结合整理的文献资料,科学地评价已有的学术观点和理论,并在已有理论和成果的基础上阐明本人的观点,预示今后可能的发展趋势及研究方向等内容。

(二)以 PPT 形式展示检索过程及结论的检索报告

采用 PPT 的形式详细展示检索的每一个过程及最后的检索结论。

示例:检索课题"跨境电商网络营销策略与评价分析",并完成一份检索报告。

1. 分析检索课题

(1)通过搜索引擎、综合性数据库,了解并分析检索课题的发展趋势等信息。通过检索和查阅,可以得出本检索课题的概括内容:"随着电子商务的发展,越来越多的企业开始在电商平台之上进行产品销售,而跨境电商的兴起,更是给企业跨境交易提供了更多机会。对于企业来说,营销策略的制订是销售的重点环节,并且良好的营销策略对于扩大市场占有率、提高企业知名度都具有十分积极的作用和意义。本课题研究跨境电商网络营销策略及评价分析。"

(2)通过百度学术分析检索课题所属学科、涉及的核心期刊、文献类型以及学科分布。通过检索可以初步得出:本检索课题的学科领域为应用经济学、管理科学与工程等;课题所涉及的文献类型主要有期刊、学位论文、会议论文、图书等。

2. 确定中英文检索词

遵循之前介绍的方法和步骤,得出课题"跨境电商网络营销策略与评价分析"的中文检索

词,见表 4-1。

表 4-1 研究课题的中文检索词

关 键 词	同义词、上位词、下位词
网络营销	电子营销、网上营销、互联网营销、电子商务、网站营销
跨境电商	跨境电子商务、跨境电子贸易

通过使用翻译软件(有道词典)和中国知网(CNKI)翻译助手两种途径,确定英文关键词。

途径一:通过翻译软件(有道词典)获得英文关键词。一般可根据前面已经确定的中文关键词,在有道词典中查找相应的英文表达。例如,根据"电子营销"的英文表达确定一个英文检索词"electronic marketing"。

途径二:通过 CNKI 翻译助手获得专业性较强的英文关键词。同样,根据已经确定的中文关键词,在 CNKI 翻译助手中查找对应的英文表达。例如,根据"跨境电子商务"的英文表达确定一个英文关键词"cross-border electronic commerce"。

最后,得到课题检索的中英文检索词如表 4-2 所示。

表 4-2 课题检索的中英文检索词

中文检索词	英文检索词
网络营销、电子营销、网上营销、互联网营销、电子商务、网站营销	online marketing、internet marketing、electronic marketing、
跨境电商、跨境电子商务、跨境电子贸易	cross-border electronic commerce、cross-border electronic trade、CBEC

3. 构建检索式

结合已经确定的中英文检索词,以及前面章节学习的检索知识,运用逻辑运算符,构建中英文检索式。

(1)中文检索式:(网络营销 or 电子营销 or 网上营销 or 互联网营销 or 电子商务 or 网站营销) and (跨境电商 or 跨境电子商务 or 跨境电子贸易)。

(2)英文检索式:('online marketing' or 'internet marketing' or 'electronic marketing') and ('cross-border electronic commerce' or 'cross-border electronic trade' or 'CBEC')。

4. 选择检索工具,实施检索

(1)确定中英文信息源,以选择合适的检索工具。

通过百度学术预检,结合图书馆所订购的数据库信息,确定检索课题所需信息源。

①中文期刊、学位论文、会议论文:通过中国知网(CNKI)、万方、维普数据库。

②图书:通过读秀学术搜索。

③外文期刊:通过 EBSCO 外文期刊数据库、Elsevier Science Direct、百链等。

(2)实施检索。

在确定检索工具后,就要实施检索了。采用上文构建的检索式进行检索:

①利用读秀学术搜索检索图书文献;

②利用中国知网、万方、维普平台检索中文期刊、会议、学位论文文献;

③利用 EBSCO 等检索外文期刊文献。

5. 筛选检索结果,撰写检索报告

初步检索结果出来后,需要评价是否能够满足检索需要,是否有检索噪声,检索结果太多还是太少,是否与课题相关等。如果检索结果不符合评价标准,则需要调整检索策略,缩小或扩大检索范围,直到检索需求得到满足为止。

检索结果符合要求后撰写检索报告,主要包括:

(1)列出参考文献。

(2)撰写检索结论。

第四节　如何寻求帮助

在实际的信息检索过程中,如果通过各种途径和方法都查找不到所需要的信息,则可通过寻求帮助的方式来解决。常用的求助对象有以下几种。

一、请教专家或图书馆员

目前,国内外已有较多的联合参考咨询系统,由图书馆专业馆员联合起来提供咨询回复等服务,即文献传递服务。常用的参考咨询系统有:

(1)全国图书馆参考咨询联盟,即联合咨询网:http://www.ucdrs.net/admin/union/index.do。

(2)国家科技数字图书馆参考咨询系统:https://anyask.nstl.gov.cn/anyask/ask.html?key=nstl&timestamp=1658994308669。

(3)上海图书馆网上联合知识导航站:http://vrd.library.sh.cn/。

(4)CALIS:http://www.calis.edu.cn/。

二、参加图书馆组织的培训或求助论坛、社区

参考咨询服务在各高校图书馆是普遍提供的一项服务,同时,部分图书馆也会定期提供信息检索和资源利用方面的专业培训,这类培训大多是公益性的,可以自主参与。

此外,在论坛和社区求助也是一种较常用的高效的方法。可在口碑较好的社区、大型综合知识问答平台求助,如百度知道、雅虎知识堂、新浪爱问、搜狐问答、腾讯搜搜问问等。在知乎上则可与各领域资深嘉宾同席,参与专业精彩的主题讨论。还有可根据自身需求提出问题的天涯社区,也可回答问题,分享知识与经历,并与志趣相投的网友讨论、交流。[1]

第五节　文献综述撰写

一、文献综述概述

(一)什么是文献综述?

文献综述是指作者就某一时间内某一专题的大量原始研究论文中的数据、资料和主要观点进行归纳整理、分析提炼而写成的论文。它常指对相关"文献群"进行分析研究,概括出该学科

---

[1] 黄如花,胡永生.信息检索与利用实验教材[M].武汉:武汉大学出版社,2017.

或专题的研究现状、动态及未来发展趋势。进行综述的作者需凭借自己的学识和判断力对某一领域的研究做出综合性的介绍,并加入自己的预测和判断。

(二)文献综述的特点

(1)综合性:综述的本质特征是高度综合、归纳。
(2)客观性:客观真实反映学术观点。
(3)述评性:反映作者的观点和见解。
(4)先进性:能反映出最新的学科信息和科研动向。

(三)文献综述的类型

根据对原始文献的内容揭示的深浅程度与写作方式,文献综述分为描述性综述和分析性综述。

描述性综述也称为概要性综述、文摘性综述,其对原始文献所探讨的问题以浓缩的、系统化的形式表达出来,忠实地描述原始文献作者的观点及其创造性的内容;重点在于"述",对于内容不做分析与评价,是"述"而不"评"。

分析性综述又称述评性综述,其对原始文献进行全面分析和评价,提出综述者自己的观点,揭示该研究领域的水平与发展趋势,采用既"述"又"评"、"述""评"结合的方法。相比描述性综述,分析性综述具有较高的学术性与权威性。

(四)文献综述的目的

文献综述的目的是总结和研究前人已经做的工作,了解当前研究水平,分析从历史到现在存在的问题,指出可研究的问题和发展方向,在此基础上提出自己的见解,预测技术的发展趋势。

文献综述是对学术观点和理论方法的整理,要带着作者的"批判的眼光"归纳和评价文献,不要堆砌文献。

二、文献综述的撰写格式

文献综述的格式和一般学术论文的格式相同,包含以下几方面的内容。

(一)标题

标题是对综述主要内容与主题的集中表述,一般的文献综述在标题中冠有"综述""动态""概述""研究进展""现状与前景"等字样。

(二)摘要

摘要是对文章内容不加注释和评论的简短陈述,具有独立性和完整性。

(三)关键词

关键词常为4~6个反映文章特征内容、通用性比较强的词组。避免使用"分析""特性"等泛指词组。

(四)引言

引言主要阐述撰写本篇综述的原因、目的、意义、写作方法及综述涉及的时间范围、综述的主题内容等。

(五)正文

正文是综述的主体,是综述者对收集的原始文献进行归纳、整理与分析比较之后,阐明有关主题的现状、发展方向与综述者自己的评析观点的文字。

正文中一般采用列小标题的方式列举要综述的问题,小标题即为关于论题的小议题。小标题下面可列举有关该议题的各家学说、各派观点等。

（六）结语

在结语部分,综述者常在总结与分析的基础上提出解决问题的建议与措施。

（七）参考文献

参考文献编排应条目清楚,查找方便,内容准确无误,便于读者查对原文。

三、撰写文献综述的步骤

第一步:选择主题。

所研究的主题必须是一个明确的问题,并与具体的学术领域相关联。例如国际贸易专业的学生,在撰写专业性的文献综述时,一定要是围绕这个专业领域开展写作的。要点如下:

①研究主题具体化:主题不能太宏观,不能缺少研究的具体化信息。
②研究问题明确聚焦:研究的问题不能太复杂,不能包含过多的研究问题。
③拟定研究题目:拟定的研究题目要明确表述研究的主题,让人明了。

第二步:文献检索。

文献检索过程:审题 → 题干取词 → 扩充检索 → 编制检索词表 → 编制检索式 → 选择不同类型的检索工具进行检索。要点如下:

①灵活运用检索词扩充方法;
②了解各类数据库的资源类型和检索方法;
③掌握重要文献的筛选方法。

第三步:展开论证。

开始撰写高质量的文献综述前,要进行论证工作。按照种类和主题将资料分类,发现论点,然后分析资料,了解与主题相关的研究已取得了哪些成绩。要成功地完成这个任务,必须拟订一个针对研究对象的论证方案,分析相关研究已取得的进展,分析这些研究是如何帮助我们认识研究对象的,它们又是否回复了我们提出的研究问题。

第四步:文献研究。

文献研究就是去发现研究对象已经取得了哪些成果。

在做文献研究之前,应确保已经完成综合广泛的文献检索。

文献研究包括:分类记录有用的主要图书、期刊、文章等,评估信息的质量和力度,记录核心观点;审查核心观点,形成论证方案,进而确定关于研究课题"人们知道什么",写出一份发现报告(即"讲故事")。

第五步:文献批评。

文献批评是对有关研究课题的已有知识加以阐释,并探究这些知识是如何回答研究问题的。当你构思文献批评时,可以问自己:"基于已有的知识,我提出的研究问题的答案是什么?"如果这个答案是清晰的,那么你就找到了文献综述的主题,达到了文献综述的目的,即对有关主题的已有知识进行综合并总结出了一个论点。

第六步:综述撰写。

①撰写文献综述大纲的前期准备如下:

第一,必须对所研究的选题有充分的思考;

第二，必须对所检索的文献进行严格的筛选；
第三，必须对相关文献进行仔细阅读；
第四，必须对拟综述的内容有大概的架构。

②基于思维导图拟出综述大纲。

以撰写"我国跨境电商平台网络营销综述"为例，大纲如图 4-1 所示。

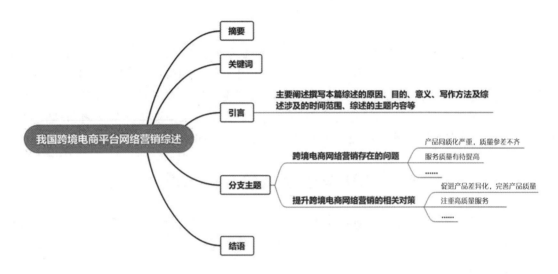

图 4-1 "我国跨境电商平台网络营销综述"大纲

思考题

完成课题"互联网背景下 P2P 式网贷风险研究"或"中国电信财务共享服务中心建设的现状及对策研究"的信息检索。

要求：检索过程包括分析课题、确定中英文检索词、构建中英文检索式（考虑查全率和查准率）、列出相关文献、得出检索结论等。

第五章　本科毕业论文写作

毕业论文是高校应届毕业生应独立完成的总结性的学术论文,是高校教学计划中最重要的实践性教学环节,能反映出学生在学校所学的基础知识、基本理论和基本技能的掌握情况,是学生综合运用所学的基本理论与专业知识,并加以融会贯通和学以致用的具体体现。毕业论文写作不仅可以提升学生的综合素质,还可以培养学生的研究能力。毕业论文从选题、开题、文献综述、写作到得到研究成果的整个过程均离不开信息检索。本章以本科毕业论文写作为例。

第一节　本科毕业论文的分类与基本要求

本科毕业论文有时也被称为创新成果,大致有经济管理及文科类、工程设计类、实验研究类、理论探讨类(理科)、计算机软件设计类等,细化到每个院校,还会有不同的划分标准与要求。

一、毕业论文

某些学校的某些学科要求学生以科学研究方法的基本训练为主,根据专业特点,以理论或实践中的问题为选题,学会运用文献资料、实验或调查数据等,撰写研究论文,这种论文就是我们常说的毕业论文。

学生完成毕业论文的相关工作如下:

(1)在教师的指导下,根据选题查阅相关文献资料,在文献综述的基础上阐述课题研究意义及目的。

(2)独立地拟定本课题研究方案和论文框架。

(3)完成本课题的相关实验研究或社会调查工作。

(4)运用所学理论知识对研究活动的过程和结果进行分析论证,撰写科学研究论文。

毕业设计/论文中除图纸、程序外,理、工科类不少于 10 000 字;经、管、文、法类不少于 12 000 万字;外语类专业不少于 8000 个单词;艺术设计类专业不少于 8000 字。

二、创新成果

为提高学生运用知识解决实际问题的能力和实践创新能力,某些学校提倡和鼓励学生以自己的创新成果作为毕业论文环节的成绩评定依据,并予以认可。创新成果包括在本科学习阶段完成并已公开发表的学术论文、文学艺术作品,已被实际采用的工程项目设计,以及已获批准的实用新型或发明专利、外观设计专利等。

(一)作品类

文科类专业的学生,在校期间正式发表的作品符合以下条件之一,视为创新成果:

(1)有一定水平的、达到一定字数的已出版或公开发表的文学作品、深度报道、报告文学、评论等。要求单篇字数在 6000 字以上,多篇合计字数在 10 000 字以上。

(2)影音专题作品。要求在省级以上电台和电视台播出,单部时间在 5 分钟以上。

以上两项,不含一般新闻消息报道,学生应为第一作者。

(二)研究及论文类

符合下列条件之一,视为创新成果:

(1)在校期间在国家级核心刊物及以上公开发表字数达 5000 字的独撰专业论文一篇,或在正式公开刊物上发表两篇单篇字数达 5000 字的独撰专业论文,且学生为第一作者;

(2)在校期间参与省部级以上科研课题的研究,且撰写字数达 5000 字的论文;

(3)在校期间为政府实际部门提供有价值的且已被实际部门采纳的对策研究(或调查报告),字数达 5000 字。

(三)设计类

符合下列条件之一的设计成果,视为创新成果:

(1)获区域组织或五校以上联展展出奖励的设计成果,主要成果为设计计算说明书和设计图纸等;

(2)已被实际工程采用的设计。

以上设计,均应有相应的 4000 字以上的简要论文,以说明项目的背景、要求、设计思想、理念、特色与创新、展出和应用情况等,并有采用单位证明。

(四)已获批准的实用新型专利、外观设计专利及发明专利

获得国家专利局授权的专利,应提供专利证书,并撰写 4000 字以上的简要论文,说明项目的背景、创新思想、技术原理和创新点等。

第二节 本科毕业论文选题、开题

一、选题及要求

选题是指确定研究方向,明确要解决的问题。本科毕业论文的选题是论文写作中的重要环节,也是学生感觉较困惑、较费精力的阶段。依据选题确立好的论点,组织相关材料,安排合理的论文结构,论文则能较顺利地完成,而只有研究有意义的课题,才能获得好的效果,因此,选题的好坏往往直接决定着论文的成败。

本科毕业论文的选题对于创新性没有硬性要求,学生只要根据自己的主客观条件和能力,选择指导教师指定的或者自己感兴趣的、有一定科学价值和现实意义的课题即可。在指导教师没有直接确定题目而是给出一些备选题目,或由学生自拟题目的情况下,则需要查询相关工具书,了解概念,或通过浏览该领域内专家学者的学术成果、与指导教师及同学进行讨论,明确研究题目。

二、开题

开题报告是指开题者对科研课题的一种文字说明材料。通过开题报告,开题者可以把自己对课题的认识理解程度和准备情况进行整理、概括,以报告的形式进行展现。论文开题报告常为表格形式,应根据不同的毕业论文类别,按要求填写。毕业论文开题报告示例见表 5-1。

开题报告的主要内容包括课题名称、课题研究的目的和意义、主要参考文献综述、课题研究的主要内容、研究方法、实施计划和主要参考文献。

开题报告的填写要求:①主要参考文献不少于10篇,其中外文文献不少于2篇;尽量选用近三年的文献。②课题研究分量要适当,研究内容中必须有自己的见解和观点。③开题报告的字数不少于3000字(艺术类专业不少于2000字,外语类不少于2000个单词),其中,文献综述字数不得少于1000字(外语类不少于700个单词)。④开题报告的格式按学校的相关规范与要求确定。

表 5-1　毕业论文开题报告示例

学生姓名		学号		专业班级	
学院		指导教师		职称	
课题名称					

1. 课题研究的目的和意义

2. 主要参考文献综述(内容切题,具有综合归纳性,字数不少于1000字,未经本人阅读过的文献资料不得列入其中)

3. 课题研究的主要内容

4. 研究方法

5. 实施计划

6. 主要参考文献

指导教师意见:

　　　　　　　　　　　　　　　　　　　　　　　　　　　　　　指导教师签字:
　　　　　　　　　　　　　　　　　　　　　　　　　　　　　　　　年　　月　　日

答辩小组意见:

　　　　　　　　　　　　　　　　　　　　　　　　　　　　　　组长签字:
　　　　　　　　　　　　　　　　　　　　　　　　　　　　　　　　年　　月　　日

第三节　本科毕业论文开题及研究阶段的资料搜集

本科毕业论文从选题、开题到研究阶段均需要查阅大量的文献,从中掌握和了解前人在该学科领域已进行了哪些研究、有些什么成果,同时借鉴他人的研究成果,完成自己的研究任务,避免无意义的重复劳动。

一、文献查找的一般步骤

(一)分析研究主题

1. 分析检索问题、提炼专业核心概念的方法

分析检索问题、提炼专业核心概念的方法如下:

(1)专业课学习中积累专业词汇。

(2)利用叙词表。

叙词表是将文献作者、标引者和检索者使用的自然语言转换成规范化的叙词型主题检索语言的术语控制工具,亦称主题词表、检索词典。它是一种概括某一学科领域,以规范化的、受控的、动态性的叙词(主题词)为基本成分和以参照系统显示词间关系,用于标引、存储和检索文献的词典。

叙词表大体上可以分为两类,即专业性的和综合性的。专业性叙词表有美国的《航空航天局主题词表》《国际核情报系统主题词表》、英国的《电机工程师协会主题词表》等;综合性叙词表中比较有影响力的是美国《工程与科学主题词表》和《日本科学技术情报中心主题词表》等。中国有 60 余部叙词表,其中专业性叙词表有《航空科技资料主题表》《电子技术汉语主题词表》《化学工业主题词表》;综合性叙词表有《汉语主题词表》《国防科学技术主题词典》等。

(3)其他。

检索词确定时,要兼顾课题的主要概念与隐含概念,考虑同义词、近义词、上位词、下位词,考虑检索词的全称、简称、学名、俗名,避免选择概念过于广大或者过于狭小的词语作为检索词。

2. 专业核心概念的英文表达

专业核心概念的英文表达可依靠:

(1)英语基础和专业英语的学习;

(2)专业辞典,例如机电专业的《英日汉机械工程辞典》《英日汉传感技术辞典》等;

(3)翻译工具,如中国知网翻译助手等。

(二)选择检索系统

中外检索工具和数据库非常多,选择合适的检索系统,能帮助我们提高检索效率。如查找中文学术期刊论文较常用的是中国知网学术期刊库;查找外文学术期刊全文较常用的是 EBSCO 数据库。

(三)编写检索式

检索式要能准确表达课题的主题概念。要灵活运用布尔逻辑检索、截词检索、词组检索、字段限定检索等各种检索方法。

(四)实施检索并调整检索策略

将编写好的检索式输入到选定的检索系统进行检索,检索结果可能过多或者过少,甚至数量为零,因此一次检索可能不能满足信息需求,这就需要根据检索结果文献量的多少确定是要扩大检索范围还是缩小检索范围。

（五）筛选检索结果

文献检索的结果不一定全部是符合我们需求的,这就需要进一步对检索结果进行分析和筛选,甄别高质量、高相关度的文献,列出拟获取文献的目录。筛选文献的一般准则为优先选用:

(1)领域内权威专家撰写的文章:他们的研究通常具有极强的前瞻性和引领性,他们的观点通常引人关注,文献引用率也很高。此外,高等院校或研究机构中的学者和科研人员撰写的文献通常比新闻界、商业领域人士撰写的文献更准确、客观、可靠。

(2)核心期刊中的文章:可以通过本校图书馆的核心期刊投稿指南数据库来了解专业的核心期刊信息。

(3)知名出版社出版的图书:知识较系统全面。

(4)被引用率高的文献:反复被他人引用的文献质量相对较高,学术价值较大。论文被下载和引用情况在中国知网数据库等中均可以查看。

（六）获取原始文献

通过图书馆订购的数据库或其他文献传递的方式,无偿或有偿获取文献原文。

二、常用的文献检索方法

（一）直接法

直接法是指直接利用检索系统(或工具)检索文献信息的方法。通常可以通过题名、关键词、作者等字段检索方式进行检索。

（二）追溯法

追溯法是利用学术论文后面所列的参考文献(被引用文献)目录追溯文献、查找原文的方法。追溯法可以循环使用,一环扣一环地追查下去,依据文献间的引用关系,获得更多、更有效的检索结果。中国知网数据库中的"知网节"就是将文献间的这种引用关系进行关联,为用户提供通过节点文献查找到更多相关文献的服务。

例如,《我国房地产上市公司盈利能力分析》一文的参考文献信息(部分)如下:

[1] 张芳倩.资本结构对公司价值影响的实证研究——以房地产上市公司为例[J].河北企业,2016(9)83-85.

[2] 于少磊,李小健.资本结构对企业价值影响的实证研究——以房地产上市公司为例[J].会计之友,2014(15)78-82.

[3] 付秋颖,刘兆云,高思伟.房地产上市公司资本结构与盈利能力实证分析[J].财会通讯,2013(2)21-22.

其中,后两个文献信息就是通过对第一个文献所引用的参考文献进行追溯得到的。

（三）循环法

循环法又称综合法,是交替使用直接法和追溯法,取长补短、互相配合,获得最佳的检索结果的方法。

三、文献信息检索与利用

（一）图书信息检索

1. 读秀学术搜索

读秀学术搜索图书频道是由海量中文图书资源组成的庞大的知识系统,它集文献搜索、试读、传递为一体,是一个可以对文献资源(部分提供全文内容)进行深度检索,并且提供文献传递服务的平台。读秀学术搜索现收录约 700 万种中文图书题录信息，提供约 325 万种中文图书试读，可搜索的知识信息量超过 17.5 亿个，为读者提供深入图书内容的章节和全文检索、部分文献试读、参考咨询等多种功能。读秀图书频道和知识频道检索示例如图 5-1、图 5-2 所示。

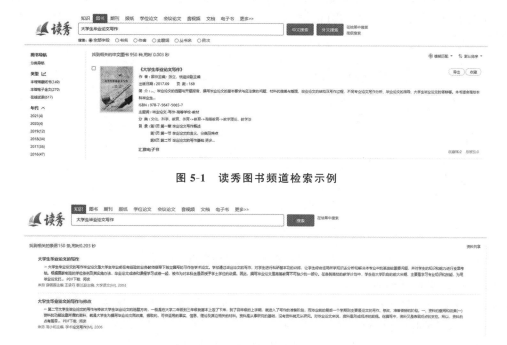

图 5-1　读秀图书频道检索示例

图 5-2　读秀知识频道检索示例

2. 大学数字图书馆国际合作计划（https://cadal.edu.cn/index/home）

大学数字图书馆国际合作计划"China Academic Digital Associative Library"（简称 CADAL），与中国高等教育文献保障系统（CALIS）一起，共同构成中国高等教育数字化图书馆的框架。CADAL 项目一期（2001—2006 年）完成了约 100 万册图书数字化，提供便捷的全球可访问的图书浏览服务。CADAL 项目二期（2007—2012 年）新增 150 万册图书数字化。目前库中存有 267 万余册的资源。CADAL 首页如图 5-3 所示。

图 5-3　CADAL 首页

(二)电子期刊、学位论文信息检索

1. 中国知网数据库

中国知网收录了包括期刊、博硕士论文、会议论文、报纸、年鉴等类型学术资料,覆盖社会科学、电子信息技术、农业、医学等学科范围,数据每日更新,支持跨库检索。中国知网期刊文献高级检索页面如图 5-4 所示。

图 5-4　中国知网期刊文献高级检索页面

2. EBSCO 外文期刊数据库

EBSCO 公司的 EBSCOhost 平台是专为全文数据库开发的检索平台,收录期刊 21 700 多种,其中 6800 多种期刊可提供全文,覆盖理工农医、商管财经、文史哲等各个学科主题。该数据库还收录书籍专著、会议论文、案例分析、国家/产业报告等文献资源。

EBSCO 基本检索界面如图 5-5 所示,点击检索界面的"选择数据库"按钮,会出现图 5-6 所示界面,从而可以选择不同的数据库。

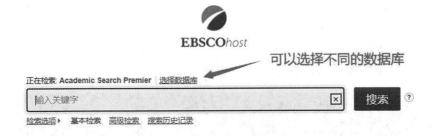

图 5-5　EBSCO 基本检索界面

EBSCO 的高级检索界面提供三个检索文本输入框,每个文本输入框对应一个字段下拉列表框。用户在检索框中输入关键词,根据需要选择检索字段,框与框之间可以使用逻辑运算符进行逻辑组配。利用检索框下的各选项可以使检索更准确。高级检索同样可以设置限制检索和扩展检索。

3. 电子版学术论文格式

阅读电子版的学术论文经常会接触到两种格式的文件,一种是 CAJ 格式,一种是 PDF 格式。

CAJ 为中国学术期刊(China Academic Journals)全文数据库英文缩写,也是一种文件格式,用 CAJViewer 阅读器打开。该款阅读器支持中国知网的 CAJ、NH、KDH 和 PDF 格式文件,其打印效果与原版效果一致。CAJViewer 的官方下载地址是:https://www.cnki.net/software/

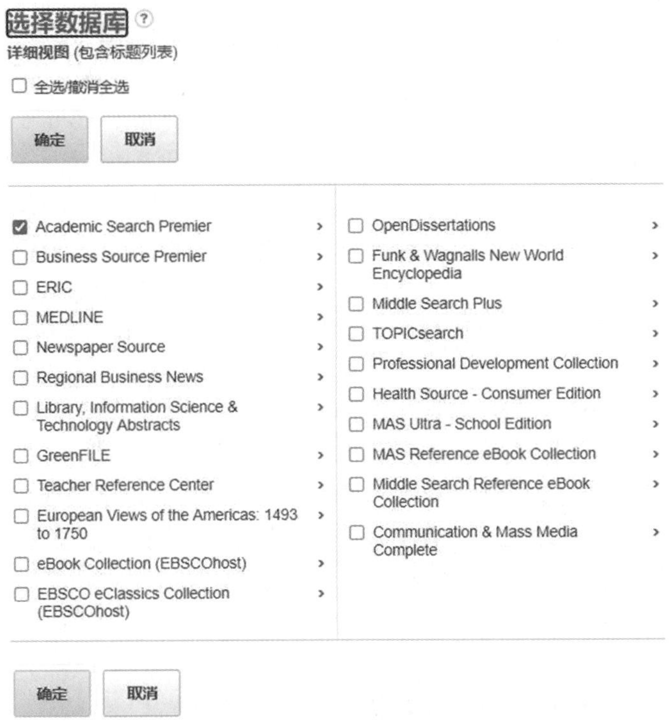

图 5-6　选择数据库界面

xzydq.htm。

PDF(portable document format 的简称,意为便携式文档格式)是由 Adobe 公司设计的文件格式。这种文件格式与操作系统平台无关,也就是说,PDF 文件不管是在 Windows、Unix 还是在苹果公司的 macOS 操作系统中都是通用的。这一特点使它成为在 Internet 上进行电子文档发行和数字化信息传播的理想文档格式。越来越多的电子图书、产品说明、公司文告、网络资料、电子邮件开始使用 PDF 格式文件。该格式文件的阅读器是 Adobe Acrobat Reader。其官方下载地址是:https://get.adobe.com/tw/reader/otherversions/。

(三)专利信息检索——以中国专利为例

1. 中国知网中国专利全文数据库

中国知网数据库包含中国专利全文数据库(知网版)和海外专利摘要数据库(知网版),收录了从 1985 年至今的中国专利及从 1970 年至今的国外专利。专利相关的文献、成果等信息来源于 CNKI 各大数据库。用户可以通过申请号、申请日、公开号、公开日、专利名称、摘要、分类号、申请人、发明人、优先权等检索项进行检索,一次性下载国内专利说明书全文,针对国外专利说明书全文则链接到欧洲专利局网站。中国专利搜索按照专利种类分为发明公开、发明授权、实用新型和外观设计四个类型,其中发明公开、发明授权和实用新型采用国际专利分类(IPC)和 CNKI 168 学科分类,外观设计采用国际外观设计分类和 CNKI 168 学科分类。其检索方法与 CNKI 其他数据库检索方法类似。

2. 万方中外专利数据库

万方中外专利数据库(Wanfang Patent Database,WFPD)涵盖 1.3 亿余条国内外专利数据。其中,中国专利收录始于 1985 年,共收录 3300 万余条专利全文,可本地下载专利说明书,数据与国家知识产权局保持同步,包含发明专利、外观设计和实用新型三种类型,准确地反映中国最新的专利申请和授权状况,每月新增30万余条。该库收录国外专利1亿余条,均提供欧洲专利局网站的专利说明书全文链接。该库专利收录范围涉及中国、美国、日本、英国、德国、法国、瑞士、俄罗斯、韩国、加拿大、澳大利亚、世界知识产权组织、欧洲专利局等十一国、两组织数据,每年新增300万余条。

3. 中国专利信息网(https://www.patent.com.cn/)

中国专利信息网始建于1997年10月,是国内较早提供专利信息服务的网站。用户既能实时了解中国专利相关的信息,又能方便快捷地查询专利的详细题录内容,以及下载专利全文资料。该网站采用会员制管理方式向社会提供网上咨询、网上检索、检索技术、邮件管理等服务。用户注册、登录后方可检索,免费会员只能检索题录和浏览专利说明书的首页,付费会员才能浏览和下载专利说明书全文。

4. 国家知识产权局(https://www.cnipa.gov.cn/)

国家知识产权局(CNIPA)是国务院主管专利工作和统筹协调涉外知识产权事宜的直属机构,1980年经国务院批准成立,其网站收录了1985年9月10日以来公布的全部中国专利信息,包括发明、实用新型和外观设计三种专利的著录项目及摘要,用户可浏览到各种说明书全文及外观设计图形。该网站是免费的专利检索途径,说明书为TIF格式。该网站专利数据库内容的更新与中国专利公报的出版保持同步,即每周二更新一次。CNIPA首页如图5-7所示。

图 5-7 CNIPA 首页

特别提示:用户需先注册、登录后才能检索。

(四)网络学术信息检索——以百度学术为例

1. 百度学术搜索

百度学术搜索是百度旗下的提供海量中英文文献检索的学术资源搜索平台,2014年6月初上线,涵盖了各类学术期刊、会议论文,旨在为国内外学者提供最好的科研体验。利用百度学术搜索可检索到收费和免费阅读的学术论文,并通过时间、标题、关键字、摘要、作者、出版物、文献类型、被引用次数等细化指标筛选提高检索的精准度。百度学术搜索频道还是一个无广告的频道,页面简洁大方,保持了百度搜索一贯的风格。[①]

2. 检索实例

以课题"阿里巴巴集团内部控制存在的问题及对策分析"为例,检索相关网络学术信息。

---

① https://baike.so.com/doc/5786231-5999017.html。

(1)进入百度学术搜索首页。

(2)输入检索课题进行检索,结果页面如图 5-8 所示。

图 5-8　百度学术检索结果页面

检索结果默认的排序方式是"按相关性",也可以选择"按被引量"或"按时间降序"。结果页面左侧是检索结果按照"时间""领域""核心""关键词""类型""作者""机构"等进行聚类,方便用户精确检索。

每一条检索结果都有来源信息,如图 5-9 所示,方便用户确定获取全文的途径。

图 5-9　检索结果来源信息

百度学术的"引用"页面如图 5-10 所示,可以方便用户复制并粘贴使用一种已设定好的引用格式,或利用其中一个链接导出到文献管理软件中。

图 5-10　百度学术"引用"显示页面

百度学术搜索全面融合了互联网优质的数据与应用内容,极大地提升了用户学术搜索体验,同样也促进了互联网大生态圈的良性发展。

四、信息检索效果评价

（一）评价指标

克兰弗登提出六项检索效果指标,即收录范围、查全率、查准率、响应时间、用户负担及输出形式,其中两个主要的衡量指标是查全率和查准率。利用这些指标不仅可以做定性分析也可以做定量分析。

查全率是指检出的符合要求的相关文献（切题文献）占全部相关文献的比例。查全率是对所需信息被检出程度的量度,反映检索的全面性,公式为

$$R = b/a \times 100\%$$

式中:R 为查全率;a 为相关文献数量;b 为切题文献数量。

查准率是指检出的符合条件的相关文献（切题文献）占检出的全部文献的比例。查准率可衡量检索系统拒绝非相关信息的能力,反映检索的准确性,公式为

$$P = b/c \times 100\%$$

式中:P 为查准率;b 为切题文献数量;c 为检出的全部文献数量。

一般来说,在同一检索系统中查全率和查准率之间存在互逆关系,即提高查全率会降低查准率,反之亦反。检索的较好状态就是查全率为 60%～70%且查准率为 40%～50%。

影响查全率和查准率的因素主要有客观因素和主观因素。

（1）主观原因（针对检索者）:检索课题要求不明确;检索工具选择不恰当;检索途径和方法过少;检索词缺乏专指性;检索词选择不当;组配错误等。

（2）客观原因（针对检索系统）:系统内文献不全;收录遗漏严重;索引词汇缺乏控制;词表结构不完善;标引缺乏详尽性,没有网罗应有的内容;文献分类专指度不够,不能精确地描述文献主题;组配规则不严密。

（二）提高检索效率的方法

提高检索效率,应从以下几方面着手。

1. 合理调整查全率和查准率

要提高查全率,调整检索式的主要方法有:降低检索词的专指度,从词表或检出文献中选一些上位词或相关词;减少 and 组配,如删除某个不甚重要的概念组配（检索词）;多用 or 组配,如选同义词、近义词等并以 or 方式加入到检索式中;采取族性检索方式,如采用分类号检索;采用截词检索;放宽限制运算,如取消字段限制、调整位置运算符等。

要提高查准率,调整检索式的主要方法有:提高检索词的专指度,增加或采用下位词和专指性较强的检索词;增加 and 组配,用 and 连接一些进一步限定主题概念的相关检索项;减少 or 组配;用逻辑非 not 来排除一些无关的检索项;采用加权检索;利用文献的特征进行限制,如限制文献类型、出版年代、语种、作者等;限制检索词出现的可检字段,如限定在篇名字段和叙词字段中进行检索;使用位置运算符进行限制。

2. 优选检索词

优选检索词是提高检索效果的重要手段。检索前应当将课题分解和转换为检索系统认可的规范词,列出其同义词、近义词、广义词、狭义词、分类号,化学物质还应找出其分子式、登记号、别名、俗名和商品名等,避免使用泛指的词,尽量使用专指性强的词或短语,要小心和避免使

用多义词,避免使用错别字,适当使用截词运算。

3. 选择质量高的检索工具

评价检索工具的优劣主要是看它的存储功能和检索功能。检索工具的收录范围、索引语言、标引深度与准确性、提供的检索途径、检索方法等是影响检索效果的重要方面。

4. 提高检索者的信息素质

检索者的检索水平是提高检索效率的核心因素。检索者应能正确理解检索课题的实质要求,选取正确的检索词,合理使用逻辑组配符号完整地表达信息需求的主题,灵活运用各种检索方式和检索途径,制订最优的检索策略。

五、文献管理工具

文献管理工具可以为用户写作论文带来极大的便利性,目前文献管理工具种类繁多,以下几款软件既具有代表性又各有千秋,用户可以按个人使用习惯来选择使用。

(一)知网研学

知网研学(原 E-Study),集文献检索、下载、管理、写作、投稿于一体,功能丰富,为学习和研究提供全过程的支持,同时支持 PC、Mac 等多个平台。具体功能有:提供一站式阅读和管理平台;支持知识深度学习;支持深入研读;可记录数字笔记;提供文献检索和下载服务;支持写作与排版;可在线投稿等。

(二)NoteExpress

同时具备文献信息检索与下载功能,可以用来管理参考文献的题录。其中数据挖掘的功能可以帮助用户快速了解某研究方向的最新进展、各方观点等。另外,类似日记、科研心得、论文草稿等内容也可以通过 NoteExpress 的笔记功能记录,并且可以与参考文献的题录联系起来。在编辑器(比如 Microsoft Word)中 NoteExpress 可以按照各种期刊的要求自动完成参考文献引用的格式化——完美的格式、精准的引用将大大增加论文被采用的概率。与笔记以及附件功能的结合,如全文检索、数据挖掘等,使该软件可以用作强大的个人知识管理系统。

(三)EndNote

EndNote 是 SCI 的官方软件,支持的国际期刊参考文献格式有 3776 种,写作模板有几百种,涵盖各个领域。利用 EndNote 能直接连接上千个数据库,并提供通用的检索方式,提高了科技文献的检索效率。利用 EndNote 可以在线搜索文献,直接从网络搜索相关文献并导入 EndNote 的文献库;建立文献库和图片库,收藏、管理和搜索个人文献和图片、表格;定制文稿,直接在 Word 中格式化引文和图形,利用文稿模板直接书写合乎杂志社要求的文章;进行引文编排,该软件可以自动编辑参考文献的格式。

第四节 本科毕业论文写作的基本步骤

一、选题并确立题目

好的选题是论文成功的关键。选题时应尽量选择有价值、有利于发展的话题,选题不宜过大,更不要偏离专业。也就是说,我们应该搜集社会急需解决或亟待解决的现实问题,考虑到所掌握的信息、时间限制、所需的空间等条件,结合本人的工作实践等适当选择题目,只有这样,才能学以致用,得心应手地写出高质量的文章。选题阶段确立好的题目,往往经过开题之后,在指导教师和毕业论文学术委员会专家的指导下会有变动，可能是小的变动，如措辞用语改变，也可能是大的变动，如题目的整个研究侧重点改变。总之，毕业论文写作的第一步便是选题并确立题目，以便为后面的写作明确范围、指明方向。

二、收集资料研究数据

确定题目的下一步就是调查收集充分可靠的材料，主要包括理论材料、事实和数据。理论材料是毕业论文的理论基础，关系到它的结论在理论上能否站得住脚，事实和数据是对理论材料的支撑。同时，对收集到的资料要边读边研究、分析，充分理解、深入思考。

总之，毕业论文的论点必须建立在坚实的资料和论据的基础上，收集的资料也是引言部分的基础，还是作为论据的材料。没有资料支持的观点不是学术结论，而是个人印象，它没有任何学术价值。因此，充分收集资料是毕业论文写作的物质基础，此项工作贯穿毕业论文写作的全过程。

三、编写论文写作提纲

接下来就是在收集资料、研究、分析和思考的基础上撰写论文提纲。撰写的提纲需思路清晰，结构合理、严谨，为论文写作的形成打好基础。编写提纲是毕业论文写作中非常重要的一步，提纲是论文构成的蓝图和基本逻辑框架。编写提纲就是给论文搭一个骨架，即作者将自己的研究构思以简洁的语言符号形式记录下来，形成论文框架结构。一般应包括：

(1)论文题目。

(2)总论点。

(3)各个分论点(也称为上位论点)。

(4)各个小论点(或叫下位论点)。

(5)从属各个小论点的论据(如事实论据、理论、数据、图表等)。

(6)结论。

(7)建议(可略)。

总之，就是用目录的方式将论文的框架有层次地搭建出来，形成论文写作的初步提纲。编写提纲要有全局观念，要中心突出、层次分明、逻辑严谨、主次详略得当。要从整体出发去检查每一部分在论文中所处的地位和作用，看看各部分的比例分配是否恰当，篇幅的长短是否合适，每一部分能否为中心论点服务；要从中心论点出发，决定材料的取舍，把与主题无关或关系不大的材料毫不保留地舍弃；要考虑各部分之间的逻辑关系，必须有虚有实，有论点有例证，理论和实际相结合，论证过程有严密的逻辑性。论点和论据没有必然联系，或者只限于反复阐述论点，而缺乏切实有力的论据；或者材料一大堆，论点不明确；或者各部分之间没有形成有机的逻辑关系；这样的毕业论文的提纲都是没有说服力的。

四、撰写初稿和修改

初稿的起草和写作是一个创造性劳动的过程。在撰写过程中，要把握以下几点：

(1)论据要体现独到的见解。当然不可能什么都是新创造的，但至少要有自己独特的见解或看法。千万不要千篇一律，否则，论文就失去了价值。

(2)突出分析论证。通过对材料和论据的理解，合理地揭示论据和论据之间的联系，并对其进行分析和综合，做出推论和判断。

(3)在语言表达方面，既要平实简单，又要讲究修辞和语法规则，更要用好理论概念和新名词。

撰写初稿后,一定要注意修改。修改的过程是一个学习、再学习的过程。鲁迅说,写完文章以后,至少读两遍,尽量把可有可无的字、句、段删掉,这是提高论文质量和写作能力的重要环节。所谓修改,就是考虑论点,检查论点,调整结构,推敲词句,就是看内容是否完整清晰,观点是否正确,是否有过时的术语,表达是否简洁易读。修改要着眼于整篇文章,注意运用各种知识为文章的修改服务。

五、定稿

论文的定稿是在论文反复修改的基础上进行的,在定稿阶段仍有许多工作要做,如检查文中段落层次是否清楚、前后顺序是否颠倒、遣词用句是否恰当等,概括起来主要有以下几个方面:①审查书写是否正确、准确;②审查遣词用句是否得当;③审查引文是否准确、适当;④审查标点的使用是否完全准确;⑤誊清论文。论文的定稿工作也是保证学位论文质量的一个重要环节。

六、论文的检测、提交与答辩

本章第五节和第七节将详细讲解相关内容。

第五节 学术诚信与学位论文学术不端行为检测

毕业论文常是某一阶段求学生涯的最后一份也是最重要的一份作业,大部分学生可以在指导教师的带领下认真对待并取得优异成绩,但是也有少数学生由于各种主客观原因,存在"拿来"思想。事实上,教育管理部门和高校对学术不端行为始终保持零容忍态度。无论是剽窃、抄袭、侵占他人学术成果,还是篡改他人研究成果,伪造数据或捏造事实,不当署名,提供虚假学术信息,买卖或代写论文等,均构成学术不端。针对毕业论文写作过程中存在的学术不端现象,从2009年起,多家高校启用中国知网开发的中国学术不端论文查重系统,监控论文中是否存在抄袭剽窃的学术不端行为,及时开展学术诚信教育。

一、学术诚信与参考文献的合理引用

学术诚信是大学精神的"底色",是在学术活动中坚持诚实、公平的基本行为准则。何为学术诚信?就是"做正确的事,即使在没人注视时"[①],这是美国休斯敦大学商学院对学术诚信简洁直观的定义。

(一)参考文献及作用

参考文献是文章等写作过程中参考过的文献。按照《信息与文献 参考文献著录规则》(GB/T 7714—2015)的定义,引文参考文献是指"著者为撰写或编辑论著而引用的信息资源"。根据《中国学术期刊(光盘版)检索与评价数据规范(试行)》和《中国高等学校社会科学学报编排规范(修订版)》的要求,很多刊物对参考文献和注释做出区分,将注释规定为"对正文中某一内容做进一步解释或补充说明的文字",列于文末并与参考文献分列或置于当页页脚。

可以说,任何科学研究都是在前人研究成果的基础上开展的,都需要学习、借鉴和参考他人

---

① 张月红.学术与诚信:"做正确的事,即使在没人注视时"[N].健康报,2018-02-10(04).

的研究成果与经验,因此,我们应该尊重他人的劳动成果,在撰写论文的过程中,不管是参考了他人的一个观点、一句话、一张图还是一个表,都应该标明出处。[①]

在学位论文后列出参考文献的目的及作用如下:

(1)尊重他人的智力劳动成果,同时也表明作者研究课题的态度;

(2)反映真实的科学依据,文责自负,便于核查文中引用是否有错;

(3)反映作者为撰写论文而进行阅读的文献的范围和水平;

(4)有助于科技信息人员进行信息研究和文献计量学研究;

(5)使指导教师能清楚地了解作者对问题研究的深度和广度;

(6)便于在毕业论文答辩时进行审阅和评定成绩。

(二)参考文献类型

常用文献类型和标识代码见表5-2。电子资源载体和标识代码见表5-3。

表5-2 文献类型和标识代码

参考文献类型	文献类型标识代码
普通图书	M
会议录	C
汇编	G
报纸	N
期刊	J
学位论文	D
报告	R
标准	S
专利	P
数据库	DB
计算机程序	CP
电子公告	EB
档案	A
舆图	CM
数据集	DS
其他	Z

表5-3 电子资源载体和标识代码

电子资源的载体类型	载体类型标识代码
磁带	MT
磁盘	DK
光盘	CD
联机网络	OL

---

① 武丽志,陈小兰.毕业论文写作与答辩[M].北京:高等教育出版社,2015.

(三) 文后参考文献的著录规则

《信息与文献　参考文献著录规则》(GB/T 7714—2015)规定,主要文献类型的著录格式如下。

1. 普通图书

著录格式:[序号]主要责任者.题名:其他题名信息[M].其他责任者.版本项.出版地:出版者,出版年:引文页码[引用日期].获取和访问路径(电子资源必备).数字对象唯一标识符(电子资源必备).

示例:[1]罗杰斯.西方文明史:问题与源头[M].潘惠霞,魏婧,杨艳,等译.大连:东北财经大学出版社,2011:15-16.

2. 论文集、会议录

著录格式:[序号]主要责任者.题名:其他题名信息[C或G].出版地:出版者,出版年[引用日期].获取和访问路径(电子资源必备).数字对象唯一标识符(电子资源必备).

示例:[1]牛志明,雷光春.综合湿地管理:综合湿地管理国际研讨会论文集[C].北京:海洋出版社,2012.

3. 报告

著录格式:[序号]主要责任者.题名:其他题名信息[R].出版地:出版者,出版年[引用日期].获取和访问路径(电子资源必备).数字对象唯一标识符(电子资源必备).

示例:[1]World Health Organization. Factors regulating the immune response: report of WHO Scientific Group[R]. Geneva:WHO,1970.

4. 学位论文

著录格式:[序号]主要责任者.题名[D].大学所在城市:大学名称,出版年[引用日期].获取和访问路径(电子资源必备).数字对象唯一标识符(电子资源必备).

示例:[1] 马欢.人类活动影响下海河流域典型区水循环变化分析[D].北京:清华大学,2011.

5. 专利文献

著录格式:[序号]专利申请者或所有者.专利题名:专利号[P].公告日期或公开日期[引用日期].获取和访问路径(电子资源必备).数字对象唯一标识符(电子资源必备).

示例:[1] 张凯军.轨道火车及高速轨道火车紧急安全制动辅助装置:201220158825.2[P].2013-03-27.

6. 标准文献

著录格式:[序号]主要责任者.标准名称:标准号[S].出版地:出版者,出版年:引文页码[引用日期].获取和访问路径(电子资源必备).数字对象唯一标识符(电子资源必备).

示例:[1]全国信息与文献标准化技术委员会.文献著录　第4部分:非书资料:GB/T 3792.4—2009[S].北京:中国标准出版社,2010:3.

7. 期刊文献

著录格式:[序号]主要责任者.题名:其他题名信息[J].期刊名,年,卷(期):页码[引用日期].获取和访问路径(电子资源必备).数字对象唯一标识符(电子资源必备).

示例:[1]袁训来,陈哲,肖书海,等.蓝田生物群:一个认识多细胞生物起源和早期演化的新窗口[J].科学通报,2012,57(34):3219-3227.

8. 报纸文献

著录格式:[序号]主要责任者.题名:其他题名信息[N].报纸名,出版日期(版次)[引用日期].获取和访问路径(电子资源必备).数字对象唯一标识符(电子资源必备).

示例:[1]丁文详.数字革命与竞争国际化[N].中国青年报,2000-11-20(15).

9. 电子资源(不包括电子专著、电子连续出版物、电子学位论文、电子专利)

著录格式:[序号]主要责任者.题名:其他题名信息[EB/OL].出版地:出版者,出版年:引文页码[引用日期].获取和访问路径(电子资源必备).数字对象唯一标识符(电子资源必备).

示例:[1]萧钰.出版业信息化迈入快车道[EB/OL].(2001-12-19)[2002-04-15].http://www.creader.com/news.20011219/200112190019.html.

(四)参考文献标注中常见的问题

学生在书写毕业论文时,参考文献标注问题较多,主要归纳如下:

(1)不标注。有的学生写的毕业论文全文没有一个参考文献,像是作者的自说自话,不能体现科学、严谨的态度。

(2)少标注。有的学生写毕业论文时对文献信息标注不全,如只写出了作者、书名、出版社信息,而没有标注出版年、页码等。

(3)标假注。有的学生对文献信息记录不全,也不进行追溯,直接随意编造,这就是标假注。这种写作态度是非常错误和危险的,不可取。

(4)标乱注。有的学生文内的参考文献序号与文后的参考文献表无法对应,甚至连数量都对不上。这可能导致阅读者无法进一步追溯文献。

(5)标错注。有的学生的毕业论文的参考文献有错字、漏字、多字等现象,这说明这些学生缺乏认真、严谨的态度。

(6)不统一。有的学生一篇文章中有多种文献著录方式,格式不统一。

(7)文献旧。有的学生的毕业论文中引用的参考文献都是几十年前的,给人陈旧之感。参考文献应尽量新,因为近期文章更能反映科学研究的最新进展。

(8)数量少。高校一般都指定相关的毕业论文工作规范,有的学生的毕业论文的参考文献数量达不到该规范的要求。

(9)不权威。有些学生的毕业论文引用了很多非学术期刊、非权威期刊的文章,使得论文的可信度和权威性大大降低。

二、学位论文学术不端行为检测

中国知网中国学术不端论文查重检测系统是以中国学术期刊网络出版总库为全文比对数据库,可以对学位论文中的抄袭、伪造及篡改数据等学术不端行为进行快速检测,是检测学术及学位论文学术行为的辅助工具。该系统设有总检测指标和子检测指标两部分指标体系,涉及重合字数、文字复制比、首(尾)部复制比等多项内容,从多个角度对学位论文中的文字复制情况进行详细描述,根据指标参数及其他数据相关信息,自动给出预判的诊断类型并生成检测报告。该系统中的学位论文抄袭类型划分见表5-4。

表 5-4 学位论文抄袭类型划分①

类　　型	重合文字条件	总文字复制比
轻度句子抄袭	各连续重合文字均<200字符	<10%
句子抄袭	各连续重合文字均≥200字符	≥10%
轻度段落抄袭	存在连续重合文字<200字符	<30%
段落抄袭	存在连续重合文字≥200字符	≥30%且<50%
整体抄袭	≥总字符数/2	≥50%

三、学位论文作假行为的处理

各高校对规范学位论文管理、建立良好学风、提高人才培养质量、严肃处理学位论文作假行为，一般会出台相应的处理办法和实施细则。下面以武昌首义学院为例，列出对学位论文作假行为的解读及处理办法。

（一）学位论文作假行为解读

1. 学位论文作假行为

学位论文作假行为包括以下情形：

(1) 购买、出售学位论文或者组织学位论文买卖的。

(2) 由他人代写、为他人代写学位论文或者组织学位论文代写的。

(3) 剽窃他人作品和学术成果的，包括：原封不动或基本原封不动地复制他人作品和学术成果的；使用他人学术观点构成自己学位论文的全部核心或主要观点的；将他人学术成果作为自己学位论文主要部分或实质部分的等。

(4) 伪造数据的，包括主观臆断地在学位论文中捏造或篡改研究成果、调查数据、实验数据或文献资料的等。

(5) 有其他严重学位论文作假行为的，包括：引用文字、图表、模型欠缺客观、公允，注明和注释不当的；未经他人许可，不当使用他人署名的；没有参加创作，在他人学术成果上署名的等。

2. 不属于作假行为的情形

具有以上第(3)、(4)、(5)条特征的涉嫌作假行为，若具备下列情况之一，可以认定为不属于论文作假行为：

(1) 表现形式相同或相似，但确为两个独立的创作活动所取得的；

(2) 翻译、评论、介绍、综述他人作品且加以注明，引用总字数不超过本人撰写论文总字数40%的；

(3) 借鉴采用他人的实验方法和手段、实验装置和仪器设备得出不同的实验结果和结论的；

(4) 能够提供翔实的原始材料和数据证明论文为自己原创的；

(5) 其他经教务处认定不属于作假行为的情形。

（二）学位论文作假行为处理办法

(1) 学位申请人的学位论文出现购买、由他人代写、剽窃或者伪造数据等作假情形的，取消其学位申请资格；已经获得学位的，依法撤销其学位，并注销学位证书。学校将向社会公布取消

---

① 葛怀东. 文献检索与利用（人文社科）[M]. 上海：上海交通大学出版社，2010.

学位申请资格或者撤销学位的处理决定。从做出处理决定之日起至少3年内,不再接受其学位申请。学位申请人为在读学生的,给予开除学籍处分;为在职人员的,将通报其所在单位。

(2)为他人代写学位论文、出售学位论文或者组织学位论文买卖、代写的人员,属于在读学生的,给予开除学籍处分;属于学校教师和其他工作人员的,给予开除处分并解除聘任合同。

(3)指导教师未履行学术道德和学术规范教育、论文指导和审查把关等职责,其指导的学位论文存在作假情形的,学校给予警告、记过处分;情节严重的,降低岗位等级直至给予开除处分。

(4)多次出现学位论文作假或者学位论文作假行为影响恶劣的学院,核减其招生计划,对该学院予以通报批评,追究其主管领导的相应责任。

(5)对学位申请人、指导教师及其他有关人员做出处理决定前,应当告知并听取当事人的陈述和申辩。当事人对处理决定不服的,可以依法提出申诉、申请行政复议或者提起行政诉讼。

(6)学位论文作假行为违反有关法律法规规定的,依照有关法律法规的规定追究法律责任。

第六节 本科毕业论文编撰格式规范与示例

毕业论文是学生在教师的指导下经过调查研究、科学实验或工程设计,对所取得成果的科学表述,是学生毕业及学位资格认定的重要依据。其撰写在参照国家、各专业部门制定的有关标准及语法规范的同时,应遵照所在学校对毕业论文工作的管理规范。以下以武昌首义学院规范要求为例。

一、结构及写作要求

毕业论文应包括题目(中、外文)、摘要与关键词(中、外文)、目录、正文、致谢、参考文献和附录等部分。

(一)题目

题目应该简短、明确、有概括性。毕业设计/论文题目包括中文题目和外文题目,中文题目一般不超过25个字,不使用标点符号,中外文题目内容应一致。题目中若需使用英文缩写词,应使用本行业通用英文缩写词。

毕业论文封面上题目用一号黑体字,其他用三号黑体字,英文标题用一号 Times New Roman 字体(加粗),英文标题中的实词首字母一律大写。毕业论文封面要求统一使用本校特制的毕业论文封面纸打印。

(二)摘要与关键词

摘要包括中文摘要与外文摘要。摘要是对毕业论文内容不加注释和评论的简短陈述,要求扼要说明研究工作的目的、主要材料和方法、研究结果、结论、科学意义或应用价值等,是一篇具有独立性和完整性的短文。摘要中不宜使用公式、图表以及非公知公用的符号和术语,不标注引用文献编号。中文摘要一般350字左右,特殊情况字数可以略多;外文摘要应与中文摘要内容一致。中、外文摘要与关键词分别单独成页置于目录前,编排上中文在前、外文在后。中文题头"摘要"用三号黑体字居中排写,隔一行书写具体内容,内容文字用小四号宋体字。空一行后书写关键词。顶格用四号黑体字书写"关键词",紧接着用小四号宋体字书写词条,各词条间空一个汉字间距隔开。外文摘要用小四号 Times New Roman 字体。题头"Abstract"为小二号字(加粗),其他格式同上。

关键词是为了文献标引工作从论文中选取出来的用以表示全文主题内容信息款目的单词

或术语。应采用能覆盖论文主要内容的通用词条(参照相应的专业术语标准),一般列3~8个,按词条的外延层次从大到小排列,且应在摘要中出现。

(三)目录

三级目录全部顶格书写,排列整齐。应包括摘要与论文中全部章节的标题及页码,含"摘要"、"Abstract"、正文的章、节、条题目(理、工科类要求编写到第3级标题,经、管、文、法类可视论文需要,编写到第2~3级标题)、致谢、参考文献、附录等。

"目录"题头用三号黑体字居中排写,隔行书写目录内容。目录中各章题序及标题用小四号黑体,节(条)题序及标题用小四号宋体字。目录中对应的页码编号数字用小四号 Times New Roman 字体。

创新成果类目录参照以上要求书写。

(四)正文

论文正文包括绪论、论文主体及结论等部分。毕业论文中除图纸、程序外,理、工科类不少于1万字;经、管、文、法类不少于1.2万字;外语类专业不少于8000个单词;艺术设计类专业不少于8000字;创新成果类中,作品类和研究及论文类以相关成果和证明代替并附于正文处,设计类、发明专利类正文不少于4000字。

1. 绪论

绪论简要说明本论文课题在国内外发展概况、选题背景和意义、论文所要研究的主要内容,以及本人对所研究问题的认识并提出问题。绪论不要与摘要雷同,不要成为摘要的注释。一般教科书中有的知识,在绪论中不必赘述。

2. 论文主体

论文主体是论文的主要部分,应该结构合理,层次清楚,重点突出,文字简练、通顺。

1)章节标题

章节标题应突出重点、简明扼要,独占一行,字数一般在15字以内且一般不使用标点符号。标题中尽量不采用外文缩写词,对必须采用者,应使用本行业的通用缩写词。

2)层次

每章标题应置于页首,其他层次标题不得置于页面的最后一行(孤行)。层次根据实际需要选择,以少为宜。

毕业论文要求统一使用 Microsoft Word 软件进行文字处理,统一采用本校特制的毕业论文纸单面打印。其中上边距为3.4厘米,下边距为2.8厘米,左边距为3.0厘米,右边距为2.6厘米。字间距为"标准";行距为固定值,设置值为"23磅"。除特别说明外,内容文字用小四号宋体字。页码在内容下边线下居中放置,为 Times New Roman 小五号字体。摘要、关键词、目录等文前部分的页码用罗马数字(Ⅰ、Ⅱ……)编排,正文的页码用阿拉伯数字(1、2……)编排。

毕业论文定稿前必须校对,不能有错漏。若有错漏,毕业论文成绩将被扣除2~5分(大于万分之三且小于万分之六的错漏应印勘误表更正)。

3. 结论

论文的结论部分表述的是最终的、总体的结论,应突出论文的创新点,以简练的文字对论文的主要工作进行评价。若不可能导出应有的结论,则进行必要的讨论。可以在结论或讨论中提出尚待解决的问题及进一步开展研究的设想、建议等。结论作为单独一章排列。

在正文的结论部分,还应以500字左右的篇幅,阐述论文的研究或成果与社会、环境、文化、经济、环保等(可结合实际选择一个或几个点进行阐述)的关系以及可持续发展的影响,并理解应承担的责任。

(五)致谢

在致谢部分应简述本人通过完成毕业论文的体会,向给予指导、合作、支持及协助完成研究工作的单位、组织或个人致谢。内容应简洁明了、实事求是,避免俗套。

(六)参考文献

1. 要求

参考文献反映论文的取材来源、材料的广博程度。论文中引用的文献应以近期发表的与论文工作直接有关的学术期刊类文献为主。应是作者亲自阅读或引用过的,不应转录他人文后的文献。参考文献数量应不少于15篇,其中外文文献(原文)应不少于2篇。参考文献应单独成页。

2. 文献标识

论文正文中引用的文献的标识采用顺序编码制。参考文献按出现顺序用小五号字体标识,置于所引内容最末句的右上角(上标)。文献编号用阿拉伯数字置于方括号"[ ]"中,如"×××××[1];×××××[4,5];×××××[6-8]"。当提及的参考文献为文中直接说明时,其序号应该与正文排齐,如"由文献[8,10-14]可知"。

论文中引用文献原文应加引号;若引用原意,引文前用冒号或逗号,不用引号。较完整的长段引文应独立成段,即在冒号后另起一段。为区别正文,书写时整体缩进两格(首行相对正文缩进四格),采用楷体五号字书写,引文头尾处不必再加引号。

3. 书写格式

"参考文献"题头用黑体三号字居中排写。其后空一行排写文献条目。

参考文献书写格式应符合《信息与文献 参考文献著录规则》,按引用顺序编排,文献编号顶格书写,加括号"[ ]",其后空一格写作者名等内容。版本为第1版时不说明,其他版本需说明。文字换行时与作者名第一个字对齐。常用参考文献编写规定如下:

(1)著作图书类文献——[序号]□作者.书名[M].版次.出版地:出版者,出版年:引用部分起止页.

例:

[1] 余敏.出版集团研究[M].北京:中国书籍出版社,2001:179-193.

[2] CRAWFORD W,GORMAN M. Future libraries:dreams, madness, and reality[M]. Chicago:American Library Association,1995.

(2)翻译图书类文献——[序号]□作者.书名[M].译者.版次.出版地:出版者,出版年:引用部分起止页.

例:[1] 尼葛洛庞帝.数字化生存[M].胡泳,范海燕,译.海口:海南出版社,1997:23-29.

(3)学术刊物类文献——[序号]□作者.文章名[J].学术刊物名,年,卷(期):引用部分起止页.

例:[1] 何龄修.读顾城《南明史》[J].中国史研究,1998,(3):167-173.

(4)学位论文类文献——[序号]□作者姓名.学位论文题目[D].出版地:出版者,出版年:引用部分起止页.

例:[1] 张志祥.间断动力系统的随机扰动及其在守恒律方程中的应用[D].北京:北京大学,1998:2-3.

说明：

(1)文献作者为多人时,一般只列出3名作者,不同作者姓名间用逗号相隔。

例：[1] 李晓东,张庆红,马娟,等.经济全球化的重要性[J].北京大学学报,1999,35(1)：101-106.

(2)外文姓名按国际惯例(作者姓大写全拼,作者名用缩写)处理。

(3)学术刊物文献无卷号的可略去此项,直接写"年,(期)"。

(4)上文中"□"为中文字的空格(一个空格占一个汉字或两个英文字符位置)。"引用部分起止页"只适用于在设计/论文正文中进行标识的参考文献。

(七)附录

不宜放在正文中但有重要参考价值的内容(如公式的推导、程序流程图、工程图纸、数据表格等)可编入论文的附录中。

(八)写作要求

1. 公式

公式原则上居中书写。若公式前有文字(如"解""假定"等),文字顶格书写,公式仍居中写。公式末不加标点。公式序号按章编,并在公式后靠页面右边线标注,如第1章第一个公式序号为"(1-1)",附录2中的第一个公式为"(②-1)"等。文中引用公式时,一般用"见式(1-1)"或"由公式(1-1)"。

公式较长时在等号"="或运算符号"+""−""×""÷"处转行,转行时运算符号书写于转行式前,不重复书写。公式中应注意分数线的长短(主、副分线严格区分),长分线与等号对齐。

公式中第一次出现的物理量应给予注释,注释的转行应与破折号"——"后第一个字对齐,格式见下例：

式中：M_f——试样断裂前的最大扭矩(N·m);

θ_f——试样断裂时单位长度上的相对扭转角。

2. 插表

表格一般采取三线制,不加左、右边线,上、下边线为粗实线(1.5磅),中间为细实线(0.5磅)。比较复杂的表格,可适当增加横线和竖线。

表名包括表序与表题。表序按章编排,如第1章第一个插表序号为"表1-1"等。表序与表题之间空一格,表题不允许使用标点符号。表序与表题置于表上,居中排写,采用黑体五号字。

表头设计应简单明了,尽量不用斜线。表头中可采用化学符号或物理量符号。全表如用同一单位,将单位符号移到表头右上角,加圆括号。表中数据应正确无误,书写清楚。数字空缺的格内加"—"(占2个数字宽度)。表内文字和数字上、下或左、右相同时,不允许用""""同上"之类的写法,可采用通栏处理方式。

经、管、文、法类论文插表在表下一般根据需要可增列补充材料、注解、资料来源、某些指标的计算方法等。补充材料中中文用楷体五号字,外文及数字用 Times New Roman 体五号字。

3. 插图

插图应符合国家标准及专业标准,与文字紧密配合,文图相符,技术内容正确。

1)图名及图中说明

图名由图序和图题组成。图序按章编排,如第1章第一个图图序为"图1-1"等。图名置于图下,图注或其他说明应置于图与图名之间。图题在图序之后空一格排写,图名用黑体五号字。引用图应说明出处,在图题右上角加引用文献编号。图中若有分图时,分图用"a)""b)"标识并置于分图之下。图中各部分说明应采用中文(引用的外文图除外)或数字项号,各项文字说明置于图名之上(有分图者,置于分图名之上),采用楷体五号字。

2)插图编排

插图与其图名为一个整体,不得拆开排写于两页。插图应编排在正文提及之后,插图处的该页空白不够时,则可将其后文字部分提前排写,将图移到次页最上面。

3)照片图

论文中照片图均应是原版照片粘贴,不得采用复印方式。照片应主题突出、层次分明、清晰整洁、反差适中。对显微组织类照片必须注明放大倍数。

4)附录

附录序号采用"附录1""附录2""附录一""附录二"等,用三号黑体字左起空两格排写,其后不加标点符号,空一行书写附录内容。附录内容文字字体字号参照正文要求。

二、毕业设计/论文装订

毕业设计/论文使用统一毕业设计(论文)封面,按题目(中、外文)、摘要与关键词(中、外文)、目录、正文、致谢、参考文献、附录和成绩评定表顺序装订成册。

创新成果类论文主体按文件清单、简要论述、成果材料、证书证明等次序装订,不便装订的附于其后,如设计图纸、光盘等。

第七节 毕业论文答辩

毕业论文答辩是一种有组织、有准备、有计划的比较正规的审查论文的重要形式。为了搞好毕业论文答辩,在举行答辩会前,校方、答辩委员会、答辩者(撰写毕业论文的学生)三方都要做好充分的准备。论文答辩的目的,对于组织者和答辩者是不同的。校方组织论文答辩的目的是进一步考查和验证论文作者对所著论文论述到的论题的认识程度和当场论证论题的能力,进一步考察论文作者对专业知识掌握的深度和广度,审查论文是否由学生自己独立完成等。

一、答辩前的准备

为了做好毕业论文答辩,答辩者(毕业论文的作者)需要做好以下几方面的准备,经过思考、整理、写成提纲,记在脑中,这样在答辩时就可以做到心中有数,从容作答。

(1)要写好毕业论文的简介,主要内容应包括论文的题目,指导教师姓名,选择该题目的动机,论文的主要论点、论据和写作体会以及本论题的理论意义和实践意义。

(2)要熟悉自己所写论文的全文,尤其是要熟悉主体部分和结论部分的内容,明确论文的基本观点和主要结论的基本依据,弄懂弄通论文中所使用的主要概念的确切含义、所运用的基本原理的主要内容,同时还要仔细审查、反复推敲文章中有无自相矛盾、谬误、片面或模糊不清的地方,有无与党的政策方针相冲突之处等。如发现有上述问题,就要做好充分准备,一一补充、修正、解说等。这样在答辩过程中,就可以做到心中有数、临阵不慌、沉着应战。

(3)要了解和掌握与自己的毕业论文相关联的知识和材料,如对于自己所研究的这个论题,学术界的研究已经达到了什么程度,存在着哪些争议,有几种代表性观点,各有哪些代表性著作和文章,自己倾向哪种观点及理由,以及重要引文的出处和版本、论证材料的来源渠道等。对这些方面的知识和材料都要在答辩前做到有比较好的了解和掌握。

(4)清楚论文还有哪些应该涉及或解决但因力所不及而未能接触的问题,还有哪些在论文中未涉及或描述很少,而研究过程中确已接触到了并有一定的见解,只是由于觉得与论文表述的中心关联不大而没有写入等。

(5)对于优秀论文的作者来说,还要搞清楚哪些观点是继承或借鉴了他人研究成果的,哪些是自己的创新观点,这些新观点、新见解是怎么形成的等。

二、答辩的一般流程

毕业论文答辩流程一般包括答辩人自我介绍、论文陈述、提问与答辩、总结和致谢五部分。

(1)答辩人自我介绍。自我介绍作为答辩的开场白,包括姓名、学号、专业等信息。介绍时要举止大方、态度从容、面带微笑、礼貌得体,争取给答辩委员会或答辩小组一个良好的印象。好的开端就意味着成功了一半。

(2)论文陈述。主要内容包括:论文标题;课题背景,选择此课题的原因及课题现阶段的发展情况;有关课题的具体内容,其中包括答辩人所持的观点看法、研究过程、实验数据、结果,答辩人在此课题中的研究模块、承担的具体工作、解决方案、研究结果;文章的创新部分;结论、价值和展望;自我评价。

(3)提问与答辩:答辩小组教师的提问安排在答辩人自述之后,是答辩中相对灵活的环节,有问有答,是一个相互交流的过程。教师一般提出 3~5 个问题,采用由浅入深的顺序提问,并要求答辩人当场作答。

(4)总结:上述程序一一完毕,代表答辩也即将结束。答辩人最后纵观答辩全过程,做总结陈述,包括两方面的总结:一是毕业论文写作的体会;二是参加答辩的收获。答辩教师也会对答辩人的表现做出点评,包括成绩、不足、建议等。

(5)致谢:答辩者感谢在毕业论文方面给予帮助的人们并且要礼貌地感谢答辩教师。

三、答辩过程中的注意事项

顺利通过毕业答辩是每位毕业生都期望的,因此,在答辩过程中除了遵循流程,答辩者还应该注意以下几点:

(1)克服紧张、不安、焦躁的情绪,自信自己一定可以顺利通过答辩。

(2)注意自身修养,有礼有节。无论是听答辩教师提出问题,还是回答问题,都要做到礼貌应对。

(3)听明白题意,抓住问题的主旨,弄清答辩教师出题的目的和意图,充分理解问题的根本所在,再作答,以免出现答非所问的现象。

(4)若对某一个问题确实没有搞清楚,要谦虚地向答辩教师请教。尽量争取教师的提示,巧妙应对。用积极的态度面对遇到的困难,努力思考作答,不应自暴自弃。

(5)答辩时语速要快慢适中,不能过快或过慢。过快会让答辩小组成员难以听清楚,过慢会让答辩教师感觉答辩人对这个问题不熟悉。

(6)没有把握的观点和看法,不要在答辩中提及。

(7)不论是自述,还是回答问题,都要注意掌握分寸,强调重点,略述枝节。研究深入的地方多讲,研究不够深入的地方最好避开不讲或少讲。

(8)通常教师提问会先浅后深、先易后难,应做好心理准备。

(9)答辩人答题一般会限制在一定的时间内,除非答辩教师特别强调要求展开论述,否则没有必要展开过细。

四、答辩小技巧

答辩过程中,除了专业知识的展示外,一些细节也不容忽视。

(一)熟悉内容

参加论文答辩的学生,必须对自己所著的毕业论文内容有比较深刻的理解和比较全面的熟悉,为回答毕业论文答辩委员会成员就有关毕业论文的深度及相关知识面可能提出的论文答辩问题做准备。

(二)图表穿插

任何毕业论文,都可或多或少地利用图表来表达论文观点,图表不仅是一种直观的表达观点的方法,更是一种调节论文答辩会气氛的手段,特别是对论文答辩委员会成员来讲,长时间听述,听觉难免会有排斥性,不再想要对排序靠后的答辩者论述的内容进行接纳吸收,这样,必然对一些答辩者的毕业论文答辩成绩有所影响。所以,应该在论文答辩过程中适当穿插图表或类似图表的其他媒体文件以提高论文答辩成绩。

(三)语流适中

进行毕业论文答辩,大部分学生都是首次,往往因为紧张等说话速度会越来越快,以致毕业答辩委员会成员听不清楚,影响了毕业答辩成绩。毕业答辩时一定要注意在论文答辩过程中的语流速度,要有急有缓,有轻有重,不能像连珠炮似的。

(四)目光移动

毕业生在论文答辩时,可以采用脱稿、半脱稿或不脱稿的方式完成,但不管哪种方式,都应注意自己的目光,应使目光时常地望向论文答辩委员会成员及会场上的同学们。这是用目光与听众进行心灵的交流、使听众对答辩者的论题产生兴趣的一种手段。在毕业论文答辩会上,由于听的时间过长,教师们难免会有分神现象,这时,目光的提示会很有礼貌地将他们的神"拉"回来,跟着答辩者的思路走。

(五)体态语辅助

虽然毕业论文答辩同其他论文答辩一样以口语为主,但适当的体态语运用会辅助论文答辩,使论文答辩效果更好。特别是手势语言的恰当运用,会显得答辩者自信、有力、不容辩驳。相反,如果你在论文答辩过程中始终直挺挺地站着,或者一直低着头,即使你的论文结构再合理、主题再新颖、结论再正确,论文答辩效果也不会很好。所以,在毕业论文答辩时,一定要注意适当使用体态语。

(六)时间控制

一般在比较正规的论文答辩会上,都有答辩时间要求,因此,毕业论文答辩者在进行论文答辩时应重视对论文答辩时间的掌握。对论文答辩时间的控制要有力度,到该截止的时间立即结束,这样,显得有准备,对内容的掌握和控制也较好,容易给毕业论文答辩委员会成员一个良好的印象。这就需要学生在毕业论文答辩前对将要答辩的内容在时间上有个估算。当然,在毕业论文答辩过程中灵活地减少或增加内容也是对论文答辩时间进行控制的一种表现,应该重视。

(七)紧扣主题

在校园中进行毕业论文答辩,往往答辩者较多,因此,对于毕业论文答辩委员会成员来说,他们不可能对每一位毕业生的论文内容有全面的了解,有的甚至连毕业论文题目也不一定熟悉。因此,答辩者的整个论文答辩过程能否围绕主题进行,最后能否扣题就显得非常重要。另外,答辩教师们一般也容易就论文题目所涉及的问题进行提问,如果能自始至终地以论文题目为中心展开论述,就会使答辩教师思维明朗,从而对毕业论文给予肯定。

(八)人称使用

在毕业论文答辩过程中必然涉及人称使用问题,建议尽量多地使用第一人称,如"我""我们"。即使论文中的材料是引用他人的,用"我(们)引用了……的数据或材料",会显得更加自信。特别是毕业论文大多是答辩者一人写作的,所以要更多使用而且是果断地、大胆地使用第一人称"我"。

(九)文明礼貌

在答辩过程中,需注意文明礼仪,这样可以给答辩教师留下一个好的印象,有利于提高答辩成绩。

(十)答辩结束

毕业论文答辩之后,答辩者应该认真听取答辩委员会的评判,进一步分析、思考答辩教师提出的意见,总结论文写作的经验教训。

思考题

1. 理解大学生进行毕业论文写作的意义。
2. 结合自身专业知识,利用图书馆资源或免费网络学术资源,确定一个选题并拟定一份学位论文大纲。

第六章 知识产权与经济法律信息检索

第一节 知识产权

一、知识产权基础

知识产权的产生与垄断和特权在早期有着历史联系。知识产权最早可以追溯到中世纪欧洲大多数国家实施的皇家特权制度。这种特权，或由君主个人授予，或由封建国家授予，或由代表君主的地方官授予。

1. 专利制度的产生

1474年，威尼斯共和国正式颁布并实施《专利法》，这是世界上第一部最接近现代专利制度的法律，也是世界专利保护制度的起源。此后，著名科学家伽利略发明的扬水灌溉机获得了20年的专利权。

1624年，英国议会颁布《垄断法规》，明确了发明是发明者的一种财产，发明者可在一定时间内享有使用该发明的垄断权。这是世界上第一部现代意义的专利法，该部法律确定的许多基本原则和定义沿用至今。英国专利制度的实施对技术创新直接起到了保护和激励作用，为英国工业革命奠定了基础，同时，也对其他国家的相关立法产生了特别影响。美国于1790年、法国于1791年、俄国于1812年、荷兰于1817年、西班牙于1826年、德国于1877年、日本于1885年先后颁布了本国的专利法。

2. 著作权的确立

在专利制度确立的同时，著作权制度应运而生。印刷技术和人类造纸技术为现代著作权制度奠定了基石。1709年英国议会通过世界上第一部版权法《安娜女王法》，该法是世界上第一部保护作者权益的法律，为现代著作权制度奠定基础。法国在18世纪末颁布了《表演权法》和《作者权法》。以后的采用大陆法系的国家，也都沿用法国《作者权法》的概念和思路。日本在1875年和1887年先后颁布了两个《版权条例》，于1898年颁布《版权法》，1899年日本参加了《保护文学和艺术作品伯尔尼公约》，当年还颁布了《著作权法》。

3. 商标权的确立

在西方，商标成形于西班牙。当时的游牧部落把烙印打在自己的牲畜上，以区别不同主人的牲畜，后随着13世纪欧洲行会的盛行，商品经济也有了较快发展，一些产品制造者和行会都有特定的印章作为自己生产的商品的标记，后逐渐演变为图形商标。到了17世纪，商标使用范围更广，商标的形式也日益完善。1803年法国颁布了《关于工厂、制造厂和作坊的法律》，该法第16条将假冒商标定为私自伪造文件罪加以处罚，是最早关于商标保护的单行成文法。1804年《法国民法典》首次肯定了商标为无形财产，商标权与其他财产权一样受法律保护，开创了近代商标保护制度。1857年，法国又确立注册商标保护制度的《商标法》，该法是相对最早、较为完善的一部商标法，并延续了107年，1964年才做出较大修改。此后，英国于1862年、美国于1870

年、德国于1874年先后颁布了注册商标法。

4. 知识产权的发展

1883年3月20日,英、法等11国签订了《保护工业产权巴黎公约》,对工业产权(即现在的知识产权)的内容、保护方法和原则进行了规定,该公约至今仍发挥着重要作用,中国1985年3月19日加入该公约。

第二次世界大战后,知识产权制度的国际化速度进一步加快,一系列相关的条约、组织相继问世,其中最重要的是世界知识产权组织(World Intellectual Property Organization,WIPO),1967年7月14日《建立世界知识产权组织公约》签订,标志着WIPO正式成立。该组织总部设在瑞士日内瓦,是一个致力于促进使用和保护人类智力作品的国际组织,旨在通过国家间的合作加强对全世界知识产权的保护。每年的4月26日定为"世界知识产权日"(World Intellectual Property Day),目的是在世界范围内树立尊重知识、崇尚科学和保护知识产权的意识,营造鼓励知识创新的法律环境。中国于1980年6月3日加入WIPO。

1994年4月15日世界贸易组织(WTO)《与贸易有关的知识产权协定》(*Agreement on Trade-Related Aspects of Intellectual Property Rights*)的签订,为国际贸易中的知识产权保护确立了新的标准与制度,该协定保护范围广、内容丰富、保护水平高、制约力强。2001年12月11日,我国正式成为世界贸易组织成员,该协定对我国生效。

WIPO的《建立世界知识产权组织公约》和WTO的《与贸易有关的知识产权协定》是真正界定知识产权保护范围并称得上完整意义上的知识产权国际条约,它们覆盖了工业产权和版权等广泛的知识产权范围。

5. 我国知识产权制度的发展

古代中国便有知识产权保护萌芽,但我国知识产权保护落实于法律法规却在近现代。

1) 我国专利权的发展

早在2000多年前,西周厉王时就有"谋欲专利之事"。《国语》有"匹夫专利,犹谓之盗,王而行之,其归鲜矣"的记载。我国第一部专利法的雏形应为清戊戌变法中光绪皇帝1898年(光绪二十四年)7月颁布的《振兴工艺给奖章程》,它是关于戊戌变法期间清政府奖励科学发明、提倡工商业的规定。其规定:凡能制造新器,发明新械新法,或能兴办学堂、藏书楼、博物院,建造枪炮厂者,可以呈明总理衙门请奖,予以专利或奖给官衔。它在中国历史上第一次从法律上承认民族资本工商业的合法性和发明创造的进步性。

民国时期,1912年12月由工商部颁布《奖励工艺品暂行章程》,其中载有"先申请原则""权利转让""法律责任"等理念,后逐步发展完善,是之后国民政府公布的《专利法》的框架基础,与1931年颁布的《奖励工业技术暂行条例》及其实施细则、《奖励工业技术审查委员会规则》等构成了比较完整的体系。1944年5月4日国民政府公布了我国历史上第一部可称为"专利法"的法律——《专利法》。

2) 我国著作权的发展

我国很早就有了对著作权的保护做法,如公元11世纪即有关于"官府具状,禁止翻刻"的记载,南宋王称的《东都事略》也附牌记:"眉山程舍人宅刊行。已申上司,不许覆版。"南宋嘉熙二年(1238年)祝穆刊行《方舆胜览》,其刻本有"照得雕书,合经使台申明,乞行约束,庶绝翻版之患",这是我国历史上最早记载的出版特许令状。北宋时为保护《九经》一书,朝廷下令"禁擅镂",即类似于现代的著作权声明。1910年,清政府颁布了我国第一部著作权法《大清著作权律》,但该法并未来得及实施。该法主要内容影响了1915年北洋军阀政府颁布的《著作权法》和1928年国民政府颁布的《著作权法》。

3)我国商标权的发展

在我国古代便出现了"杜康"作为酒的标志。东汉铁器上铸有"川"字作为产品标记。在南北朝后期北周的文物中,就有以陶器工匠"郭彦"命名的粗制陶器标记。北宋时,山东济南刘家功夫针铺使用了"白兔儿"商标,商标上除有白兔图形外,还标明"济南刘家功夫针铺,认门前白兔儿为记",这是我国迄今发现的使用最早的设计图案较为完整的商标图样。我国对注册商标的法规保护始自晚清时对外国商标的保护。1904年(光绪三十年),清政府颁布我国第一部商标法规《商标注册试办章程》,该法规由当时担任海关总税务司的英国人赫德起草,具有浓厚的半封建半殖民地性质,并有许多保护帝国主义在华利益的条款。清政府先后颁布了四部商标法规,北洋军阀政府于1923年颁布了商标法44条;国民政府1930年颁布了《商标法》。

4)中华人民共和国知识产权的发展

中华人民共和国在成立初期,在知识产权方面制定了许多法规条例,先后颁布过《关于奖励有关生产的发明、技术改进和合理化建议的决定》《保障发明权与专利权暂行条例》《发明奖励条例》等,但发明的所有权还在国家,全国各个单位都可以无偿利用。

1980年我国加入世界知识产权组织(WIPO),正式引入"知识产权"这一概念。1986年《中华人民共和国民法通则》颁布,将知识产权作为与财产所有权、债权、人身权并列的民事权力,首次在法律文件中使用"知识产权"——其作为一个法定术语在我国被广泛接受和使用。

改革开放后我国陆续颁布实施了几部知识产权法:

1982年,通过中华人民共和国成立后的第一部商标法,该法自1983年3月1日起施行,2019年4月23日第四次修正。

1984年,通过中华人民共和国成立后的第一部专利法,该法自1985年4月1日正式实施,2020年10月第四次修正。

1990年,通过中华人民共和国成立后的第一部著作权法,该法自1991年6月1日正式实施,2020年11月第三次修正。

此外,我国还制定了《中华人民共和国反不正当竞争法》《计算机软件保护条例》《植物新品种保护条例》《集成电路布图设计保护条例》等,逐渐形成较为完整的知识产权法律保护体系。

二、知识产权的概念和内涵

(一)知识产权的定义

知识产权是由英文"intellectual property right"翻译而来,缩写为IP,其原意是智慧财产权。首次将来自知识活动领域的权利概括为"知识产权"的是17世纪中叶的法国学者卡普佐夫,后来比利时著名法学家皮卡第将该词发展并定义为"一切来自知识活动的权利"。目前通指的知识产权是指权利人对其智力劳动所创作的成果和经营活动中的标记、信誉所依法享有的专有权利。WIPO定义知识产权是智力创造成果——从艺术作品到发明创造,从电脑程序到商标和其他商业标志。[①]

知识产权包括人身权利和财产权利。人身权利是指权利同取得智力成果的人身不可分离,是人身关系在法律上的反映。财产权利是指智力成果被法律承认后,权利人可利用这些智力成果取得报酬或得到奖励的权利。知识产权受国家法律的保护,任何人不得侵犯。公民、法人或

---

① 世界知识产权组织(WIPO).什么是知识产权?[EB/OL].[2021-01-01].https://www.wipo.int/publications/zh/details.jsp?id=4528.

其他组织对其智力劳动成果依法享有占有、使用、处分和收益的专有权利。

(二)知识产权的分类

狭义的知识产权包括著作权(版权)和工业产权(创造性成果权、识别性标记权、制止不正当竞争权)两大类。WIPO对知识产权赋予了更为广泛的定义:

(1)关于文学、艺术和科学作品的权利;

(2)关于表演艺术家的表演活动、录音制品和广播的权利;

(3)关于人们在一切领域中的发明的权利;

(4)关于科学发现的权利;

(5)关于工业品外观设计的权利;

(6)关于商品商标、服务标记、厂商名称和其他商业标记的权利;

(7)关于制止不正当竞争的权利;

(8)在工业、科学和文学艺术领域内其他一切来自智力活动的权利。

我国《民法典》规定,知识产权指权利人依法就以下客体享有的专有权利:①作品(即版权);②发明、实用新型、外观设计;③商标;④地理标志;⑤商业秘密;⑥集成电路布图设计;⑦植物新品种;⑧法律规定的其他客体。总体来看,版权、专利、商标、商业秘密和工业品外观设计属于较为常见的知识产权范畴。

(三)知识产权的特征

知识产权具有无形性、专有性、地域性和时间性的特征。这些特征大多是与其他财产权特别是与所有权相对而言的,并非都由知识产权独有①。

(1)无形性:知识产权的客体无形无体,是具有非物质性的作品、发明创造和商誉等。知识产权作为一种无形财产权,具有一般无形财产权的无形性,这是与有形财产权的根本区别。对知识产权的窃取和侵犯更容易、更隐蔽,这也决定了知识产权保护的复杂性。

(2)专有性:知识产权具有垄断性、独占性和排他性的特点,即没有权利人同意或法律规定,权利人以外的任何人不得享有或使用该项权利,否则就是侵权。其专有性表现在:

第一,知识产权为权利人所独占,权利人垄断这种专有权利并受到严格保护;

第二,对同一项知识产品,不允许有两个或两个以上同一属性的知识产权并存;

第三,知识产权的排他性,主要是排斥非专有人对知识产品进行不法仿制、假冒或剽窃;

第四,知识产权的独占性是相对的。

(3)时间性:依法产生的知识产权一般只在法律规定的期限内有效,超出知识产权的法定保护期后,该知识产权有关智力成果进入公有领域,人们可以自由使用。例如,我国《专利法》(指《中华人民共和国专利法》)规定,发明专利权的有效期限为二十年,实用新型专利权的有效期限为十年,外观设计专利权的有效期限为十五年,均自申请日起计算。

(4)地域性:根据一国的知识产权法所取得的知识产权的效力只限于本国境内,不具有域外效力,亦即某一国法律所确认和保护的知识产权,只在该国法律效力可及的范围内有效。权利人要想使自己的知识产权得到他国的法律保护,必须依据有关国际条约、双边协议或按互惠原则,按照他国知识产权法的规定在他国获得知识产权。知识产权的这一特点有别于有形财产权。

---

① 吴汉东.知识产权基本问题研究(总论)[M].2版.北京:中国人民大学出版社,2009:21-22.

三、学习和保护知识产权的意义

近年来,国家对知识产权工作进行了前所未有的重视。党的十八大提出创新驱动发展战略,全面加强知识产权保护工作,知识产权工作从追求数量向提高质量转变。保护知识产权具有重要意义,主要包括以下几方面:

第一,人类的进步和福祉取决于其在技术与文化领域创造和发明新作品的能力,从法律上对新的创造成果予以保护,可鼓励投入额外的资源,促进进一步创新。

第二,促进和保护知识产权可刺激经济增长,创造新的就业机会与行业,并提高生活的质量和乐趣。

第三,知识产权保护是国家安全的战略保障,有利于整个国家经济发展与安全、科技发展与安全和其他发展与安全。

大学生学习和保护知识产权,首先是顺应国际形势、贯彻落实国策的需要。其次,国家近年来对高校知识产权工作也陆续出台相关指导性政策,如教育部、国家知识产权局、科技部联合发布《关于提升高等学校专利质量 促进转化运用的若干意见》(教科技〔2020〕1号),国家知识产权局、教育部联合修订《高校知识产权信息服务中心建设实施办法》(国知办发服字〔2021〕23号)等,学习和保护知识产权是高校的责任和义务。最后,这也是大学生全面发展的需要。大学生是国家科技创新的主力军,也是将来知识、技术的主要生产与使用者,从其个人成长角度来说,了解知识产权基础知识,树立尊重他人知识成果的观念、养成良好科学研究作风,对其学习深造、创业、走入社会工作都有积极作用。

四、经济领域相关知识产权

按应用领域不同,知识产权包括专利权、著作权、商标权、地理标志权、商业秘密权、植物新品种权、集成电路布图设计专有权等。迄今为止,经过数百年的洗礼,知识产权制度已成为国际上通行的保护智力成果和工商业信誉的法律制度。

(一)专利权

1. 专利及专利权含义

一般来说,专利有三层不同的含义:其一,就法律而言,专利是指专利权,是专利权人依法获得的一种垄断性权利,这是"专利"一词在法律上最基本的含义;其二,就技术而言,专利是指受专利法保护的发明创造本身,通常被称为"专利技术";其三,就专利保护的内容而言,专利是指专利文献,指记载专利技术的公开的专利文献的总和,具体包括记载发明创造内容的专利文献,如专利说明书及其摘要、权利要求书、外观设计的图形或照片等。

按照WIPO给出的定义,专利(patent)是专利权的简称,是指由政府机构(或代表几个国家的地区机构)根据发明人(设计人)就其发明创造所提出的专利申请,经审查其专利申请符合法律规定,授予该发明人对其发明创造享有的专有权。根据我国《专利法》的规定,专利分为发明专利(invention patent)、实用新型专利(utility model patent)、外观设计专利(industrial design patent)三种类型。三种专利类型中,发明专利的技术含量最高,获得授权难度最大,保护期限最长,专利权最稳定,经济价值在三种专利中最高。三者内容及保护期限如表6-1所示。

表 6-1　专利的三种类型

专利类型	内　　容	保护期限（自申请日起）
发明专利	对产品、方法或者其改进所提出的新的技术方案	20 年
实用新型专利	对产品的形状、构造或者其结合所提出的适于实用的新的技术方案	10 年
外观设计专利	对产品的整体或者局部的形状、图案或者其结合以及色彩与形状、图案的结合所做出的富有美感并适于工业应用的新设计	15 年

注：根据 2021 年 6 月 1 日起实施的《中华人民共和国专利法》第四次修正版，外观设计专利权的保护期限由原来的 10 年变为 15 年。

2. 专利权特性

我国《专利法》第二十二条规定：授予专利权的发明专利和实用新型专利需具备新颖性、创造性和实用性，且对实用新型的创造性要求比发明低。

(1) 新颖性，指该发明或实用新型不属于现有技术，在申请日以前没有同样的发明或者实用新型在国内外出版物上公开发表过、在国内公开使用过或者以其他方式为公众所知，也没有同样的发明或者实用新型由他人向国务院专利行政部门提出过申请并且记载在申请日以后公布的专利申请文件中。所谓"现有技术"，是指申请日以前在国内外为公众所知的技术。

(2) 创造性，又称先进性，是指与现有技术相比，该发明具有突出的实质性特点和显著的进步。所谓"实质性特点"是指与现有技术相比，有本质的差异，有质的飞跃和突破，而且这种技术上的变化和突破对本领域的普通技术人员来说并非显而易见的。所谓同已有技术相比有进步，是指该发明或实用新型相比现有技术有明显的技术优点。

(3) 实用性，是指申请专利的发明可以实际应用于生产部门，并产生积极效果。一般如一项发明专利或实用新型专利具有可实施性、再现性和有益性，则认为其具有实用性。

我国《专利法》第二十三条规定：授予专利权的外观设计，应当不属于现有设计；也没有任何单位或者个人就同样的外观设计在申请日以前向国务院专利行政部门提出过申请，并记载在申请日以后公告的专利文件中。授予专利权的外观设计与现有设计或者现有设计特征的组合相比，应当具有明显区别。授予专利权的外观设计不得与他人在申请日以前已经取得的合法权利相冲突。

3. 专利申请原则

1) 先申请原则

先申请原则是指两个以上的申请人分别就同样的发明创造申请专利的，专利权授予最先申请的人。换句话说，不论谁先完成发明创造，专利权授予最先提出专利申请的人。世界上绝大多数国家和地区都采用先申请原则，如中国、德国、日本。另外，根据我国的法律实践，"同日申请"应协商确定专利申请人。

2) 先发明原则

先发明原则是指两个或两个以上的单位或个人对同一专利向专利主管部门提出申请时，专利授予最先发明人。只有极少数国家采用先发明原则，如美国、菲律宾。

3) 优先权原则

优先权原则是指申请人在一个缔约国第一次提出申请后，可以在一定期限内就同一主题向其他缔约国申请保护，其在后申请的某些内容被视为在第一次申请的申请日提出。

我国《专利法》第二十九条规定:申请人自发明或者实用新型在外国第一次提出专利申请之日起十二个月内,或者自外观设计在外国第一次提出专利申请之日起六个月内,又在中国就相同主题提出专利申请的,依照该外国同中国签订的协议或者共同参加的国际条约,或者依照相互承认优先权的原则,可以享有优先权。申请人自发明或者实用新型在中国第一次提出专利申请之日起十二个月内,或者自外观设计在中国第一次提出专利申请之日起六个月内,又向国务院专利行政部门就相同主题提出专利申请的,可以享有优先权。

4. 专利申请流程

发明专利要经过初步审查和实质审查,而实用新型专利和外观设计专利只有初步审查。

1)发明专利的申请

审批流程:专利申请—受理—初审—公布—实质审查请求—实质审查—授权。

申请发明专利需要提交的文件如下:

①请求书:包括发明专利的名称、发明人或设计人的姓名、申请人的姓名和名称、地址等。

②说明书:包括发明专利的名称、所属技术领域、背景技术、发明内容、附图说明和具体实施方式。

③权利要求书:说明发明的技术特征,清楚、简要地表述请求保护的内容。

④说明书附图:发明专利常有附图,如果仅用文字就足以清楚、完整地描述技术方案,可以没有附图。

2)实用新型专利的申请

审批流程:专利申请—受理—初审—授权。

申请实用新型专利需要提交的文件如下:

①请求书:包括实用新型专利的名称、发明人或设计人的姓名、申请人的姓名和名称、地址等。

②说明书:包括实用新型专利的名称、所属技术领域、背景技术、发明内容、附图说明和具体实施方式。说明书内容的撰写应当详尽,所述的技术内容应以所属技术领域的普通技术人员阅读后能予以实现为准。

③权利要求书:说明实用新型的技术特征,清楚、简要地表述请求保护的内容。

④说明书附图:实用新型专利一定要有附图说明。

⑤说明书摘要:清楚地反映实用新型要解决的技术问题、解决该问题的技术方案的要点以及主要用途。

3)外观设计专利的申请

审批流程:专利申请—受理—初步审查—授权。

申请外观设计专利需要提交的文件如下:

①请求书:包括外观设计专利的名称、设计人的姓名、申请人的姓名、名称、地址等。

②外观设计图片或照片:至少两套图片或照片(前视图、后视图、俯视图、仰视图、左视图、右视图,如果有必要还需提供立体图)。

③外观设计简要说明:必要时应提交外观设计简要说明。

4)不能申请专利范围

根据我国《专利法》第五条,对违反法律、社会公德或者妨害公共利益的发明创造,不授予专利权。对违反法律、行政法规的规定获取或者利用遗传资源,并依赖该遗传资源完成的发明创造,不授予专利权。

根据我国《专利法》第二十五条,对下列各项不授予专利权:
①科学发现;
②智力活动的规则和方法;
③疾病的诊断和治疗方法;
④动物和植物品种;
⑤原子核变换方法以及用原子核变换方法获得的物质;
⑥对平面印刷品的图案、色彩或二者的结合做出的主要起标识作用的设计。

5.专利文献检索途径

专利文献是一种重要的科技文献,一般由扉页、权利要求书、说明书及附图构成,包含着丰富的技术信息和经济信息,具有内容新颖、范围广泛、系统详尽、实用性强、可靠性强、质量较高、格式统一、便于检索查阅,重复出版量大等特点。以下将介绍国内外主要专利文献检索工具。

1)中国国家知识产权局专利检索及分析数据库

专利检索及分析数据库是由中华人民共和国国家知识产权局面向公众提供的免费专利检索数据库,内容涵盖了 1985 年 9 月 10 日以来我国公布的全部中国专利信息,并可浏览各种说明书全文及外观设计图形,数据每周更新一次,需注册使用。

访问网址:https://pss-system.cponline.cnipa.gov.cn/。界面如图 6-1 所示。

图 6-1　中国国家知识产权局专利检索及分析数据库界面

2)WIPO 官网专利检索

WIPO 提供 PATENTSCOPE、Hague Express Database 和 International Designs Bulletin(国际设计公报)三种检索资源,可检索多种语言,提供多种检索页面。

其中 PATENTSCOPE 访问网址:https://patentscope2.wipo.int/search/en/search.jsf。界面如图 6-2 所示。

3)欧洲专利局官网专利检索

利用欧洲专利局官网,用户可便捷、有效地获取免费的专利信息资源。该网站致力于提高整个国际社会获取专利信息的意识,还提供一些专利信息,如专利公报、INPADOC 数据库信息及专利文献的修正等。欧洲专利局的检索界面可以使用多种语言。

访问网址:https://worldwide.espacenet.com/。界面如图 6-3 所示。

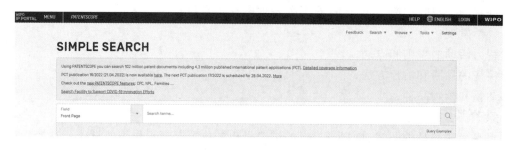

图 6-2　WIPO 官网专利检索界面

图 6-3　欧洲专利局官网专利检索界面

4）美国专利商标局官网专利检索

美国专利商标局将 1790 年以来的美国各种专利的数据在其政府网站上免费提供给世界上的公众查询。数据内容每周更新一次。

访问网址：https://patft.uspto.gov。界面如图 6-4 所示。

图 6-4　美国专利商标局官网专利检索界面

5）日本特许厅官网专利检索（英文版）

日本特许厅官网专利检索平台包括自 1885 年以来公布的所有日本专利、实用新型和外观设计电子文献，有英文版和日文版两种。

访问网址：https://www.j-platpat.inpit.go.jp。界面如图 6-5 所示。

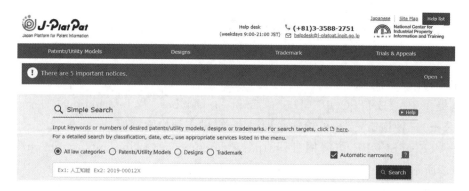

图 6-5　日本特许厅官网专利检索界面（英文版）

6）万方中外专利数据库

万方中外专利数据库（Wanfang Patent Database，WFPD）涵盖 1.3 亿余条国内外专利数据，其中中国专利收录数据与国家知识产权局保持同步，收录范围涉及十一国两组织。界面如

图 6-6 所示。

图 6-6　万方中外专利数据库界面

7) 中国知网专利库

中国知网专利库包括中国专利和海外专利,收录了 1985 年以来的中国专利和海外专利,共计收录专利 6740 余万项。界面如图 6-7 所示。

图 6-7　中国知网专利库界面

【案例分享】　1997 年,某物理研究院下属的环保所按计划开始开发一项环保技术,前后共投入科研经费 2500 万元,历时 4 年,研制成功"电晕放电脱硫脱硝技术"。该项技术对治理烟尘、保护环境作用极为明显,有着广阔的市场前景。然而,环保所准备大力推广该项技术,并拟申请专利时,才发现日本一公司早在 1988 年拥有相同的技术,并已在中国申请了专利,这一情况使环保所处于进退两难的境地。

【案例来源】　国家知识产权战略网(http://www.nipso.cn/)。

【思考】　这一事件带来哪些启示?

(二)著作权

1. 定义

著作权(版权)是指作者对其创作的文字、艺术和科学作品依法享有的专有权利,包括署名、发表、出版、获得报酬等权利。其邻接权是指与作品传播有关的权利,即表演者、录音制品制作者和传媒许可或禁止对其作品复制的权利。

2. 分类

我国《著作权法》和《著作权法实施条例》(指《中华人民共和国著作权法》和《中华人民共和国著作权法实施条例》)将作品分为以下几类:

(1)文字作品;

(2)口述作品;

(3)音乐、戏剧、曲艺、舞蹈、杂技艺术作品;

(4)美术、建筑作品;

(5)摄影作品；

(6)视听作品；

(7)工程设计图、产品设计图、地图、示意图等图形作品和模型作品；

(8)计算机软件；

(9)符合作品特征的其他智力成果。

3. 权利内容

著作权包括著作人身权和著作财产权。

(1)著作人身权包括：

①发表权，即决定作品是否公之于众的权利。发表权只能行使一次，除特殊情况外，仅能由作者行使。

②署名权，即表明作者身份，在作品上署名的权利。它包括作者决定是否署名，署真名、假名、笔名，禁止或允许他人署名等权利。

③修改权，即修改或者授权他人修改作品的权利。

④保护作品完整权，即保护作品不受歪曲、篡改的权利。

(2)著作财产权包括：

①复制权，即以印刷、复印、拓印、录音、录像、翻录、翻拍、数字化等方式将作品制作一份或者多份的权利；

②发行权，即以出售或者赠予方式向公众提供作品的原件或者复制件的权利；

③出租权，即有偿许可他人临时使用视听作品、计算机软件的原件或者复制件的权利，计算机软件不是出租的主要标的的除外；

④展览权，即公开陈列美术作品、摄影作品的原件或者复制件的权利；

⑤表演权，即公开表演作品，以及用各种手段公开播送作品的表演的权利；

⑥放映权，即通过放映机、幻灯机等技术设备公开再现美术、摄影、视听作品等的权利；

⑦广播权，即以有线或者无线方式公开传播或者转播作品，以及通过扩音器或者其他传送符号、声音、图像的类似工具向公众传播广播的作品的权利，但不包括信息网络传播权；

⑧信息网络传播权，即以有线或者无线方式向公众提供，使公众可以在其选定的时间和地点获得作品的权利；

⑨摄制权，即以摄制视听作品的方法将作品固定在载体上的权利；

⑩改编权，即改变作品，创作出具有独创性的新作品的权利；

⑪翻译权，即将作品从一种语言文字转换成另一种语言文字的权利；

⑫汇编权，即将作品或者作品的片段通过选择或者编排，汇集成新作品的权利；

⑬应当由著作权人享有的其他权利。

4. 著作权保护期

1)著作人身权的保护期

我国《著作权法》规定，作者的署名权、修改权、保护作品完整权的保护期不受限制。发表权的保护期为作者终生及其死亡后五十年，截止于作者死亡后第五十年的12月31日；如果是合作作品，截止于最后死亡的作者死亡后第五十年的12月31日。

法人或者非法人组织的作品、著作权（署名权除外）由法人或者非法人组织享有的职务作品，其发表权的保护期为五十年，截止于作品创作完成后第五十年的12月31日。

视听作品，其发表权的保护期为五十年，截止于作品创作完成后第五十年的12月31日。

2)著作财产权的保护期

我国《著作权法》规定,自然人著作财产权的保护期为作者终生及其死亡后五十年,截止于作者死亡后第五十年的 12 月 31 日;如果是合作作品,截止于最后死亡的作者死亡后第五十年的 12 月 31 日。

法人或者非法人组织的作品、著作权(署名权除外)由法人或者非法人组织享有的职务作品的著作财产权的保护期为五十年,截止于作品首次发表后第五十年的 12 月 31 日,但作品自创作完成后五十年内未发表的,不再保护。

视听作品,著作财产权的保护期为五十年,截止于作品首次发表后第五十年的 12 月 31 日,但作品自创作完成后五十年内未发表的,不再保护。

5. 著作权侵权行为

我国《著作权法》第五十二条规定,有下列侵权行为的,应当根据情况,承担停止侵害、消除影响、赔礼道歉、赔偿损失等民事责任:

(1)未经著作权人许可,发表其作品的;
(2)未经合作作者许可,将与他人合作创作的作品当作自己单独创作的作品发表的;
(3)没有参加创作,为谋取个人名利,在他人作品上署名的;
(4)歪曲、篡改他人作品的;
(5)剽窃他人作品的;
(6)未经著作权人许可,以展览、摄制视听作品的方法使用作品,或者以改编、翻译、注释等方式使用作品的,著作权法另有规定的除外;
(7)使用他人作品,应当支付报酬而未支付的;
(8)未经视听作品、计算机软件、录音录像制品的著作权人、表演者或者录音录像制作者许可,出租其作品或者录音录像制品的原件或者复制件的,著作权法另有规定的除外;
(9)未经出版者许可,使用其出版的图书、期刊的版式设计的;
(10)未经表演者许可,从现场直播或者公开传送其现场表演,或者录制其表演的;
(11)其他侵犯著作权以及与著作权有关的权利的行为。

我国《著作权法》第五十四条规定:侵犯著作权或者与著作权有关的权利的,侵权人应当按照权利人因此受到的实际损失或者侵权人的违法所得给予赔偿;权利人的实际损失或者侵权人的违法所得难以计算的,可以参照该权利使用费给予赔偿。对故意侵犯著作权或者与著作权有关的权利且情节严重的,可以按照上述方法确定数额的一倍以上五倍以下给予赔偿。权利人的实际损失、侵权人的违法所得、权利使用费难以计算的,由人民法院根据侵权行为的情节,判决给予五百元以上五百万元以下的赔偿。

6. 著作权合理使用

合理使用是指著作权人以外的主体,在法律规定的情形下,可以不经著作权人许可,不向著作权人支付报酬而使用作品的制度。在法定合理使用情形下,应当指明作者姓名或者名称、作品名称,并且不得影响该作品的正常使用,也不得不合理地损害著作权人的合法权益。我国《著作权法》规定的合理使用情形有:

(1)为个人学习、研究或者欣赏,使用他人已经发表的作品;
(2)为介绍、评论某一作品或者说明某一问题,在作品中适当引用他人已经发表的作品;
(3)为报道新闻,在报纸、期刊、广播电台、电视台等媒体中不可避免地再现或者引用已经发表的作品;
(4)报纸、期刊、广播电台、电视台等媒体刊登或者播放其他报纸、期刊、广播电台、电视台等

媒体已经发表的关于政治、经济、宗教问题的时事性文章,但著作权人声明不许刊登、播放的除外;

(5)报纸、期刊、广播电台、电视台等媒体刊登或者播放在公众集会上发表的讲话,但作者声明不许刊登、播放的除外;

(6)为学校课堂教学或者科学研究,翻译、改编、汇编、播放或者少量复制已经发表的作品,供教学或者科研人员使用,但不得出版发行;

(7)国家机关为执行公务在合理范围内使用已经发表的作品;

(8)图书馆、档案馆、纪念馆、博物馆、美术馆、文化馆等为陈列或者保存版本的需要,复制本馆收藏的作品;

(9)免费表演已经发表的作品,该表演未向公众收取费用,也未向表演者支付报酬,且不以营利为目的;

(10)对设置或者陈列在公共场所的艺术作品进行临摹、绘画、摄影、录像;

(11)将中国公民、法人或者非法人组织已经发表的以国家通用语言文字创作的作品翻译成少数民族语言文字作品在国内出版发行;

(12)以阅读障碍者能够感知的无障碍方式向其提供已经发表的作品;

(13)法律、行政法规规定的其他情形。

此外,对与著作权有关的权利(邻接权)的限制同样适用上述规定。

【案例分享】 "人人影视字幕组"侵犯著作权罪案,即梁永平、王正航等十五人侵犯著作权罪案,已根据上海市第三中级人民法院(2021)沪03刑初101号刑事判决书、上海市杨浦区人民法院(2021)沪0110刑初826号刑事判决书判决。

【案情摘要】 自2018年起,被告人梁永平先后成立武汉链世界科技有限公司、武汉快译星科技有限公司,指使被告人王正航聘用被告人万萌军等人作为技术、运营人员,开发、运营"人人影视字幕组"网站及Android、iOS、Windows、macOSX、TV等客户端;被告人梁永平又聘用被告人谢明洪等人组织翻译人员,从境外网站下载未经授权的影视作品,翻译、制作、上传至相关服务器,通过所经营的"人人影视字幕组"网站及相关客户端对用户提供免费在线观看和下载服务。

经鉴定及审计,"人人影视字幕组"网站及相关客户端内共有未授权影视作品32 824部,会员数量共计683万余人。自2018年1月至案发,上述各渠道非法经营数额总计人民币1200余万元。

上海市第三中级人民法院、上海市杨浦区人民法院认为,被告人梁永平、王正航等十五名被告人结伙,以营利为目的,未经著作权人许可,复制发行他人作品,属于有其他特别严重情节,其行为均已构成侵犯著作权罪。上海市第三中级人民法院判处主犯被告人梁永平有期徒刑三年六个月,并处罚金;上海市杨浦区人民法院判处被告人王正航等十四名从犯一年六个月至三年不等的有期徒刑,适用缓刑,并处罚金。一审判决后,十五名被告人均未上诉。

【典型意义】 本案影视作品众多且权利人分散,判决阐述了如何认定"未经授权"及未经授权影视作品的数量等法律适用问题,有力打击了侵犯著作权的犯罪行为,依法追究组织者及主要参与者的刑事责任,贯彻了宽严相济的刑事政策。

【案例来源】 国家知识产权局网站"最高人民法院发布2021年中国法院10大知识产权案件和50件典型知识产权案例",网址为https://www.cnipa.gov.cn/art/2022/4/22/art_2863_174920.html。

(三)商标权

1. 定义

商标权是商标所有人对其商标所享有的独占的、排他的权利。商标是用以区别商品和服务不同来源的商业性标志,由文字、图形、字母、数字、三维标志、颜色组合、声音或者上述要素的组合构成。商标是一种无形资产,具有经济价值,商标权人拥有注册商标的专有使用权、禁止权、转让权等。其中最重要的是专有使用权,它是指商标权人可在核定的商品或服务上享有该商标的使用权,并通过使用获得合法权益,这种权利是独占的、排他的。

2. 商标权有效期

中国商标权的获得必须履行商标注册程序,而且实行申请在先原则。注册商标的有效期为10年,自核准注册之日起计算,期满需继续使用的应当在期满前12个月内申请续展,在此期间内未能申请的,可再给予6个月的宽展期。续展可无限重复进行,每次续展注册的有效期为10年。

3. 商标权侵权行为

我国《商标法》(指《中华人民共和国商标法》)第五十七条规定,有下列行为之一的,均属侵犯注册商标专用权:

(1)未经商标注册人的许可,在同一种商品上使用与其注册商标相同的商标的;

(2)未经商标注册人的许可,在同一种商品上使用与其注册商标近似的商标,或者在类似商品上使用与其注册商标相同或者近似的商标,容易导致混淆的;

(3)销售侵犯注册商标专用权的商品的;

(4)伪造、擅自制造他人注册商标标识或者销售伪造、擅自制造的注册商标标识的;

(5)未经商标注册人同意,更换其注册商标并将该更换商标的商品又投入市场的;

(6)故意为侵犯他人商标专用权行为提供便利条件,帮助他人实施侵犯商标专用权行为的;

(7)给他人的注册商标专用权造成其他损害的。

另外,《商标法》第十条规定,下列标志不得作为商标使用:

(1)同中华人民共和国的国家名称、国旗、国徽、国歌、军旗、勋章等相同或者近似的,以及同中央国家机关的名称、标志、所在地特定地点的名称或者标志性建筑物的名称、图形相同的;

(2)同外国的国家名称、国旗、国徽、军旗等相同或者近似的,但经该国政府同意的除外;

(3)同政府间国际组织的名称、旗帜、徽记等相同或者近似的,但经该组织同意或者不易误导公众的除外;

(4)与表明实施控制、予以保证的官方标志、检验印记相同或者近似的,但经授权的除外;

(5)同"红十字""红新月"的名称、标志相同或者近似的;

(6)带有民族歧视性的;

(7)带有欺骗性,容易使公众对商品的质量等特点或产地产生误认的;

(8)有害于社会主义道德风尚或者有其他不良影响的。

县级以上行政区划的地名或者公众知晓的外国地名,不得作为商标。但是,地名具有其他含义或者作为集体商标、证明商标组成部分的除外;已经注册的使用地名的商标继续有效。

4. 商标权的申请

申请商标权有以下三种方式:

(1)申请人可自行通过国家知识产权局商标局中国商标网的网上服务系统在线提交商标注册申请,商标申请网上服务系统网址为 http://sbj.cnipa.gov.cn/sbj/wssq/。

(2)申请人可到以下地点办理商标注册申请。

①到国家知识产权局商标局委托地方市场监管部门或知识产权部门设立的商标业务受理窗口办理。

②到国家知识产权局商标局在京外设立的商标审查协作中心办理。

③到国家知识产权局商标局驻中关村国家自主创新示范区办事处办理。

④到国家知识产权局商标局商标注册大厅办理。

(3)申请人委托在国家知识产权局备案的商标代理机构办理。

【案例分享】 湖南省长沙市雨花区市场监督管理局查处侵犯"茶颜悦色"注册商标专用权案。

【案情摘要】 2021年3月,"茶颜悦色"商标注册人向湖南省长沙市雨花区市场监督管理局反映当事人湖南高桥大市场露露商行销售侵犯"茶颜悦色"注册商标(见图6-8)专用权的商品。执法人员现场检查,发现当事人湖南高桥大市场露露商行销售的两款奶茶产品使用与"茶颜悦色"注册商标近似的图文组合商标(见图6-9)。经查,当事人湖南高桥大市场露露商行于2020年12月从许昌茶颜悦色食品有限公司以每件120元的价格购进共计800件与"茶颜悦色"注册商标近似的图文组合商标产品,共花费9.6万元;实际到货903件,退货265件。2021年1月2日至3月18日,当事人湖南高桥大市场露露商行以144元至156元每件不等的价格销售638件,经营额为9.3万元。

图6-8 "茶颜悦色"注册商标　　图6-9 与"茶颜悦色"注册商标近似的图文组合商标

案件查办过程中,当事人湖南高桥大市场露露商行提供了证明其销售的商品具有合法来源的证据材料。但是办案机关认为,当事人作为从业23年的食品批发商,与商标注册人同处长沙,理应知晓"茶颜悦色"的知名度与影响力,且在连续两次收到权利人警告后仍未停止宣传及销售行为,当事人属于主观上明知应知,不符合销售商不知道是侵犯注册商标专用权商品的免责要件。

长沙市雨花区市场监督管理局认定,当事人构成《商标法》第五十七条第三项规定的侵权行为。2021年5月14日,该局依据《商标法》第六十条第二款规定,责令当事人湖南高桥大市场露露商行立即停止侵权行为,并做出罚款30万元的行政处罚。

【案例来源】 国家知识产权局网站"2021年度知识产权行政保护典型案例发布",网址为https://www.cnipa.gov.cn/art/2022/4/26/art_2870_175227.html。

(四)其他知识产权

1. 地理标志权

地理标志产品是指产自特定地域,所具有的质量、声誉或其他特性本质上取决于该产地的自然因素和人文因素,经审核批准以地理名称进行命名的产品,包括来自本地区的种植、养殖产品及原材料来自本地区并在本地区按照特定工艺生产和加工的产品。我国自1994年将地理标志纳入商标法律保护范畴。适用地理标志保护的商品范围,原则上不宜超过农产品、食品、葡萄酒、烈性酒的范畴。

2. 商业秘密权

商业秘密,是指不为公众所知悉,具有商业价值,并经权利人采取相应保密措施保密的技术信息、经营信息等商业信息。商业秘密是知识产权的客体。我国《反不正当竞争法》(指《中华人民共和国反不正当竞争法》)规定的关于商业秘密的侵权行为有:

(1)以盗窃、贿赂、欺诈、胁迫、电子侵入或者其他不正当手段获取权利人的商业秘密;

(2)披露、使用或者允许他人使用以前项手段获取的权利人的商业秘密;

(3)违反保密义务或者违反权利人有关保守商业秘密的要求,披露、使用或者允许他人使用其所掌握的商业秘密;

(4)教唆、引诱、帮助他人违反保密义务或者违反权利人有关保守商业秘密的要求,获取、披露、使用或者允许他人使用权利人的商业秘密。

同时,《反不正当竞争法》第九条规定:第三人明知或者应知商业秘密权利人的员工、前员工或者其他单位、个人实施以上违法行为,仍获取、披露、使用或者允许他人使用该商业秘密的,视为侵犯商业秘密。

3. 植物新品种权

植物新品种是指经过人工培育的或者是人们对发现的野生植物加以开发而形成的,具备新颖性、特异性、一致性、稳定性,并有适当的命名的植物品种。完成育种的单位和个人对其授权的品种,享有排他的独占权,即拥有植物新品种权。

我国藤本植物、林木、果树和观赏树木的品种权保护期限为20年,其他为15年。

植物新品种权保护的最终目的是鼓励更多的组织和个人向植物育种领域投资,从而有利于育成和推广更多的植物新品种,推动我国的种子工程建设,促进农林业生产的不断发展。植物新品种权保护的主管部门是国务院林业、农业行政部门,保护的对象不是植物品种本身,而是植物育种者应当享有的权利。

4. 集成电路布图设计专有权

集成电路布图设计专有权是指通过申请注册后,依法获得的利用集成电路设计布图实现布图设计价值、得到商业利益的权利。它的内容包括复制权和商业利用权。我国集成电路布图设计专有权的保护期限为10年,但于布图设计完成之日起15年以后,不再受到保护。创作完成集成电路布图设计后,一定要进行登记,否则不能享有法律的专有保护。凡是使用他人已享有专有权的集成电路布图设计且用于商业目的,一定要经过原专有权人允许,支付一定的报酬,否则会涉嫌侵权。

第二节 经济法律信息检索

一、法律信息资源概述

(一)法律信息资源的定义

法律信息是一种资源。法律信息资源产生于立法、司法、执法、法学研究、司法实践等领域中。从狭义上讲,它通常以判例、习惯等表现出来;从广义上讲,它是记录了一切与法律有关的知识、情报等的载体,不仅包括了法律信息,还包括了法制信息和法学信息等。此处从广义的角度论述法律信息资源,对法律信息资源的概念可做如下定义:法律信息资源是指在立法、司法、执法、法学研究和法律实践等领域活动中所交流的有关法律知识、法律情报的总和。

(二)法律信息资源的分类

法律信息资源与经济文献、科技文献一样,采用不同的划分标准可分为不同类型。

从文献物质载体的角度划分,可分为印刷型文献、声像型文献、电子版文献、网络版文献等。

从文献加工处理深度的角度划分,可分为一次文献、二次文献、三次文献等。法律方面的一次文献,是直接记录由立法机关制定的、国家政权保证执行的行为规则而形成的文献,包括立法机构通过的法律、法规,法院的判决和裁定,行政法规和条例、司法判例,条约等。法律方面的二次文献是指文献工作者对法律原始文献进行整理、加工、编排而成的法律文献,如法律方面的书目、索引、文摘以及书目数据库等。法律方面的三次文献是指根据需要对一次文献或二次文献所载内容进行分析、综合、评论而形成的文献,如法律方面的综述、百科全书、年鉴、手册等。

从文献的学科属性的角度划分,可分为法学理论、宪法、法律法规、法律法规司法解释、判例、案例、经济或科技公约和协定、合同范本以及法律文书等。

法律文献按出版形式可以分为图书、期刊、报纸、专利、标准、会议、学位论文、政府公报等。

二、经济法律体系

经济活动是人类的基本活动,经济是社会发展的基础,经济类学科亦是中国大学教育重要的学科之一,教育部制定的《普通高等学校本科专业目录》将经济类学科设为经济学、财政学、金融学、经济与贸易四个专业大类,其中以研究经济活动和社会经济关系为对象的经济学涉及的领域最广,是社会科学中门类最多的一门科学。

理论界常把经济学分为三类:一是研究社会经济关系及其变化规律的理论经济学,它是各门经济学科的理论基础;二是研究各个部门经济活动的应用经济学,包括农业经济学、工业经济学、商业经济学、财政学、金融学等;三是研究各部门生产力组织及其经济效益的技术经济学,例如生产力经济学、国土经济学等。目前经济学的分支已发展到几十个,随着经济社会和学科的发展,经济学的分支学科、边缘学科还在不断地产生。

国家为保证国民经济的持续稳定健康发展,依职能通过法律手段对市场经济活动进行管理和协调,在对市场运行进行规划、引导、监督、控制、组织、调节时制定了一系列相关法律法规。经济法规就是国家调整经济活动时所发生的各种经济关系的法律规范的总称。它是国家调节引导市场经济健康发展的重要工具和手段,也是各类经济组织和个人进行经济活动必须遵循的行为准则。经济法规所涉及的内容非常广泛,它包括社会生产、交换、分配和消费过程中的各种法律规范。经济法规对于社会主义市场经济的健康发展具有十分重要的意义。系统地掌握经济法律法规信息资源及检索技能,有利于高效便捷地获取所需要的特定的经济信息。

对于经济管理学科本科、专科学生而言,日常所涉及的经济法律信息资源类型多,对经济法律体系进行梳理说明可以帮助了解和掌握经济法律法规。

经济法律体系是由市场主体法、市场规制法、宏观调控法等法律规范构成的一个有机整体。市场主体法、市场规制法、宏观调控法是经济法的三大组成部分,每一部分又由若干子部门法律组成。经济法规所涉及的内容包括社会生产、交换、分配和消费过程中的各种法律规范,按其所调整的经济关系,可以分为以下几个部分:

(1)调整市场经济运行中的纵向经济关系(包括中央和地方、国家和企业的关系)的法规,如财政法、税收法、物价法、统计法、投资法等。

(2)调整企业之间在市场经济活动中所发生的横向经济关系的法规,主要有经济合同法、产权法、竞争法、反垄断法等。

(3)调整企业内部经济关系的法规,如工厂法、商业企业法等。

(4)调整企业及其他社会组织与公民之间的经济关系的法规,如关于个体工商户与法人之间订立经济合同的法规。

(5)调整对外经济关系的法规,主要有海关法、中外合资经营企业法、中外合作企业法、外资企业法、涉外经济合同法等。

(6)调整在自然资源利用和环境保护方面所发生的各种经济关系的法规,包括森林法、土地法、能源法、矿产资源法、草原法、渔业法、环境保护法等。

此外,还有一些综合性的、对多方面经济关系都起一定调节作用的经济法规,如专利法、劳动工资法、社会福利法、破产法、股份经济法、保险法等。各部分的经济法规共同构成了我国社会主义市场经济体制下的经济法规体系。①

在日常学习中,为方便查询和使用,对经济法律体系进行梳理,主要有以下六种类型的法律法规。

(一)企业类法律法规

企业类法律法规主要是调整市场主体的法律规范,主要法律法规如下:

(1)《中华人民共和国公司法》以及相关司法解释,主要是规范公司的组织和行为,保护公司、股东和债权人的合法权益,维护社会经济秩序,促进社会主义市场经济发展的法律规定。

(2)《中华人民共和国合伙企业法》,是规范合伙企业的行为,保护合伙企业及其合伙人、债权人的合法权益,维护社会经济秩序,促进社会主义市场经济发展的法律规定。

(3)《中华人民共和国个人独资企业法》,是规范个人独资企业的行为,保护个人独资企业投资人和债权人的合法权益,维护社会经济秩序,促进社会主义市场经济发展的法律规定。

(4)《中华人民共和国企业破产法》以及相关司法解释,是规范企业破产程序,公平清理债权债务,保护债权人和债务人的合法权益,维护社会主义市场经济秩序的法律规定。

(5)《上市公司收购管理办法》,是规范上市公司的收购及相关股份权益变动活动,保护上市公司和投资者的合法权益,维护证券市场秩序和社会公共利益,促进证券市场资源的优化配置的法律规范。另外还有一项规范企业内部控制的基本规范等。

(二)合同、担保类法律法规

合同、担保类法律法规是调整企业之间在市场经济活动中所发生的横向经济关系的法规,主要法律法规如下:

(1)《中华人民共和国民法典》中关于合同的规定,包括商品房买卖合同、其他买卖合同、租赁合同、工程合同、运输合同等相关法规和司法解释。

(2)《中华人民共和国民法典》中关于担保的规定。

(三)证券、期货类法律法规

证券、期货类法律法规是宏观调控金融市场运行关系的法律规范,主要法律法规如下:

---

① 赵林如.中国市场经济学大辞典[M].北京:中国经济出版社,2019:710.

(1)《中华人民共和国证券法》,是规范证券发行和交易行为,保护投资者的合法权益,维护社会经济秩序和社会公共利益,促进社会主义市场经济发展的法律规定。还有一些证券发行、交易管理、上市公司证券发行细则等相关的法律法规。

(2)《期货交易管理条例》,是规范期货交易行为,加强对期货交易的监督管理,维护期货市场秩序,防范风险,保护期货交易各方的合法权益和社会公共利益,促进期货市场积极稳妥发展的法律规定。同时也有关于期货公司监督管理、期货交易所管理等的法律法规。

(四)保险、票据、信托类法律法规

保险、票据、信托类法律法规是宏观调控保险业、票据行为、信托业关系的法律规范,主要法律法规如下:

(1)《中华人民共和国保险法》及其司法解释,是规范保险活动,保护保险活动当事人的合法权益,加强对保险业的监督管理,维护社会经济秩序和社会公共利益,促进保险业健康发展的法律法规。

(2)《中华人民共和国票据法》,是规范票据行为,保障票据活动中当事人的合法权益,维护社会经济秩序,促进社会主义市场经济发展的法律规定。

(3)《中华人民共和国信托法》,是调整信托关系,规范信托行为,保护信托当事人的合法权益,促进信托事业的健康发展的法律规定。

(五)经济贸易类法律法规

经济贸易类法律法规是对经济贸易规制关系进行调整的法律规范,主要法律法规如下:

(1)《中华人民共和国反不正当竞争法》,是促进社会主义市场经济健康发展,鼓励和保护公平竞争,制止不正当竞争行为,保护经营者和消费者的合法权益的法律规定。

(2)《中华人民共和国反垄断法》,是预防和制止垄断行为,保护市场公平竞争,提高经济运行效率,维护消费者权益和社会公共利益,促进社会主义市场经济健康发展的法律规定。

(3)《中华人民共和国消费者权益保护法》,是保护消费者合法权益,维护社会经济秩序,促进社会主义市场经济健康发展的法律规定。

还有一些反补贴、反倾销、招投标等方面的法律法规。

(六)税收、财会类法律法规

税收、财会类法律法规是调整市场经济运行中的纵向经济关系的法规,包括中央和地方、国家和企业的关系。

(1)《中华人民共和国税收征收管理法》,是加强税收管理,规范税收和缴纳行为,保障国家税收收入,保护纳税人的合法权益,促进经济和社会发展的法律规定。

(2)《中华人民共和国企业所得税法》,是规范在中华人民共和国境内的企业和其他取得收入的组织等企业所得税的纳税人的行为,使其依照规定缴纳企业所得税的法律规定。

(3)《中华人民共和国会计法》,是规范会计行为,保障会计资料真实、完整,加强经济管理和财务管理,提高经济效益,维护社会主义市场经济秩序的法律规定。

此外,还有一些综合性的、对多方面经济关系都起一定调节作用的经济法规,也是需要经常查询和使用的。

三、经济法律信息资源及检索

(一)经济法律、法规资料汇编

我们通常可以利用法律、法规汇编等文献,通过综合类汇编、专题类汇编、回溯类汇编、最新

汇编查找经济相关法律、法规。经济类学科法规汇编主要有：

（1）《中华人民共和国经济法律法规全书》，2021年由中国法制出版社修订出版。该书涵盖经济领域常用法律、行政法规、国务院文件、部门规章、规范性文件、司法解释及相关示范文本，书中收录文件均为经过全国人大及其常委会、国务院及部委清理修改后的现行有效标准文本，方便读者及时掌握最新法律文件。

（2）《中华人民共和国对外经济法律法规汇编》，2001年出版。该书是中国对外贸易经济合作部外经贸企管协会与全国人大常委会法工委联合编写的一部对外经济法律方面的大型工具书，全书涵盖了中华人民共和国成立以来对外经济的法律法规，具有权威性、全面性的特点。

（3）《中国利用外资法律法规文件汇编》，汇聚了中国利用外资法律法规立、改、废的全部情况，并将其分门别类，依次分为综合、行业、工商、海关、外汇、金融、高新技术、进出口、财税、土地、其他等若干部分。

（4）《中华人民共和国金融法律法规全书》，中国法制出版社出版。该书收录金融领域常用法律、行政法规、部门规章、司法解释、相关政策及相关规范性文件，同时收录该领域最高人民法院和最高人民检察院公布的典型案例。

（5）《中华人民共和国现行会计法律法规汇编》，2021年由《中华人民共和国现行会计法律法规汇编》编委会编，上海立信会计出版社出版。该书收集了截至2020年12月31日国家出台的会计法规和会计准则，分为四个部分：第一部分为综合性会计法规，包括统驭性会计法规、综合性会计基础工作管理法规、综合性会计电算化管理相关法规和会计人员管理法规等；第二部分为企业会计相关法规，包括企业会计准则及其配套法规、管理会计指引体系、企业税收政策通知、企业内部控制相关法规等；第三部分为行政事业单位法规汇编，包括政府会计准则、政府会计制度、政府采购、行政事业单位内部控制等方面的法规；第四部分为审计相关法规，包括国家审计综合性法规及内部审计相关法规等。

另外还有市场监管、财税、公司、经贸、证券等方面的法律法规汇编。

（二）经济法律数据库资源检索

1. 北大法宝数据库

"北大法宝"是由北京大学法律人工智能实验室与北大英华科技有限公司联合推出的智能型法律信息检索系统，包括法律法规、司法案例、法学期刊、律所实务、专题参考、英文译本、法宝视频、检察文书、司法考试等检索系统，涵盖法律法规规章、司法解释、司法案例、仲裁裁决、裁判文书、中外条约、合同范本、法学教程、法学论文、法学期刊、参考数据及WTO法律文件等中国法律信息各个方面。网址：https://www.pkulaw.com。检索界面如图6-10所示。

图6-10 北大法宝数据库检索界面

2. 中国法律资源库

中国法律资源库是北大法意教育频道的一个子系统，是由北京法意科技有限公司为高校用户量身定制的在线法律资源信息服务平台。中国法律资源库主要包括法律法规数据库群和司法案例数据库群两大基础,以及热点信息、合同范本、法律文书、法学论著、法学辞典、法律资讯六大模块。网址：http://www.lawyee.org/。界面所图 6-11 所示。

图 6-11　中国法律资源库界面

3. 万律数据库

万律(Westlaw China)是汤森路透法律信息集团基于 Westlaw 法律信息平台的技术和经验打造的智能化中国法律信息双语数据库,涵盖了由中央政府机关及全国 31 个省、直辖市、自治区政府自 1949 年以来所颁布的超过 1 048 849 条法律法规。根据用户的不同需求,除了传统的法律层级分类方式外,还提供了更人性化的主题分类方式。万律数据库对法律法规库进行梳理,将法律法规分为知识产权、外商投资、证券、保险、银行、外汇、上海自贸区等 43 个主题分类。其中万律时讯提供每日最新的行业资讯,包括经过法律编辑团队精心筛选和编辑的信息和资讯,内容涵盖新法快递、审判参考、立法趋势、政策指导、法律和财经方面的时事信息等。网址：http://www.westlawchina.com/index_cn.html。界面如图 6-12 所示。

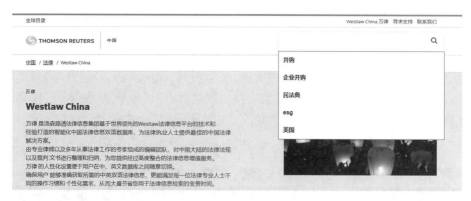

图 6-12　万律数据库界面

4. 国家法律法规数据库

国家法律法规数据库于 2021 年 2 月 24 日正式开通。目前的国家法律法规数据库贯彻了公益性、权威性、开放性、及时性和共建共享原则,收录了宪法和现行有效法律 275 件,法律解释 25 件,有关法律问题和重大问题的决定 147 件,行政法规 609 件,地方性法规、自治条例和单行条例、经济特区法规 16 000 余件,司法解释 637 件,涵盖了中国特色社会主义法律体系最主要的内容,利用该库查询与经济相关的法律法规十分便捷。网址：https://flk.npc.gov.cn/index.html。界面如图 6-13 所示。

图 6-13　国家法律法规数据库界面

5. 注册会计师行业法律法规库

注册会计师行业法律法规库（常被简称为中注协法规库）自上线运行以来，为全国 8300 余家会计师事务所免费提供法律法规的查询检索服务。中注协法规库含有法规、财税动态、案例、实务指南等栏目，不仅包括国家基础法律法规，还包括财政、金融、会计、审计、税务、海关、外汇、证券等相关领域的法律法规，并且覆盖各省、直辖市、自治区以及地级市、区、自治州（县）发布的规章制度，对提高执业质量、控制审计风险、拓展业务起到了重要作用。网址：https://cicpa.wkinfo.com.cn。界面如图 6-14 所示。

图 6-14　注册会计师行业法律法规库界面

6. 万方中国法律法规数据库

万方中国法律法规数据库收录始于 1949 年，数据源自国家信息中心，权威、专业，涵盖国家法律法规、行政法规、地方法规、国际条约及惯例、司法解释、合同范本等。网址：https://c.wanfangdata.com.cn/claw。界面如图 6-15 所示。

图 6-15　万方中国法律法规数据库界面

7. "法律之星"

"法律之星"检索系统涵盖了中央和地方政府批准和颁布的各类现行法律、行政法规、部门规章、司法解释、规范性文件等，中国与各国签订的经济协定、科技协定和双边条约，有关贸易、保险、金融等的多边条约、国际公约、国际商业惯例，最高人民法院公布的典型案例、司法裁判文书，香港特区立法会、台湾地区立法机构制定的经济法律、法规以及国家工商行政管理局示范合同式样和合同范本、常用文书范本和格式文书等。网址：http://law.law-star.com/html/lawsearch.htm。界面如图 6-16 所示。

另外，利用中国知网中国法律数字图书馆、月旦知识库等数据库也可查询经济法相关法律、法规信息，在这里就不一一列举。

图 6-16 "法律之星"检索界面

（三）其他网络经济法律资源检索

1. 法律网站

1）经济法网

经济法网（http://www.cel.cn/Home/）是新一代经济法学习交流平台，提供论文及其他出版物、课题、活动、智库等各种分类的优秀内容和交流平台，提供简单便捷的经济法学习交流服务。

2）中国商法网

中国商法网（http://www.commerciallaw.com.cn/）是一家公益性学术网站，力求为读者提供更及时有效和充分的学术信息与资料，以求增进商法学科及相关法学学科发展。网站设有民法、商法、经济法、比较法、公司法、保险法、票据法、证券法、破产法等多个栏目，内容包含法律、财经、管理、历史、文学等多个门类，收录文章近万篇，资料翔实丰富。

3）中国财税法网

中国财税法网（http://www.cftl.cn）是以财税法教学和研究为主、融财税法理论与实务于一体的学术性专业网站，旨在为广大财税法理论研究者和实务研究者提供展示学术成果的前沿窗口，目前已经成为全国财税法学理论研究和学科建设的重要平台。

4）中国会计学会网站

中国会计学会（http://www.asc.net.cn/Learning/Regulation.aspx）是财政部所属，由全国会计领域各类专业组织，会计理论界、实务界专业人员自愿结成的学术性、专业性、非营利性社会组织。在其法规资料库中包含会计法规、会计准则、审计法规、内控法规、税收法规、金融法规、工商法规、其他财会法规、国际财务报告准则、国外会计准则等相关分类。

5）其他

其他与经济相关的法律网站整理如表 6-2 所示。

表 6-2 其他与经济相关的法律网站

序号	网 站 名 称	网　址
1	国家企业信用信息公示系统	http://www.gsxt.gov.cn/
2	中国机构检索	http://guide.conac.cn/
3	中国版权保护中心	http://www.ccopyright.com/
4	全国组织机构统一社会信用代码数据服务中心	https://www.cods.org.cn/
5	中国执行信息公开网	http://zxgk.court.gov.cn/
6	中国土地市场网	https://www.landchina.com/

2. 政府机构网站

1) 中华人民共和国商务部全球法律法规网

利用中华人民共和国商务部全球法律法规网（http://policy.mofcom.gov.cn/claw/index.shtml）可查找中国商务法规、中外条约、境外法规、国际条约、出口商品技术指南、一带一路等信息。

2) 国家发展和改革委员会网站

利用国家发展和改革委员会网站（https://www.ndrc.gov.cn/）可查找有关国民经济和社会发展战略、中长期规划和年度发展计划，财政、金融等部门以及其他国民经济和社会发展的情况，宏观经济的预测、预警等信息。

3) 国家统计局网站

国家统计局网站（http://www.stats.gov.cn/）发布最新、最全面的统计信息，为社会公众提供完善周到的统计服务，包括新闻公报、统计年鉴、分析报告、数据查询、统计制度、政策法规、统计站点、统计报刊、国际统计、统计教育、统计科研、统计咨询、政务公开等频道，提供了中国统计年鉴的统计数据，用户可获得统计信息、统计动态、统计标准、统计分析、统计出版、统计法规、统计管理等信息。该网站链接了各级统计部门及各级政府网站。

4) 中国国际经济贸易仲裁委员会网站

中国国际经济贸易仲裁委员会（http://www.cietac.org.cn/）是以仲裁的方式，独立、公正地解决契约性或非契约性的经济贸易等争议的常设商事仲裁机构，是中国国际贸易促进委员会根据中央人民政府政务院1954年5月6日的决定于1956年4月设立的，当时名称为对外贸易仲裁委员会。中国实行对外开放政策以后，为了适应国际经济贸易关系不断发展的需要，对外贸易仲裁委员会于1980年改名为对外经济贸易仲裁委员会，又于1988年改名为中国国际经济贸易仲裁委员会，自2000年10月1日起同时启用"中国国际商会仲裁院"的名称。其网站提供与经济相关的中国法资料、外国法资料、国际公约及惯例、外国仲裁机构仲裁规则、中英文法律等资料查询服务。

5) 其他

其他与经济法律相关的政府机构网站整理如表6-3所示。

表6-3 其他与经济法律相关的政府机构网站

序号	网站名称	网址
1	中华人民共和国财政部	http://www.mof.gov.cn/
2	中华人民共和国商务部	http://www.mofcom.gov.cn/
3	中华人民共和国司法部	http://www.moj.gov.cn/
4	中国人民银行	http://www.pbc.gov.cn/
5	国家税务总局	http://www.chinatax.gov.cn/
6	中华人民共和国海关总署	http://www.customs.gov.cn/
7	国务院国有资产监督管理委员会	http://www.sasac.gov.cn/
8	中国银行保险监督管理委员会	http://www.cbirc.gov.cn/
9	中国证券监督管理委员会	http://www.csrc.gov.cn/
10	国家外汇管理局	http://www.safe.gov.cn/
11	国家知识产权局	http://www.sipo.gov.cn/

3. 经济法律媒体网站

通过经济法律媒体网站可以了解最新的经济法律事件、人物、法律法规等信息。

1) 中国经济网

中国经济网(http://www.ce.cn/)是经济日报社主办的国家级重点新闻网站,以经济报道和经济信息传播为主,拥有包括新闻中心、宏观经济、财经证券、产业市场、时尚生活五大板块二十多个精品频道,设置多个中国经济网地方频道,内容覆盖汽车、地产、家电、通信、医药、服装服饰等中国主要经济产业,并有CE指数、CE图表、中经社区、名人聊天等特色内容。

2) 中国经济法制报社官网

中国经济法制报社官方网站(http://www.zgjjfzbs.com/)是经国家工业和信息化部正式批准备案的一个公益性法律网站。该网站目前设置有特别关注、百姓反映、法制天地、法学讲堂、反腐倡廉、舆论监督、以案说法、社会与法、经侦聚焦等主要栏目,已成为倾听民声、体恤民意、熟知民心、反映民情、为民解愁的权威性法律资讯平台。

3) 经济与法信息周刊

经济与法信息周刊(http://www.news168.net.cn/)是由环球新闻时报主管、经济与法互联网信息服务有限公司主办的一份国家级大型新闻信息经济法制类周刊,创办于2010年3月,源于1990年创办的环球新闻时报,以服务于经济法制信息资料的发布和采编为主。

4) 法制经济观察网站

法制经济观察(http://www.fzjjgc.cn/)是由中国中央数字电视《法制与经济》栏目和中国国际卫视《法制经济观察》栏目共同指导、晋善晋美新媒体中心承办的法制经济类网站,它贴近实际、贴近群众、贴近生活,关注社会、关注民生、关注经济,聚焦法制,服务社会。

5) 经济观察网

经济观察网(http://www.eeo.com.cn/)是经济观察报旗下新媒体商业资讯平台,设有新闻报道、财经资讯、财经评论、名家专栏等频道,对网络注册用户开放经济观察报经济观察研究院的各项研究产品,包括每周商业情报、行业分析和专题研究报告等。

6) 中国经济新闻网

中国经济新闻网(https://www.cet.com.cn/)提供财经新闻、国研视点、企业周刊、家电周刊、网络经济周刊等内容。

(四)国际组织经济法律资源检索

1. WTO 法律资源检索

世界贸易组织,简称世贸组织或WTO,是一个独立于联合国的永久性国际组织,总部位于瑞士日内瓦,职能是调解纷争。它是贸易体制的组织基础和法律基础,还是众多贸易协定的管理者、各成员贸易立法的监督者,为贸易提供解决争端和进行谈判的场所。该组织是当代最重要的国际经济组织之一,其成员之间的贸易额占世界的绝大多数,因此也被称为"经济联合国"。

世贸组织是具有法人地位的国际组织,在调解成员争端方面具有极高的权威性。1995年1月1日,世界贸易组织正式开始运作;1996年1月1日,世界贸易组织正式取代关贸总协定临时机构;2001年12月11日,中国正式加入世界贸易组织;截至2020年5月,世界贸易组织有164个成员,24个观察员。

世界贸易组织的目标是建立一个完整的,包括货物、贸易、与贸易有关的投资及知识产权等内容的,更具活力、更持久的多边贸易体系,使之可以包括关贸总协定、贸易自由化的成果和乌拉圭回合多边贸易谈判的所有成果。

1) 纸质法律资源

世界贸易组织出版了许多与贸易有关的出版物，这些内容大多可以从 WTO 网站上下载，也可通过网络书店（当当、孔夫子等）购买，还可通过图书馆借阅。

2) WTO 官方网站

WTO 官方网站(https://www.wto.org/)提供英文、法文、西班牙文三种语言版本，提供关于世界贸易的全面介绍、"新闻和事件"、"贸易话题"、"世贸组织成员"、"文件、数据和资源"、"世贸组织和你"等几个板块。在"文件、数据和资源"板块(https://www.wto.org/english/res_e/res_e.htm)提供对 WTO 理事会和委员会的官方文件以及一系列其他资源的访问，例如贸易统计、经济研究、WTO 出版物、视频、音频和照片。在这里，用户还可以找到"法律文本"——构成 WTO 法律框架的 WTO 协议主体。WTO 官网界面如图 6-17 所示。

图 6-17　WTO 官网界面（中文）

还可以通过世界贸易法数据库、香港大学图书馆 WTO 资源中心等途径查找 WTO 的相关法律信息和资源。

2. 联合国法律资源检索

联合国是一个国际性组织，是在第二次世界大战后成立的一个由主权国家组成的政府间国际组织。1945 年 10 月 24 日，在美国旧金山签订的《联合国宪章》生效，联合国正式成立。联合国的宗旨是：维护国际和平与安全；发展国际间以尊重各国人民平等权利及自决原则为基础的友好关系；进行国际合作，以解决国际间经济、社会、文化和人道主义性质的问题，并促进对于全体人类的人权和基本自由的尊重。联合国会员国现有 193 个，设有 2 个观察员国（梵蒂冈和巴勒斯坦），此外还邀请国际组织、非政府组织、实体参与联合国事务。联合国有六个主要机关，即大会、安全理事会、经济及社会理事会、托管理事会、国际法院和秘书处。

1) 纸质法律资源

检索联合国的纸质文献资源，可以通过联合国托存图书馆。联合国托存图书馆目前在中国有 21 所，例如中国国家图书馆、中国政法大学图书馆、北京大学法学院图书馆等。检索联合国相关电子资源主要有商业数据库、联合国官方网站及下属机构官方网站、网络 OA 资源等几个途径。

2)联合国官方网站

联合国每年都会产生大量的文件,其中与经济相关的法律资源可通过其官方网站设立的系统和数据库查找,包括:

①联合国正式文件系统(https://documents.un.org/prod/ods.nsf/home.xsp)。联合国正式文件系统于1993年推出,2006年更新,提供包括1993年至今的全文文件、原生数字文件和有文号文件,以及1946年至1993年的扫描文件,包括主要机关的所有决议、全部安全理事会文件、大会正式记录等。界面如图6-18所示。

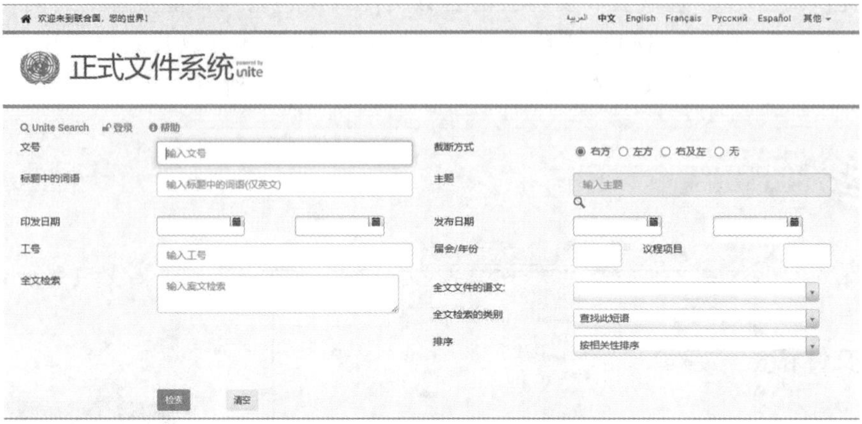

图6-18 联合国正式文件系统界面

②联合国国际贸易法委员会网站(http://www.uncitral.org)。该委员会制定现代、公平和协调的商业交易规则,其中包括全球可接受的公约、示范法律和规则、具有重要实用价值的法律和立法指南及建议、关于判例法和统一商法制定的最新信息、法律改革项目的技术援助、地区和国家统一商法研讨会法律等,包含国际商事仲裁、国际商事调解、国际货物销售、电子商务、破产、担保权益、网上争议解决、国际支付、国际货物运输等方面的法律法规信息。界面如图6-19所示。

图6-19 联合国国际贸易法委员会界面

③其他,例如:联合国国际条约集数据库(http://untreaty.un.org);国际商会(https://www.iccwbo.org);海牙国际私法协会数据库(http://www.hcch.net);国际货币基金组织数据库(https://www.IMF.org);OECD(经合组织)(https://www.oecd.org)。

思考题

1. 专利包含哪三种类型?保护期限分别是多久?
2. 哪些行为属于著作权侵权行为?
3. 哪些行为属于商标权侵权行为?
4. 简述法律信息资源的定义和分类。
5. 简述经济法律体系。

第七章　经济学科终身学习能力培养

第一节　利用信息检索获取学科拓展资源

一、经济类课程资源的获取

(一) 爱课程

爱课程(https://www.icourses.cn/home/)是教育部、财政部启动实施的"高等学校本科教学质量与教学改革工程"在"十二五"期间委托高等教育出版社建设的高等教育课程资源共享平台,旨在利用现代信息技术和网络技术,推动高校的教育教学改革,提高高等教育质量,以公益性为本,构建可持续发展机制,为高校、师生和社会学习者提供优质教育资源共享和个性化教学服务。自2011年11月9日开通以来,爱课程相继推出三项标志性成果——中国大学视频公开课、中国大学资源共享课和中国大学MOOC,受到学习者广泛好评,已成为国际领先、国内极具影响力的高等教育在线开放课程平台。爱课程首页如图7-1所示。

图 7-1　爱课程首页

推荐课程:"经济学原理",为国家级精品在线课程,是国内高校中较早为经济学和管理学专业一年级本科生开设的两学期的经济学原理课程,也是清华大学经管学院实施本科生大平台教育和国际经管类本科生教学体系接轨后开设的较有代表性的平台课程之一,同时也是经管学院特聘教授开设的首批课程之一。

主讲人:清华大学钱颖一、钟笑寒等。

课程地址:https://www.icourses.cn/sCourse/course_3004.html。

(二)中国大学 MOOC

MOOC 是"massive open online courses"(大规模网络开放课程)的缩写,提供一种任何人都能免费注册使用的在线教育模式。MOOC 有一套类似于线下课程的作业评估体系和考核方式。每门课程定期开课,整个学习过程包括多个环节,如观看视频、参与讨论、提交作业,穿插课程的提问和终极考试。

中国大学 MOOC(https://www.icourse163.org/)是由网易与高教社携手推出的在线教育平台,承接教育部国家精品开放课程任务,向大众提供中国知名高校的 MOOC。课程由各校教务处统一管理运作,高校创建课程,指定负责课程的教师,教师制作发布课程,所有教师都必须在高教社爱课程网实名认证过。教师新制作一门 MOOC 需要涉及课程选题、知识点设计、课程拍摄、录制剪辑等 9 个环节,课程发布后教师会参与论坛答疑解惑、批改作业等在线辅导,直到课程结束颁发证书。每门课程有教师设置的考核标准,若学生的最终成绩达到考核分数标准,学生可申请认证证书(电子版)。获取证书,意味着学生完成了学习,对这门课内容的理解和掌握达到了对应大学的要求。中国大学 MOOC 首页如图 7-2 所示。

图 7-2 中国大学 MOOC 首页

推荐课程:"管理会计",为国家精品在线开放课程。该课程受教育部人文社科重点研究基地厦门大学会计发展研究中心和厦门大学支持,是会计专业的主干专业课,同时也是其他管理相关专业的必修课。该课程以普及推广管理会计知识为目的,以介绍管理会计的基本概念和基本决策工具方法为主,包括管理会计概论、管理会计职业、成本性态分析、本量利分析和变动成本计算方法。该课程可以当作专业必修课程的支持课程,也可以当作非专业学生的入门课。修读该课程之后,学生可以进一步去学习管理会计的长短期决策应用工具及控制方法的应用工具。

主讲人:厦门大学郭晓梅。

课程地址:https://www.icourse163.org/course/XMU-1002608009?from=searchPage&outVendor=zw_mooc_pcssjg_。

(三)网易公开课

2010 年 11 月 1 日,中国领先的门户网站网易上线了国外名校的公开课课程(https://

open.163.com/），首批上线的公开课视频来自哈佛大学、牛津大学、耶鲁大学等世界知名学府，用户可以在线免费观看来自世界级名校的公开课课程以及可汗学院、TED等教育性组织的精彩视频，内容涵盖人文、社会、艺术、金融等领域。首批有1200集课程上线，其中有200多集配有中文字幕。2011年11月9日，网易宣布旗下网易公开课项目正式推出中国大学视频公开课，这也是继网易公开课上线后首次大规模上线国内大学的公开课程。网易公开课首页如图7-3所示。

图7-3　网易公开课首页

推荐课程："芝加哥大学公开课：理解全球经济"。该课程以跨学科视角观察全球经济的变化是如何从各个方面影响世界各国的。课程强调全球化及其在劳工、社会权利、自然资源开发和分配等问题上的正面和负面影响，同时提供了市场、贸易和全球金融危机的概况，对全球不同地区的案例分析被用于说明不同社会间的互联性以及它们在全球经济中的角色。其话题涉及大量学科，如历史、数学、经济学、文学、生物、环境科学、社会研究、人类学、世界研究、外语及外国文化。

主讲人：David Brady、Sabina Shaikh、Dan Brinkmeier等。

课程地址：https://open.163.com/newview/movie/courseintro? newurl=％2Fspecial％2Fopencourse％2Fglobaleconomy.html。

（四）Coursera

Coursera（https://www.coursera.org/）由Daphne Koller和Andrew Ng于2012年创立，其愿景是为世界各地的学习者提供改变生活的学习体验。如今，Coursera是一个全球在线学习平台，可让任何人在任何地方访问领先大学和公司的在线课程和学位。Coursera与200多所领先的大学和公司合作，为全球的个人和组织提供灵活、价格合理、与工作相关的在线学习。Coursera提供一系列学习机会——从实践项目和课程到就业证书和学位课程。全球8200万学习者、100多家"财富500强"公司以及6000多个校园、企业和政府来到Coursera，随时随地访问世界一流的学习资源。Coursera首页如图7-4所示。

推荐课程："金融市场"。该课程对人类社会管理风险和培育企业的思想、方法和制度进行概述，强调财务方面的领导技能，对当前的实践进行描述并对未来进行分析展望，介绍风险管理

图 7-4　Coursera 首页

和行为金融原则,以帮助学习者了解现实世界的证券、保险和银行业等产业情况。该课程的最终目标是有效地利用这些产业,建设更好的社会。

主讲人:Robert Shiller。

课程地址:https://www.coursera.org/learn/financial-markets-global。

(五)Class Central

Class Central(https://www.classcentral.com/)是一个在线课程列表,汇总了来自许多提供商的课程,以方便学习者轻松找到几乎任何主题的最佳课程,无论它们存在于何处。Class Central 主要关注通过 MOOC 平台提供的大学免费(或免费审核)课程。通过 Class Central,学习者可以找到课程,回顾所学的课程(并阅读其他人的评论),关注大学、科目和课程以接收个性化更新,并计划和跟踪学习进度。Class Central 是一家没有实体办公室的远程公司,团队由生活受到在线教育影响的学习者组成。Class Central 首页如图 7-5 所示。

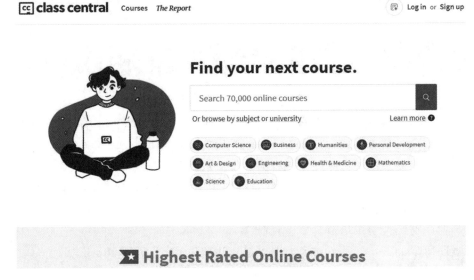

图 7-5　Class Central 首页

推荐课程:"Accounting, Business and Society: The Multi-faceted Role of Accounting"(会计、商业与社会:会计的多方面作用)。该课程描述了会计在商业和社会环境中的多方面作用,学习者将了解企业的本质、公司治理(CG)框架以及会计师如何作为实践中的主要参与者之一发挥作用。该课程还讨论了企业社会责任(CSR),通过一种说明性的方法,帮助学习者发现会计与日常生活中发生的事情密切相关。学习者通过学习课程会实现:描述会计流程和不同形式的商业实体;解释会计专业的监管框架,以及该行业如何满足不同形式商业实体;了解利益相关者的信息需求;描述道德、公司治理和企业社会责任的广泛框架及其相互关系;展示个人、企业和专业人士(特别是会计师)对道德行为的了解和尊重;解释什么是良好治理实践以及会计如何有助于此,用于绩效和一致性目的;通过参考真实事件,识别公司治理的好坏和企业社会责任实践。

主讲人:香港科技大学 Dennis Chan Suk Sun。

课程地址:https://www.classcentral.com/course/accounting-business-society-12434。

(六)经管云课堂

经管云课堂(https://edu.pinggu.org/)是"经管之家"论坛(bbs.pinggu.org)的知识付费平台,旨在为广大经管学者、师生提供专业的、高品质的知识付费产品。经管云课堂首页如图7-6所示。

图 7-6 经管云课堂首页

推荐课程:"手把手教你 Stata 软件操作与案例分析"。课程包含应用面板数据模型、空间计量、双重差分(倍分法、倍差法)、三重差分、倾向得分匹配、断点回归、内生性等内容,结合权威文献介绍模型选择、建模步骤流程图、Stata 案例操作演示,每个模型可独立学习及应用,及时更新 Stata 面板模型等命令视频操作演示,且既针对有期刊论文发表、毕业论文撰写需求的在校大学生、青年教师、科学研究人员,又适合零计量理论基础、零 Stata 操作基础的人士学习。

主讲人:西南财经大学张华节。

课程地址:https://edu.pinggu.org/detail/p_5b963cad161aa_Z6OIujIC/6。

二、专业数字工具的应用

经济管理类专业的学习者未来可能会面临开发新产品、发现新市场、采用新技术、设计新的生产组织管理方式等的挑战,或者需要对宏观市场进行判断与研究,这些工作的顺利完成都需要一定的数据分析能力和计算机基础作为支撑,主要体现在统计和编程两方面。学好统计可以帮助我们更直观地认识数据、分析变化、预测趋势,指导下一步决策;掌握编程知识则可以自行开发实用的辅助工具,减轻工作强度、减少错误,也可以进行一些便捷的数据统计工作。因此,我们需要掌握一些专业数字工具的使用知识。现就几款常用的软件推荐如下。

(一)Excel

作为微软"Office家族"的重要组件之一,Excel是表格处理软件,功能非常强大,广泛应用于管理、财经统计、金融等众多领域。利用Excel可以进行各种数据的基本统计处理和辅助决策操作,包括基本的排序、汇总、频数统计及常见的统计图形绘制、描述统计、方差分析等功能。在实际的行业运用中,教师、企业办公文秘人员、政府审计部门、统计部门和一般的工作人员都会或多或少地用到Excel。它小到可以充当一般的计算器,计算个人收支情况、计算贷款或储蓄等,大到可以进行专业的科学统计运算,以及通过对大量数据的计算分析,为公司财政政策的制定提供有效的参考。大量的实际应用经验表明,如果能够熟练地使用Excel,我们的学习和工作的效率将会大大提高,将Excel运用于商业管理中,直接带来的就是经济效益的提高。

一个Excel工作簿就是一个Excel文档,一般以"文档名.xlsx"形式保存在电脑中,一个工作簿由若干个工作表(sheet)组成,每个工作表由许许多多单元格组成,单元格就是组成工作簿的基本元素。单元格位于工作表中的行与列交叉处,列号和行号可用于指定单元格在工作表中的位置,这在Excel中称为引用。一个单元格包括了三方面的内容,即引用、格式和值。基本数据的输入与编辑都是在单元格中进行的。Excel工作界面如图7-7所示。

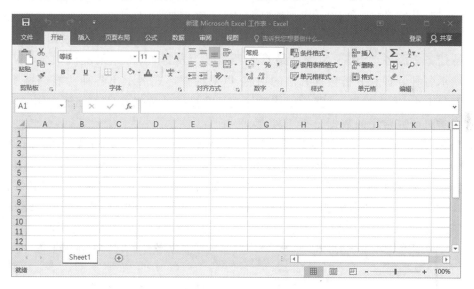

图7-7 Excel工作界面

Excel程序启动后,在工作界面中可通过按钮、菜单、热键对Excel文档、工作表、单元格进行操作。Excel具有强大的计算功能,不但可以利用公式进行简单的代数计算,还能分析复杂的数学模型。它包括数学、统计、财务等10类共300多种函数(预定义的内装公式),可以直接计算出一个或多个结果。

Excel在经济管理类学科中应用相当广泛,经管专业的学生可通过多种方式进行Excel的应用操作学习,根据诸多学习者的评价,现推荐学习资源如下:

(1)书籍,见表7-1。

表7-1 学习Excel应用操作的书籍推荐

序号	书　名	作　者	出　版　社	出版年
1	《用Excel学习中级微观经济学》	温贝托·巴雷托	中国人民大学出版社	2016
2	《财务管理:以Excel为分析工具》	[美]格莱葛 W.霍顿	机械工业出版社	2014
3	《应用统计学:以Excel为分析工具(第二版)》	宋廷山、王坚等	清华大学出版社	2018
4	《审计效率手册:用Excel高效完成审计工作》	涂佳兵、林铖	电子工业出版社	2020

(2)网络课程:

①"Excel会计应用系列教程":https://open.163.com/newview/movie/courseintro?newurl=TGVD6HS8C。

②"Excel商务应用与建模":https://www.icourse163.org/course/SUIBE-1206697811?from=searchPage。

③"Excel数据分析与应用":https://www.icourse163.org/course/HUEL-1462098166?from=searchPage。

④"Excel经管应用":http://coursehome.zhihuishu.com/courseHome/1000006990#teachTeam。

(二)SPSS

SPSS公司2000年正式将SPSS软件英文全称更改为"statistical product and service solutions"(统计产品与服务解决方案),表示该软件提供统计学分析运算、数据挖掘、预测分析和决策支持任务等服务。SPSS的特点是操作界面极为友好,输出结果美观,它以Windows的窗口方式展示各种管理和分析数据方法的功能,以对话框形式展示出各种功能选择项。只要掌握一定的Windows操作技能,就能使用该软件进行常见统计数据处理和分析工作。因此,SPSS也是经管类学科研究常用的数据分析工具之一。

IBM SPSS Statistics是一种用于分析数据的综合系统,利用它可以得到数据的分布特征、集中趋势、统计指标描述以及复杂的统计分析表格式的图标。SPSS Statistics包括数据编辑器和查看器,数据编辑器包括数据视图和变量视图。SPSS常见的统计分析方法都在"分析"菜单下,包括描述性统计、均值比较、一般线性模型、相关分析、回归分析、对数线性模型、聚类分析、数据简化、生存分析、时间序列分析、多重响应等几大类。SPSS Statistics数据编辑器如图7-8所示。

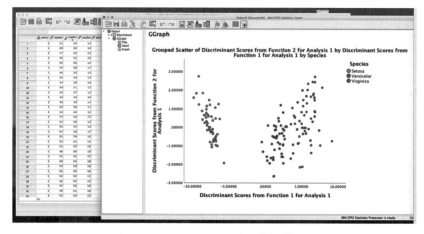

图7-8 SPSS Statistics数据编辑器界面

SPSS 在经济统计类、会计类学科中应用相当广泛,根据诸多学习者的评价,现推荐学习资源如下:

(1)书籍,见表 7-2。

表 7-2　学习 SPSS 的书籍推荐

序号	书　　名	作　者	出　版　社	出版年
1	《应用统计学——基于 SPSS 运用(第二版)》	张良、师亚红等	上海财经大学出版社	2019
2	《市场调研实验的 SPSS 操作教程》	江晓东	上海财经大学出版社	2014
3	《SPSS 在会计和财务管理中的应用》	李金德、欧贤才等	清华大学出版社	2017
4	《SPSS 21.0 行业统计分析与应用》	张慈、薛晓光、王大永	清华大学出版社	2016

(2)网络课程:

①"SPSS 在市场调查中的应用":https://open.163.com/newview/movie/free? pid=CGUUIUQRJ&mid=QH19E91LK。

②"社会调查与统计分析":https://www.icourse163.org/course/DUT-1002083018? from=searchPage。

③"SPSS 数据分析及量化研究":https://www.icourse163.org/course/BNU-1466045164? from=searchPage。

④"How industry experts are using IBM SPSS® Statistics for better outcomes"(行业专家如何使用 SPSS® Statistics 来获得更好的结果):https://www.ibm.com/analytics/statistical-software-industry-use-cases/。

(三)Stata

Stata 最初由美国计算机资源中心开发,现为 Stata 公司产品。它操作灵活、简单,易学易用,功能强大,是非常轻便的统计分析软件,其数据格式也非常简单,分析结果输出简洁明快,易于阅读,这些都使得 Stata 成为极其适用于统计分析的软件之一。

Stata 最常用到的数据文件格式是 Excel 格式,利用 Stata 可以对数据进行排序、匹配、合并、追加,或者自己创建新的表格,也可进行表格文件的导入或者导出;既可以处理本地文件,也可以网络访问数据文件;可生成线性模型、扩展回归模型、多变量元分析、贝叶斯 VAR、DSGE 和面板数据模型、处理效应套索、面板数据多项式 logit、零膨胀 logit、非参数趋势测试,还可生成多种格式的文档、报告和图形。Stata 数据编辑界面如图 7-9 所示。

Stata 在统计学、计量经济学中应用相当广泛,根据诸多学习者的评价,现推荐学习资源如下:

(1)书籍,见表 7-3。

表 7-3　学习 Stata 的书籍推荐

序号	书　　名	作　者	出　版　社	出版年
1	《高级计量经济学及 Stata 应用》	陈强	高等教育出版社	2010
2	《Stata 环境下的数据管理实务手册》	[美]迈克尔·N. 米歇尔、唐丽娜	中国人民大学出版社	2016

图 7-9　Stata 数据编辑界面

(2)课程及资源：

①"计量经济学及 Stata 应用"：https://study.163.com/course/introduction/1006076251.htm。

②"社会统计学及 Stata 应用"：https://www.icourse163.org/course/CUFE-1462058167?from=searchPage。

③Stata 官网使用教程：https://www.stata.com/learn/。

(四)MATLAB

MATLAB 是美国 MathWorks 公司出品的商业数学软件，用于数据分析、无线通信、深度学习、图像处理与计算机视觉、信号处理、量化金融与风险管理、机器人控制系统等领域。MATLAB 有强大的统计工具箱、最优化工具箱以及大量的函数，学生通过上机实验可以更直观地理解统计学中的基本概念、理论，并培养动手和科研实践能力。

MATLAB 的基本数据单位是矩阵，它的指令表达式与数学、工程中常用的形式十分相似。当前流行的 MATLAB 5.3 包括拥有数百个内部函数的主包和三十几种工具包(toolbox)。工具包又可以分为功能性工具包和学科工具包。功能性工具包用来扩充 MATLAB 的符号计算、可视化建模仿真、文字处理及实施控制等功能，学科工具包则专业性较强。MATLAB 主界面如图 7-10 所示。

MATLAB 经过多年发展，广泛应用于信号处理、数据分析、计算金融等领域，根据诸多学习者的评价，现推荐学习资源如下：

(1)书籍，见表 7-4。

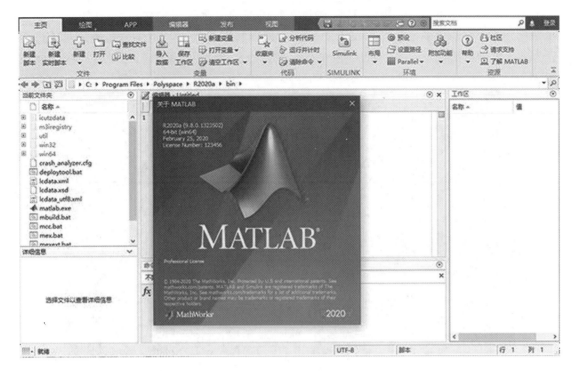

图 7-10 MATLAB 主界面

表 7-4 学习 MATLAB 的书籍推荐

序号	书 名	作 者	出 版 社	出版年
1	《MATLAB 基础及其应用教程》	周开利、邓春晖等	北京大学出版社	2007
2	《经济预测与决策及其 Matlab 实现》	李工农、阮晓青、徐晨	清华大学出版社	2007
3	《金融计算与量化投资——MATLAB 金融工具箱的应用》	李合龙等	清华大学出版社	2022

（2）网络课程：

①"现代科学运算——MATLAB 语言与应用"：https://www.icourse163.org/course/NEU-1002660001? from=searchPage。

②"MATLAB 助力量化金融和风险管理"：https://ww2.mathworks.cn/solutions/finance-and-risk-management.html。

（五）Python 语言

Python 是一门简单易学且功能强大的编程语言。它拥有高效的高级数据结构，并且能够用简单而又高效的方式进行面向对象编程。Python 优雅的语法和动态类型，再结合它的解释性，使其在大多数平台的许多领域中成为编写脚本或开发应用程序的理想语言。学习者可以自由地从 Python 官方网站（https://www.python.org）以源代码或二进制形式获取 Python 解释器及其标准扩展库，并可以自由地分发。此网站同时也提供了大量的第三方 Python 模块、程序和工具，及其附加文档。

Python 可以被用作定制应用程序的一门扩展语言。大型金融机构利用 Python 建立基础系统架构,实现头寸管理、定价和风险管理,或建立跨市场的风险管理和交易系统,为金融数据管理和量化分析提供高效平台。Python 支持不同的编程和实现范式,如对象式、函数式或过程式编程。基于这种灵活性,它在运用包含多个可变参数的复杂数学模型时尤为实用。Python 主界面如图 7-11 所示。

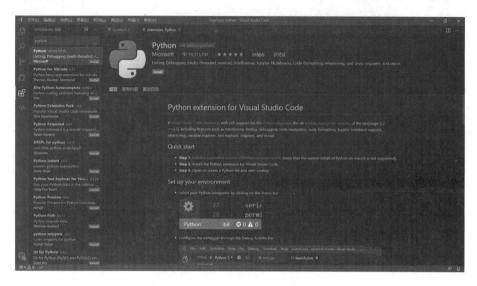

图 7-11　Python 主界面

为掌握 Python 语言的编程方法与应用,根据诸多学习者的评价,现推荐学习资源如下:
(1)书籍,见表 7-5。

表 7-5　学习 Python 语言的书籍推荐

序号	书　　名	作　　者	出　版　社	出版年
1	《从零开始学 Python 大数据与量化交易》	周峰、王可群	清华大学出版社	2019
2	《Python 金融大数据分析》	[德]伊夫·希尔皮斯科(Yves Hilpisch)、姚军	人民邮电出版社	2015
3	《Python 金融数据分析(原书第 2 版)》	[新加坡]马伟明(James Ma Weiming)、张永冀、黄昊	机械工业出版社	2021

(2)网络课程:
①"Python 基础教程":https://www.runoob.com/python/python-tutorial.html。
②"用 Python 玩转数据":https://www.icourse163.org/course/NJU-1001571005?from=searchPage。
③"数据挖掘与 python 实践":https://www.icourse163.org/course/CUFE-1207262801?from=searchPage。

第二节　利用信息检索获取行业动态资讯

网络信息技术日益发达,行业数据成为关键生产要素,针对行业发展的重要数据的获取、最新政策的解读、市场动态的把握,都离不开对行业网站、论坛的关注。围绕国计民生、经济发展、行业动态,有着大量的网络资源可以利用。下面就将经济发展资讯相关网站和论坛推荐给大家。

一、经济信息网站

(一)国家数据网站

国家数据网站(data.stats.gov.cn)作为中华人民共和国国家统计局数据库,包含了我国经济民生等多个方面的数据,并且在月度、季度、年度都有覆盖,权威且全面。该网站具有数据查询、指标解读、数据地图查看、经济图表查询等功能。首页如图7-12所示。

图 7-12　国家数据网站首页

(二)中国人民银行官方网站

中国人民银行官方网站(www.pbc.gov.cn)栏目众多,包括新闻公告、政策法规、政务公开、金融市场、调查统计、市场动态、征信管理等。利用该网站可查询社会总资本规模、货币供应量、外汇储备、利率变化、汇率、SHIBOR等金融领域的权威数据。首页如图7-13所示。

(三)世界银行公开数据网站

世界银行公开数据网站(data.worldbank.org.cn)即世界银行数据库,是支持管理决策和为世界银行业务活动提供关键统计信息的重要工具。该网站应用国际公认的标准和规范统计各国相关的经济发展数据、人口数据、环境与社会发展数据,信息来源一致、可靠,可多维度查看,数据免费公开。首页如图7-14所示。

(四)中国金融信息网

中国金融信息网(https://www.cnfin.com/)由中国经济信息社主办,设有行业资讯、研究报告、数据分析、市场行情、产品与服务等栏目,提供多个国家和地区的宏观经济数据,包括CPI、GDP、外汇储备、失业率、进出口等数据。首页如图7-15所示。

图 7-13 中国人民银行官方网站首页

图 7-14 世界银行公开数据网站首页

(五)财新网

财新网(https://www.caixin.com/)是财经新闻资讯必读网站。它有机整合资讯、观点、多

图 7-15 中国金融信息网首页

媒体、互动等信息时代形态丰富的资讯产品,以客观、专业的视角,实时输出高品质的原创内容,为中国政界、金融界、产业界、学界等读者提供每日必需的高品质财经新闻、资讯、评论,以及基础金融信息服务,用户还可以通过网站查询企业、股市、消费、证券等各类信息。首页如图 7-16 所示。

图 7-16 财新网首页

(六)中国经济信息网

中国经济信息网(https://www.cei.cn/)简称中经网,是经原国家计划委员会批准,由国家信息中心联合部委信息中心和省、区、市信息中心共同建设的全国性经济信息网络,是互联网上较大的描述和研究中国经济的专业信息资源库和媒体平台。首页如图 7-17 所示。

图 7-17 中国经济信息网首页

(七)皮书数据库

"皮书"系列是社科文献出版社编辑出版的蓝皮书、绿皮书、黄皮书等连续性年度专题研究报告的统称。皮书数据库(https://www.pishu.com.cn/)以"皮书"系列为基础,全面整合、分析、解读当下中国发展变迁的专业著作、智库报告、学术资讯、调研数据等,面向高校图书馆、公共图书馆、科研机构、党政用户、企业用户、社会大众提供教学科研、咨政议政、投资指南、社会生活指导等服务,是深度分析解读当下中国发展变迁的智库产品和知识服务平台。首页如图 7-18 所示。

图 7-18 皮书数据库首页

(八) 财政部会计司网站

中华人民共和国财政部会计司(http://kjs.mof.gov.cn/)拟订并组织实施国家统一的会计制度,指导会计人才队伍建设有关工作,按规定承担会计专业技术资格管理工作,指导和监督注册会计师、会计师事务所、代理记账机构业务工作。在其官方网站上可查询最新的财政、会计行业政策信息,并得到最权威解读。财政部会计司网站首页如图7-19所示。

图 7-19　财政部会计司网站首页

二、经济专业论坛

(一) 经管之家

经管之家(原人大经济论坛)(https://bbs.pinggu.org/)依托于中国人民大学,于2003年成立。该论坛致力于经管、数据分析和大数据领域的专业社区建设,论坛会员能够交流思想、共享资源、互助解决问题。该论坛目前注册用户超千万人,日均50万次以上的访问量,每日更新文章和资源3000篇以上,是国家"985工程"和"211工程"的支持项目和国家"211工程"在经管领域的标志性成果。

该论坛有200多个专业板块,建设了案例库、题库、期刊信息系统等经管教学产品,组织包括会员在内的兼职编辑团队给网友答疑,设置了项目交易功能,以平台会员对接的形式解决网友的项目难题,开设了求职招聘模块,以此来解决会员在论坛学习后找工作、换工作的问题。

经管之家目前已经发展成为国内较有影响力的经济、管理、金融、统计类的在线教育社区,也是国内的数据分析和大数据培训机构,开设 Python、MapReduce、Mahout、HBase、Hive、Hadoop、Spark、SAS、SPSS、Stata、MATLAB、EViews、R、AMOS 等各类数据分析、大数据及统计软件的面授、视频及远程培训课程,还开设了经管考研培训、学术培训等课程。首页如图7-20所示。

图 7-20 经管之家首页

(二)中国宏观经济论坛

中国人民大学中国宏观经济论坛(CMF)(http://ier.ruc.edu.cn/)成立于2006年,是中国宏观经济研究领域极有影响力的智库之一。CMF由原人大副校长刘元春,人大一级教授、CMF联席主席杨瑞龙,以及CMF联席主席、中诚信集团董事长毛振华领衔,依托理论经济学、应用经济学一级学科排名全国第一的中国人民大学经济学院的优秀研究力量,同时诚邀知名研究机构专家,聚焦宏观经济动态和前沿性重大经济问题研究,按季度发布CMF中国宏观经济分析与预测报告,按月度发布CMF中国宏观经济月度数据分析报告,不定期举办宏观经济热点问题研讨会、理论与思想研讨会及国际研讨会,发布CMF中国宏观经济专题报告、理论与思想报告、国际专题报告,累计公开发布研究报告600余份,参与联合研究专家逾500位。成立16年以来,论坛受到各级政府部门以及社会各界高度关注和评价。首页如图7-21所示。

(三)统计之都

统计之都(capital of statistics,COS)(https://cosx.org/)成立于2006年,是一个旨在推广与应用统计学知识的网站和社区。统计之都网站最初由谢益辉创办,现由世界各地的众多志愿者共同管理维护。

统计之都的组织形式为主站+中文论坛。主站以博客的形式创建,内容以统计学知识介绍和应用案例为主,中间附带发布本站新闻和通知。主站同时支持国内高校统计课程的建设(设有"高校课堂"栏目),间或发表书评、文评以及其他统计学网站或博客导读。主站文章来源于本站撰稿人的贡献以及用户推荐。中文论坛以针对统计学主题的广泛讨论为主,形式比较随意,任何用户都可注册。首页如图7-22所示。

第七章 经济学科终身学习能力培养

图 7-21 中国宏观经济论坛首页

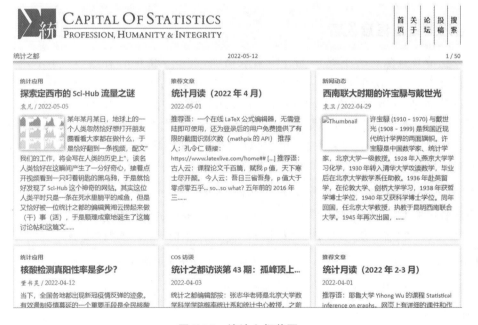

图 7-22 统计之都首页

（四）会计社区

会计社区(http://bbs.canet.com.cn/)是国内深具影响力的会计行业门户网站——中国会计网(CANET)创办的，以服务中国会计行业、推进中国会计行业信息化为宗旨，从最初的会计导航，到会计资讯再到会计社区等不断推出栏目，不断发展壮大，每年覆盖国内约 2000 万会计从业者，积累了宝贵的行业数据和数百万会计会员，目前在会计行业内拥有良好的口碑和广泛

155

的声誉。首页如图 7-23 所示。

图 7-23 会计社区首页

第三节 利用信息检索备战专业考试

一、经济类考证信息检索

在当今竞争日益激烈的环境下,对于职业资格证,许多学生都有着热切的追求,从而有较大的培训考试需求。这一方面是因为,这些学生求知欲旺盛,希望多学习知识,多开阔视野,这样的初衷值得鼓励;另一方面是因为,近年来就业压力逐渐增大,多考几个证书,可增强自己的专业学习,增加自己将来在求职时的竞争力。鉴于此,下文将分析经济类学生考证信息的需求,介绍如何让经济类从业人员适应大数据时代信息化现状、如何为其拓展经济信息来源,通过对各种经济类考证信息资源进行整合,使经济信息资源的价值发挥到最大。

(一)职业准入或胜任力证明:专业技能证书

从专业教师视角,高校经济类学生就业方向及所需考取的证书见表 7-6。

表 7-6 高校经济类学生就业方向及所需考取的证书(专业教师视角)

具体专业	就业方向及(或)所需考取的证书
会计财管	初级会计、中级会计、注册会计师、税务师
会计 CIMA	CGMA、CIMA
金融	金融理财师(AFP)、金融风险管理师(FRM)、特许金融分析师(CFA),需获得银行业专业人员职业资格证书、证券从业资格证、期货从业人员资格证
国贸	需获得中、高级经济师证书,剑桥商务英语证书(BEC),报关水平测试证书,跨境电商专员岗位专业证书,以及外语中、高级口译证书

续表

具体专业	就业方向及(或)所需考取的证书
市营	助理营销师、助理商务策划师,需获得中国市场营销经理助理资格证书、全国市场营销执业人员培训认证

从招聘方视角,高校经济类学生所需获得的证书见表7-7。

表7-7 高校经济类学生所需获得的证书(招聘方视角)

具体专业		所需获得的证书
财会	从业入门类证书	国内主要是注册会计师证书(CPA)、会计专业技术资格证书(初、中、高级职称考试);国外主要是国际注册会计师(ACCA)资格证书、美国注册管理会计师(CMA)证书
	水平评价类证书	主要体现专业技能水平,包括会计和审计专业技术资格证书(初、中、高级)、税务师、注册资产评估师执业资格证书
	其他证书	金融类从业证书(包括银行、证券、基金、期货行业)等
国贸	专业技能类证书	跨境电商专员岗位专业证书、报关水平测试证书及中、高级经济师证书
	英语技能类证书	剑桥商务英语(BEC)证书及外语中、高级口译证书
	计算机技能类证书	全国计算机等级考试合格证书(能熟练操作Office办公软件,如Excel、PPT等)
市营	从业相关证书	全国市场营销执业人员培训认证、中国市场营销经理助理资格证书等(参考相似学科)

本科生在校期间建议报考的财会类证书排行见图7-24。

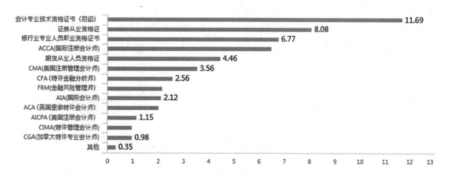

图7-24 本科生在校期间建议报考的财会类证书排行[①]

财会专业从业人员求职时各类证书竞争力体现见图7-25。

(二)职场准入人员素质准备与资源获取

检索工具1:百度

示例:全国跨境电商操作专员岗位证书网络资源获取。

---

① 陈思佳,戚宇柯,唐婧怡,等.财会专业本科生考证剖析及规划指引[J].财会学习,2017(19)9-11,20.

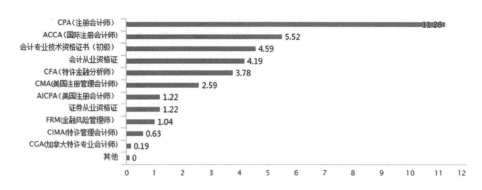

图 7-25　财会专业从业人员求职时各类证书竞争力体现[①]

利用百度知道进行搜索,见图 7-26。

图 7-26　百度知道搜索"全国跨境电商操作专员岗位证书"

获得信息:考试由全国跨境电商岗位专业培训与考试中心统一组织,该考试主要考查考生专项技能能否达到相当于中国国际贸易学会全国跨境电商操作专员岗位要求(即具备在互联网平台上进行外贸网络营销的基本技能,能够在线完成跨境电商产品的发布、询盘、定价、运输、支付、交付、纠纷处理等)。

示例:国家计算机等级考试证书资源获取。

利用百度百科进行搜索,见图 7-27。

获得信息:

全国计算机等级考试(National Computer Rank Examination,NCRE)是在 1994 年,经原国家教育委员会(现教育部)批准,由教育部考试中心主办,面向社会,用于考查应试人员计算机应用知识与能力的全国性计算机水平考试体系。它是一种重视应试人员对计算机和软件的实际掌握能力的考试。成绩合格者由教育部考试中心颁发考试合格证书。合格证书用中、英文两种文字书写,全国通用。

图 7-27　百度百科搜索"计算机等级证书"

全国计算机等级考试(NCRE)全国统一命题,从 2013 年 9 月起,计算机等级考试全部实行无纸化。考试时间:一级,90 分钟;二级,120 分钟;三级,120 分钟;四级,90 分钟。

检索工具 2:读秀学术搜索

示例:国家计算机等级考试(二级)资源获取。

利用读秀"知识"频道进行搜索,见图 7-28。

获得以下内容:

(1)计算机等级考试(二级)的考试方式,见图 7-29。

(2)计算机等级考试(二级)的考试大纲,见图 7-30。

---

① 陈思佳,戚宇柯,唐婧怡,等.财会专业本科生考证剖析及规划指引[J].财会学习,2017(19)9-11,20.

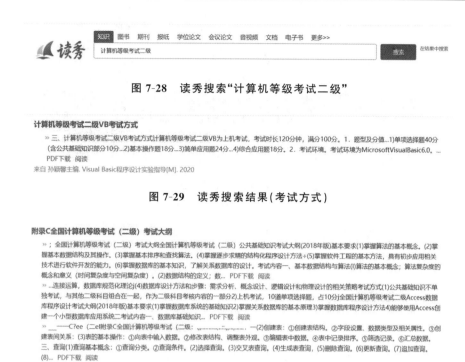

图 7-28　读秀搜索"计算机等级考试二级"

图 7-29　读秀搜索结果（考试方式）

图 7-30　读秀搜索结果（考试大纲）

检索工具 3：大型专业类网站

（1）会计网（https://www.kuaiji.com/）。该网站（首页见图 7-31）是会计行业的门户网站，站内发布会计行业资讯，提供一站式会计考试报名服务，包括初级、中级、高级会计师、注册会计师等会计资格考试培训服务，并且还提供会计实操课程等配套课程练习。

图 7-31　会计网首页

（2）中国会计网（http://www.canet.com.cn/），是中国会计行业门户网站，见图 7-32，站内发布会计行业资讯，提供一站式会计考试报名服务，包括初级、中级、高级会计师、注册会计师等会计资格考试培训服务，提供会计实操课程、会计论坛交流、继续教育等会计类专业信息。

图 7-32　中国会计网首页

（3）中国会计视野（https://www.esnai.com/）是上海国家会计学院 CPA 创新发展研究中心网站中的一个会计类专业网站，见图 7-33，提供各种会计资格考试培训服务及会计实操课程。

（4）中国教育考试网（http://zscx.neea.edu.cn/ncre/query_certi.html）。该网站（见图 7-34）提供专业的等级考试证书查询。

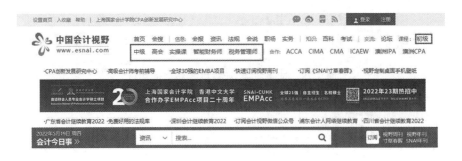

图 7-33　中国会计视野网站首页

图 7-34　中国教育考试网页面

检索工具 4：经济类慕课资源

(1)中国大学 MOOC(https://www.icourse163.org/)。该平台开设有经济管理类相关的课程,同时也有考证的相关课程。在中国大学 MOOC 页面上搜索"经济管理类",可获得经济管理类专业课程信息,见图 7-35;搜索"经济管理类考证",可获得相关考试课程信息,见图 7-36。

图 7-35　在中国大学 MOOC 页面上搜索"经济管理类"

(2)爱课程(https://www.icourses.cn/home/),在该网站上搜索"会计考证课程"(见图 7-37)可获得所需信息。

(3)网易公开课(https://open.163.com/),在该网站上搜索"经济管理类考证课程"(见图 7-38),结果见图 7-39。

图 7-36　在中国大学 MOOC 页面检索"经济管理类考证"的结果

图 7-37　爱课程页面上搜索"会计考证课程"

图 7-38　网易公开课页面上搜索"经济管理类考证课程"

图 7-39　检索结果

(4)经管云课堂(https://edu.pinggu.org/),首页见图 7-40。

图 7-40　经管云课堂首页

(5)中国大学生在线(https://dxs.moe.gov.cn/zx/),点击"考试课堂"可在"考证"标签(见图 7-41)下获得所需信息。

图 7-41　中国大学生在线"考试课堂"中的"考证"标签

检索工具 5:经济类数据库

(1)国泰安 CSMAR 数据库(https://www.gtarsc.com/)。

国泰安 CSMAR 数据库(China Stock Market & Accounting Research Database)从学术研究需求出发,设计研发高级专业金融、经济数据库系统,其提供的高频数据等主要用于我国高等院校、大型金融证券机构、社会研究的专门机构等,以满足专家学者对我国金融、经济进行分析研究的需要。其数据规模大,信息精准。该数据库采用开放式结构,可以提供在线浏览、下载、提取数据等功能。首页见图 7-42。

图 7-42　国泰安 CSMAR 数据库首页

(2)中国微观经济数据查询系统(EPS)。

中国微观经济数据查询系统(首页见图 7-43)是由北京搜知数据科技有限公司提供的一款以企业层面的微观数据为基础,集数据查询、数据匹配、数据可视化于一体的数据查询系统,包含工业企业数据库、海关企业数据库、创新企业数据库和绿色发展数据库四个数据库。部分高校引进了该数据库,为高校教师及在校学生提供经济信息方面的检索服务。

检索工具 6:经济类考证微信公众号及论坛

在科技日新月异的当下,人们的生活习惯也发生了翻天覆地的变化,越来越多的人使用微信,并关注微信公众号,由此信息检索又多了一种方法。但在使用这个检索方法的过程中,我们要多思考,注意辨别真伪。可多使用如经管云课堂、经管之家公众号等经管类比较成熟的微信公众号。

另外,我们也可以通过经济类论坛获取考证信息,如金融四十人论坛,这个论坛上有许多在经济领域极具影响力的人,可靠程度非常高。

图 7-43　EPS 首页

二、经济类考研信息检索

近年来,研究生考试又形成一股热潮,报考人数逐年增加。作为国民教育体系的顶端,研究生教育是培养高层次人才和释放人才红利的重要途径。当前,教育与人才的竞争日趋激烈,很多国家已将研究生教育作为培养和吸引优秀人才的重要方式。就我国情况来说,研究生报名人数的逐年增加,顺应了国家创新发展和以高素质人才构建新竞争优势的需要。

据统计,2017 年研究生报考人数首破 200 万人大关,达到 201 万人。2021 年研究生报考人数达到 377 万人,继续呈增加趋势,较 2020 年 341 万人增加 36 万人,增幅 10.6%,报考人数再创历史新高。

面对愈来愈多的考研竞争者,如何获取有效的考研信息成为考研学子面临的一大挑战。

下文将从信息检索的角度,指导学生获取有效的考研信息。

考研信息的获取,一般可分为三个阶段:第一,对专业院校进行选择,例如报考哪所学校、如何选择考试用书、考试大纲是什么;第二,选定了专业院校后,需要搜集相关复习资料,包括真题、模拟题、练习题等;第三,想要了解导师相关信息。考上了研究生后大部分学生都会跟随导师进行一段时间的项目工作学习,那么,考研时了解导师的背景资料、研究方向等信息,就为日后的工作学习提前做了功课。

针对以上信息的获取,我们提供了图 7-44 所示的几个途径。

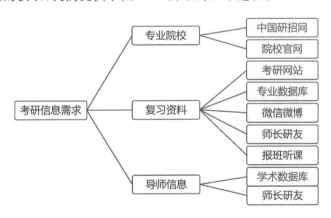

图 7-44　考研信息需求与获取途径

图 7-44 中"中国研招网"全名为"中国研究生招生信息网",主办单位为教育部学生服务与素质发展中心(原全国高等学校学生信息咨询与就业指导中心),是教育部全国硕士研究生招生考试网上报名和网上调剂指定网站。

具体到每个院校,会有对应的研究生院和相应的招生简章,即院校官网。

复习资料的获取途径较为灵活多样：可利用专业数据库，如起点考研网（专门为考研人服务的一个网站）等；也可在考研论坛、网站里查找前人的分享；新时代新媒体大力发展，还可以在微博微信上关注考研相关公众号，获取资讯推荐、经验分享；与日常熟识的师长、研友交流也是不错的信息获取途径；最后还可以报名参加考研学习班，沉浸式学习备考。

导师的信息，除了在院校专业介绍里可得，还可通过学术数据库获得，如查找相关专业方向的论文、专著，从而获知导师的学术成就、研究方向；师长研友这种线下的方式也可以参考。如果能提前了解导师信息，与其取得学术上的交流和信任，对考研人日后的研究生生活大有裨益。

（一）查找报考院校及专业阶段获取信息的途径

确定考研专业和学校是整个考研准备的第一步，因为之后所有的资料都是要根据目标专业和学校来针对性地选择的。报考阶段需要搜集招生专业目录、导师情况、拟报考招生院校与录取情况等。

那么，怎么查找专业院校的信息？有哪些途径？相关推荐见表7-8。

表7-8 考研查找专业和院校信息的推荐途径

方　式	途　径
国家级相关官网	中国研究生招生信息网
	中国教育在线考研频道
	中国考研网
院校官网	招生信息、招生简章、专业信息
	导师介绍等
校友老师	专业老师
	同目标的师兄弟

（1）国家官网。这里列举了三个权威的网站，即中国研究生招生信息网、中国教育在线和中国考研网。

（2）院校官网。院校官网上招生简章、专业信息一般是必备的，有的还附带有导师介绍等。

（3）校友老师。就近咨询专业内的师长学友，可在沟通交流中获取直接的资讯，还可能会纠正自己错误的想法，产生新的目标方向。

1. 中国研究生招生信息网

作为全国研究生考试的官网，中国研究生招生信息网（https://yz.chsi.com.cn/）是教育部发布有关考研政策的平台，信息来源权威可靠。可通过该网站查阅国家政策、院校政策等信息，同时还可查阅全国所有研究生招生单位各个专业的相关信息，如查阅考试资讯、院校专业目录、考试报名、打印准考证、录取消息通知、调剂信息等。界面见图7-45。

图7-45 中国研究生招生信息网界面

中国研究生招生信息网是隶属于教育部的以考研为主题的官方网站,是教育部唯一指定的研究生入学考试网上报名及调剂网站,主要提供研究生网上报名及调剂、专业目录查询、在线咨询、院校信息查询、报考指南和考试辅导等多方面的服务和信息指导。它既是各研究生招生单位的宣传咨询平台,又是研招工作的政务平台,它将电子政务与社会服务有机结合,贯穿研究生招生宣传、招生咨询、报名管理、生源调剂、录取检查整个工作流程,实现了研究生招生信息管理一体化。同时网站上提供多渠道功能链接,如学历查询、学籍查询、学历认证、在线验证等,十分全面、科学、专业。

2. 中国教育在线考研频道

中国教育在线作为中国最大的综合教育门户网站,主要以满足各类教育需求为主,囊括高考频道、考研频道、留学频道等众多频道,其信息内容广泛,从学前教育到成年人所需要的高等教育,真正做到了覆盖终身教育。其考研频道发布各类权威的招考、就业、辅导等教育信息。

中国教育在线网址为 https://www.eol.cn/,界面见图 7-46。

图 7-46　中国教育在线界面

3. 中国考研网

中国考研网(见图 7-47)是国内著名的考研门户网站,会在第一时间发布较新、较全面的考研考博政策信息、报考院校招录信息、专业介绍等实用公共信息,并提供详细的院系介绍、导师信息、专业信息、就业方向指导、历年分数、历年报录比等,为备考生选择专业提供帮助。

中国考研网不仅仅提供考研考博的考试科目及参考书目信息,而且还为广大考生提供真实、有效、全面的专业课真题、笔记、课件等资料,完善高效便捷的专业课复习解决方案。现建有"考研时讯""院校招生""考试大纲""资源共享"等多个频道,具有内容丰富、贴近考生需求而且更新速度快等特点。

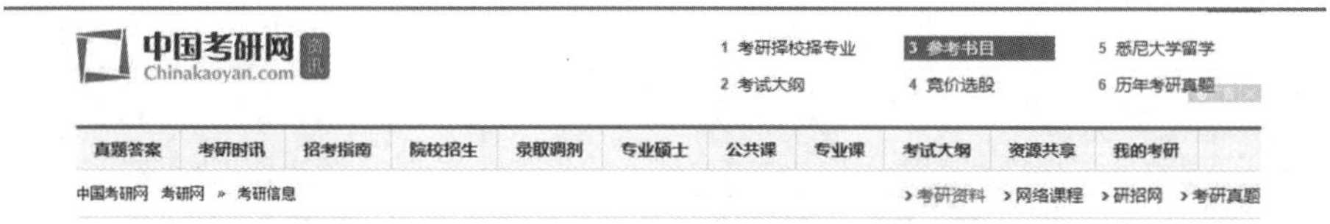

图 7-47　中国考研网

4. 院校官网

以报考中南财经政法大学研究生为例,获取考研信息步骤如下:

步骤一,进入中南财经政法大学官网,见图 7-48。

图 7-48　中南财经政法大学官网

步骤二,在"人才培养"栏目下,选择"研究生教育",得到图 7-49 所示页面。

图 7-49　中南财经政法大学研究生院页面

步骤三,点击"招生工作",进入中南财经政法大学研究生招生网,见图 7-50。

图 7-50　中南财经政法大学研究生招生网

步骤四,点击"信息公开"栏目即可查询到当年该校研究生招生的招生简章、专业设置、开设课程、学位授予等相关政策,以及考试结束后的录取工作、专业调剂等相关信息。其中,专业目录、科目大纲、招生联系人及联系方式等均能获取。例如,中南财经政法大学 2022 年招收攻读硕士学位研究生检索结果见图 7-51,中南财经政法大学 2022 年招收攻读硕士学位研究生专业目录见图 7-52。

- 附件2:中南财经政法大学2022年硕士研究生招生专业目录.pdf
- 附件3:2022年初试自命题科目大纲.pdf
- 附件4:2022年硕士研究生复试参考书目.pdf
- 附件5:中南财经政法大学2022年各专业拟招收硕士研究生(非专项计划)人数汇总表.pdf
- 附件6:2022年各学院硕士招生联系人和联系方式.pdf

图 7-51　中南财经政法大学 2022 年招收攻读硕士学位研究生检索结果

学院代码及名称	专业代码、专业名称、研究方向代码、研究方向名称	初试考试科目代码及科目名称	复试考试科目代码及科目名称	备注
104 财政税务学院	020203财政学 00.(全日制)	①101思想政治理论 ②201英语一 ③303数学三 ④806经济学(宏、微观)	复试:1030财政学	
	0202Z2税收学 00.(全日制)	①101思想政治理论 ②201英语一 ③303数学三 ④806经济学(宏、微观)	复试:1031税收学	
	025300税务(专业学位) 00.(全日制)	①101思想政治理论 ②204英语二 ③396经济类综合能力 ④433税务专业基础	复试:1032专业综合	

图 7-52　中南财经政法大学 2022 年招收攻读硕士学位研究生专业目录

(二)查找复习资料

1.通过官方机构及纸本资源查找

考研复习资料根据内容、用途和针对性的不同,可以分为全真试题、考试大纲、专业教材以及各种考研辅导书和内部资料。

全真试题包括历年考研政治、英语、数学等公共课试题和所报专业的专业课试题。公共课全真试题可以到专门的考研书店购买,也可以通过网络资源获取。专业课试题一般可先向报考学校咨询,部分学校在网上会公布历年专业课试题,还有学校可以提供邮购服务。中国教育在线考研频道(https://kaoyan.eol.cn)就提供公共课和经济学、财务管理、中级财务会计等专业课试题的历年考研真题,并附有试题答案,见图7-53。

图7-53 中国教育在线考研频道页面

考试大纲是规定研究生入学考试公共科目考查知识点及考试题型等重要信息的纲领性文件,由教育部考试中心每年四五月份组织专家会议进行修订后由高等教育出版社公开出版发行。

除全国统考专业课外,其他专业课都是由各个招生院校自主命题、阅卷,因此,专业教材一般需要向报考院校咨询确定。考生可参考拟报考院校的研究生院网站或院系网站公布的参考书目,然后按照书目去购买专业教材。在购买之前可以先检索一下学校图书馆是否收藏有这些书,或者图书馆的电子资源里是否有这些书的电子版。

考研辅导书是指政治、英语、数学、日语、俄语、中医、西医等全国统考科目的复习指导书,品种多,数量大,每年市面上大概有上百种之多,这些辅导书给了广大考生更多的选择。

2. 通过网络论坛等查找

除了通过权威的官方机构获取有效信息外,考生还可通过综合搜索引擎搜索"考研论坛",进入所报考院校论坛或综合网站,如中国考研网、考研帮等,查看大量的考研学生分享的各科复习资料和考研经验。以报考武汉大学研究生为例,可通过考研帮查询考研成功的学长们分享的经验,也可进入武汉大学论坛,查看考研人分享的复习经验、各类复习资料以及复试经验。

此外,面对面交流是获取信息最有效的途径。如果可以和拟报考院校的导师、学长们进行面对面的交流当然最好,不过很多时候,我们都没有机会和导师当面交流,这时我们可以借助各高校的官方网站查找导师信息,通过发邮件的形式和导师进行联系,获取相关的考研信息和资料。

3. 通过专业数据库获取

考生还可以通过专业数据库获取考研资料,如起点考研网。

起点考研网数据库不仅涵盖公共课考研方面的辅导讲座,而且对于经济学、管理学、金融硕士等经济类专业课程资料进行了分门别类的归纳和整理,见图7-54。

4. 通过经济类慕课资源获取考研资料

(1)中国大学MOOC(https://www.icourse163.org/)。该平台开设有经济管理类考研辅

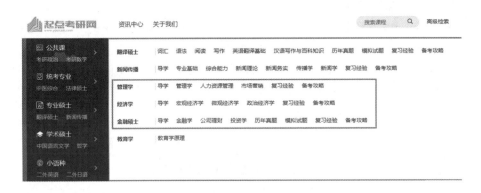

图 7-54　起点考研网

导课程,见图 7-55。

图 7-55　中国大学 MOOC 经济管理类考研课程页面

(2)好大学在线(https://www.cnmooc.org/home/index.mooc),拥有国内外知名大学的排名领先的专业课慕课,对考生学习专业课、查找专业资料起到了很大的帮助作用。如搜索"税务会计"课程,会得到图 7-56 所示的财会类课程页面,考生通过甄别是否为考研所需即可有针对性地获得资源。

图 7-56　好大学在线财会类课程页面

(3)爱课程(https://www.icourses.cn/home/)。准备考研的学生可以通过该平台的"考研"栏目(见图 7-57)获得考研在线开放课程等来进行学习。

图 7-57　爱课程首页的"考研"栏目

(4)中国大学生在线(https://dxs.moe.gov.cn/zx/)。该平台的"考试课程"专门设置了"考研"分类项(见图 7-58),对考研课程资料的搜集起到了一定的辅助作用。

图 7-58　中国大学生在线"考研课堂"的"考研"分类项

(三) 查找导师信息

要了解某高校某导师的研究方向和曾经指导过的学生的基本情况,可以通过 CNKI 的中国优秀硕士学位论文全文数据库、中国博士学位论文全文数据库或者万方的中国学位论文全文数据库来进行检索,也可以在高校网站上查询信息。

检索工具 1:CNKI 博硕士学位论文全文数据库

以查找北京大学经济学导师王勇的研究方向为例。

检索步骤:将文献检索目录设定为"经济与管理科学",检索条件限定为"导师",输入导师姓名,在"作者单位"检索框中输入"北京大学"后(见图 7-59)执行检索,即可查询到这位导师指导过的学生所完成的硕士论文,见图 7-60。

图 7-59　CNKI 博硕士学位论文查找示例

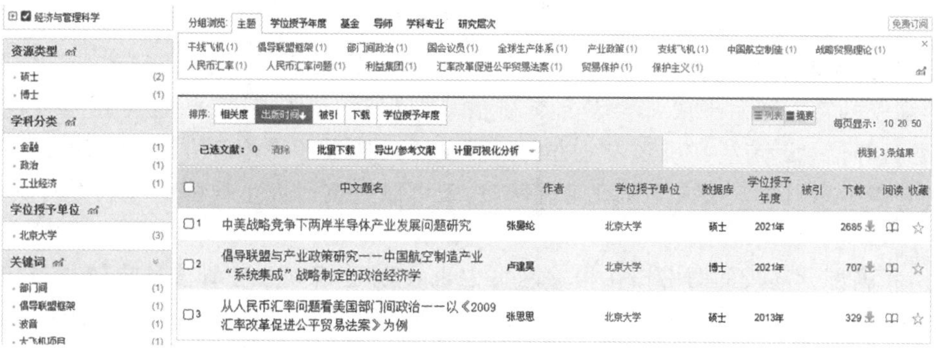

图 7-60　查询结果

检索工具2：万方的中国学位论文全文数据库

仍以查找北京大学经济学导师王勇的研究方向为例。检索步骤：在万方的中国学位论文全文数据库检索框中选择"学位授予单位"检索条件，输入"北京大学"，点击"检索"，然后在"导师"栏填写"王勇"，见图7-61，再将学科分类限定为"经济"，在结果中进行检索，即可查询出该导师指导过的学生所完成的硕士论文，见图7-62。

图7-61　万方学位论文查找示例

图7-62　查找结果

检索工具3：各高校官方网站

我国高校的官方网站一般都会发布考研信息，包括招生专业目录、往年招生情况、录取比例、考试题目等信息。考生在确定专业方向的时候登录拟报考高校官方网站查阅搜集资料十分重要。如登录中南财经政法大学研究生院网站，就可以查询研究生导师的专业方向及其他基本情况。

另外，我国部分高校的图书馆在相关网页中也会建立相应的考研信息导航栏目，在其栏目下发布该校考研的相关信息，考生也可以根据该导航直接进入国内知名考研信息网站去查询考研信息。

第四节 利用信息检索掌握职场信息

一、就业信息概述

就业信息是求职的基础,是指通过各种媒介传递的有关就业方面的消息和情况,如就业政策与形势、人才供需情况、招聘活动、岗位信息等。就业信息分宏观信息和微观信息。

(一)宏观信息

宏观信息是指国家的政治经济情况,国家或地区社会经济的方针政策规定,国家对毕业生的就业政策与劳动人事制度改革的信息,社会各部门、企业需求情况及未来产业、职业发展趋势所要求的信息等。掌握这些信息,就可宏观地把握就业方向。具体有如下内容。

1. 就业政策及法律法规

就业政策及法律法规具有导向、调控、约束的功能。学生掌握政策法规一方面可以知道毕业生在择业中享有哪些权利、如何利用就业政策求职创业,另一方面在自身利益受到侵害时可以利用法律武器保护自己。

2. 就业机构

目前,我国大学毕业生就业机构主要分为三类:一是国家毕业生就业机构,归属教育部,其主要职责是制定全国毕业生就业工作的法规与政策,部署毕业生就业工作,收集和发布全国毕业生就业供求信息组织和管理毕业生就业供需见面、双向选择活动,编制高等学校毕业生就业计划等;二是省毕业生就业机构,负责本地区相应的毕业生就业工作;三是高等学校毕业生就业机构,其职责是负责本校毕业生的资格审查工作和收集就业供求信息,负责毕业生的推荐工作,开展就业指导和负责办理毕业生离校手续等。

3. 经济与科技发展趋势

国家经济发展计划、规划、经济形势,新科技的运用,产业结构变化及其产业政策等,均是影响大学毕业生就业的重要因素,因此,此类信息也是重要的就业信息。从根本上说,大学毕业生就业的难易程度依赖于国家经济的发展,它不仅影响着社会对大学毕业生需求的数量,也影响着对大学毕业生需求的专业结构。社会经济的发展和科学技术的运用,以及大规模的地区开发,往往为大学毕业生提供更多的择业机会。了解这方面的信息,自觉地调整自身的知识结构以满足社会的需求,是非常重要的。大学生时常关注国家经济发展的走向,关注产业结构和职业结构的变化趋势,可以增强择业的主动性。

(二)微观信息

微观信息是指用人单位具体的用人信息,即哪些单位需要什么样的毕业生。这些信息是学生在大学即将毕业时所必须搜集的具体材料。完整的用人信息一般包括需求单位的性质、企业文化、专业要求、行业现状及发展前景、岗位描述、岗位数量、职业工作内容、性质或特点、待遇、工作地点与环境、以及对年龄、身高、体力等条件的要求,还包括对思想品德、心理特点、事业心、责任感等方面的要求等。用人信息是职业信息中最为具体和与求职就业关系最为密切的信息,包括的内容十分广泛,全面地掌握这些信息才能避免求职择业的盲目性,做出有针对性的选择。

二、就业信息的获取渠道

(一)从本校毕业生就业办公室获得信息

学校每年都会举办不同形式、规模的供需见面会向用人单位输送毕业生。学校的就业办公室与社会各有关单位保持着广泛而密切的联系,了解和掌握了大量的人才需求动态和信息。供需见面会为用人单位和毕业生提供了直接见面机会,使双方可以互相选择并达成协议。通过就业办公室及供需见面会得到信息比较直接和准确,具有较高的就业成功率。从学校就业办公室获取的需求信息针对性强、可信度高,是毕业生获取就业信息的主要渠道。

(二)从各级政府就业管理或指导机构获取信息

教育部每年都会制定毕业生就业的有关方针政策,各级主管部门也会制定相应的地方性的实施意见。毕业生可以通过这些部门发布的决议、决定、规定、意见等来获取就业形势、就业制度、就业政策、就业法规等方面的信息,参加这些部门组织的定期或不定期的人才交流会、毕业生供需见面会等活动获取就业需求信息。

(三)从互联网获取社会需求信息

信息技术的发展使大学生传统的求职择业方法发生了革命性的变化,越来越多的用人单位在互联网上发布用人信息,进行网络招聘。网络招聘的特点是信息量大,传播面广,可以进行网上双向交流,且交流速度快。国家、省毕业生就业指导服务机构均建立有三级就业信息网,方便毕业生进行网上求职。值得注意的是,网络中既有丰富的信息资源,也存在着虚假信息,利用网络资源时要注意避免掉进虚假信息的陷阱。

(四)通过社会关系获取就业信息

通过校友、师长、邻居等社会关系来获取就业信息,针对性更强,信息比较准确,在此基础上对用人单位可以进行更深层具体的了解,这样有利于双向沟通,就业成功率较高。

(五)通过实践实习或其他社会活动获取信息

毕业生通过自己的社会实践、毕业实习、考察参观或业余兼职等活动,加强与用人单位等的信息互通,通过自己的积极探索和认真思考,增进与用人单位之间的了解,可获取针对性更强、实用性更高的就业信息。

(六)通过人才信息网站或招聘网站获取信息

通过各类人才信息网站或招聘网站,毕业生也能获取大量的就业信息。

1. 国家或地方政府类

(1)国家大学生就业服务平台:www.ncss.cn。

(2)中国教育在线就业频道——就业桥:https://www.jiuyeqiao.cn。

(3)中国大学生在线生涯就业:https://dxs.moe.gov.cn/zx/jobs/。

(4)湖北人才网:http://www.jobhb.com。

(5)深圳人才网:https://www.szhr.com.cn/。

2. 专业招聘类

(1)新华英才:https://www.chinahr.com。

(2)前程无忧:https://www.51job.com/。

(3)智联招聘:https://www.zhaopin.com/。
(4)应届毕业生网:http://www.yjbys.com/。

3.行业类

(1)金融人才网:http://www.51jrjob.com/。
(2)一览房地产英才网:http://www.fcjob88.com。
(3)建筑人才网:http://www.buildjob.net/。
(4)化工招聘网:http://www.hgjob.com。

三、就业信息的科学筛选与利用

毕业生对通过各种渠道获得的海量就业信息,应根据自己的实际情况和求职目标进行分类整理,去伪存真、去粗取精,提高就业信息的针对性和时效性。

(一)就业信息的筛选原则

(1)掌握重点。对收集到的信息要及时地进行初步比较,选出重点信息,标注并及时留存。
(2)把握信息的时效性。获得就业信息后,应适时使用,以免过期。
(3)适合自己。对收集的信息要根据个人情况进行衡量,选择适合自己的信息。
(4)把握准确,避免盲从。对于重要信息要全面掌握情况,了解信息的核心内容并准确把握,切不可一味盲从、错失良机。
(5)搜集要全面。在确定信息搜集范围时不能局限于"热门"单位或周边区域,否则可能会降低就业的成功率。

(二)就业信息利用

就业信息的利用实际上是根据信息进行择业的过程。毕业生面对大量的就业信息,必须具备迅速做出判断的能力,进行科学的利用。

(1)争取面试。信息是具有时效性的,应尽快、主动做出决定并与用人单位取得联系,准备一份求职简历,不要犹豫不决。
(2)确定职业目标。根据就业信息中的任职要求,及时、主动地学习相应的知识和技能,完善自己的知识、技能结构,提高自己的能力水平,弥补自身的不足,为求职就业创造条件。
(3)善于资源共享。有些就业信息可能不一定对自己有用但是对他人十分有益,遇到这种情况,可以及时地将信息提供给他人,这样不仅能帮助他人顺利就业、减少竞争者,同时还能增加与他人的信息交流,有机会从他人手中获取对自己有益的就业信息。

四、经济类学生就业前景分析

毕业生求职择业是否顺利,不仅取决于整个社会的政治、经济状况以及自身的能力素养,还取决于是否拥有大量的就业信息。在竞争激烈的就业市场,及时、准确地了解、获取就业信息,并认真全面地对这些信息进行分析、筛选、整理,是就业成功的基础。

经济学门类里包括多个二级学科,学生毕业后能够从事的行业比较广泛,但根据近几年针对经济学毕业生的就业情况进行的统计与抽样,国民经济学、产业经济学、区域经济学、数量经济学、西方经济学等专业毕业的学生就业主要集中在金融系统、咨询行业、证券业、财会、投资银行、媒体、公共决策或研究部门等,尤其是其中的研究与分析、咨询性部门,当然也有自主创业或者在其他行业从业的。

对于理论经济学毕业生,由于其学科具有基础性,可灵活就业,可以在综合经济管理部门、政策研究部门、经济咨询单位、金融机构、高校、科研所等从事经济分析、预测、规划等科研工作和经济类专业教学工作,也有部分毕业生进入新闻、出版等行业从业。

对于应用经济学毕业生,可针对自己专业方向的特点进行择业。一般而言,国际贸易专业毕业生主要在涉外经济贸易部门、外资企业及理论研究机构从事实际业务开展、管理和科研工作;金融学专业毕业生主要在银行、证券、投资、保险及其他经济管理部门从事相关工作;财政学专业毕业生主要在财政税务及其他经济管理部门和企业从事相关工作;统计学专业毕业生可在科研教育部门从事研究和教学工作,也可进入经济管理部门和各大公司进行统计分析和预算。

总之,经济学专业毕业生就业前景十分广阔,可在贸易业务、金融业务、证券投资、银行系统、保险等领域内大展宏图,可在学校、科研单位从事教学和科研工作,也可到政府相关部门从事有关投资的政策制定和政策管理等工作。如果想继续扩大就业面、提高就业层次及待遇,建议通过学习获得一些资格证书,如特许金融分析师(CFA)、特许财富管理师(CWM)、基金经理、精算师、证券经纪人、股票分析师等。

第五节 信息素养是终身学习者的必备

一、终身学习能力的由来

在高度信息化的今天,一个普通企业的成功离不开信息,经济生活中每个个体也离不开信息。稳定的信息流是企业的生命线,也是企业制胜的关键因素和立于不败之地的法宝。因此,信息素养在经济学科学习中就显得尤其重要,它已然成为我们每一个人生活的基本技能之一,终身学习则更是一种态度。"活到老,学到老"不但是中华民族的一种优秀文化,更成为当今信息化背景下终身学习者必备的能力素养。

二、信息素养与终身学习能力的关系

我国自古就有"学无止境"的说法,随着目前全球经济一体化影响的加剧与知识经济、信息社会的到来,世界经济全球化已经使过去的规模生产转变为高科技、人工智能等生产方式,科技成为推动各国经济、社会发展的主要动力,而人作为这一驱动力的主体,是科学技术创新与发展的基础和核心。在大学里,我们要加强自身素质培养,和经济信息化接轨,学习信息检索技巧,运用于未来实际的工作。每个大学生都应有明确的学习目标,在国家规定的培养目标下,将个人的前途与国家的发展需要结合起来。在校期间掌握扎实的信息检索功底,能帮助我们有效地提高自学能力和研究能力,以利于课程论文或毕业论文的顺利完成,也为我们将来走上工作岗位或进一步深造打下坚实的基础。

伴随着终身教育、终身学习思想的深入影响和网络教育的产生,终身学习能力的问题逐渐成为信息化社会的热点。现如今,使学生具备终身学习能力已然成为大学教育的重要目标。终身学习能力,顾名思义,是指社会成员为适应社会变化和实现个体的发展需求,在所处的时代中,从历史、现实的社会情境中学习知识、技能,不断完善对现实世界的认识、掌握驾驭现实世界和不断解决各种问题的能力。

一个大学生应具备完善的知识结构和较好的文化素养。完善的知识结构如同一棵大树,有主干、有枝干,是网络型的。要成为一个有用之材,知识结构和智能结构应该是完整的,不仅要具备专业知识,还应具备与专业相关的其他知识。也就是说,知识要渊博。一个人的知识越渊博,在事业上才能越有建树。一个大学生,要想成为牢固掌握专业知识而又知识渊博的人,仅接受课堂教育是远远不够的,还必须具备信息素养,拥有终身学习的能力,充分利用好图书馆这个大课堂,在茫茫书海中勤奋耕耘,以使自己达到一个更高的境界。

在科学技术突飞猛进的今天,把学生培养成具有合理的知识结构和智能结构的人才,已成为当今高等教育的根本任务。要完成这个任务,必须认识到知识的无限性与个人知识的有限性、学习的短暂性与工作需要的长期性之间的矛盾。科学总是在不断发展,而且发展迅速,而大学学习只是一个短暂的阶段,那么,如何利用大学这个宝贵的学习阶段获得更为丰富的知识,就成了每个大学生学习的主要任务。实践已经证明,一个人知识的多少和深浅程度,决定一个人才能的大小。凡有才能和有所建树的人,都有渊博的知识。

每个大学生,为了适应未来的工作需要和科学不断发展的需求,都必须提高获取知识的能力,使自己成为专业知识扎实、学识渊博、思维敏捷的人。在大学学习生活中,大学生们必须学会获取知识的方法与技能,这也是信息检索的培养目标。

知识社会始终是以知识竞争为基础。如果我们走继续学习、终身学习之路,就能在任何竞争中生存下去,并取得发展。也就是说,只要不断学习和掌握这个时代的新东西,就会有"活路",抱残守缺则终将会被社会淘汰。

每一个个体的学习生涯是有生命力的,需要不断汲取更多知识的养分来维持活力。信息瞬息万变,唯有不停地学习才能跟上时代变迁的脚步。信息素养是终身学习者的必备。

三、信息素养通过终身学习不断发展

具备良好信息素养的学习者一般会成为自我激励的、自我指导的、自我控制的学习者,会利用合适的信息资源解决一生中可能遇到的各种问题,提高生活、工作的质量。有信息素质的人最终会懂得如何学习,而信息素养也要通过终身学习才能不断获得发展。

信息素养具有知识性、技能性、价值性、创新性等内在特点,这些特点是在学习型组织管理和"学习型自我"的自我教育过程中逐渐实现的。这一管理、学习和教育过程在网络化的社会应该是持续不断、伴随终生的。学习型社会模式也在逐渐被社会所认同。"学习型自我"就是要形成一种自我管理、自我塑造、自我教育和自我超越的能力。信息素养教育是以形成创新能力、使生活更幸福为最终目标的。

信息技术的高度发展和知识的爆炸式增加,要求社会实行学习型组织管理模式。这种以终身学习方式组成的组织,将实现管理理念的革命,要求社会组织从传统的粗放型经营向集约型经营方式转变。这种转变是一种从习以为常的重视物质资源的开发和利用向重视人力资源的开发和利用的战略和战术上的转移。这样才能够实现"知识—创新—组织—产业"的直接而紧密的结合。建立学习型组织,重视人力资源的开发,最重要的任务就是使组织成员能够成为"学习型自我"。所谓"学习型自我",就是以终身学习作为根本生活方式,并具有持续创新能力。

信息素养就是"学习型自我"最关键的素质。学习型组织使社会组织变得既有管理功能又有教育功能,成为一所具有终身教育意义的学校,真正地把信息素养作为终身教育落到实处。在这种"教育+管理"的运行机制下,个体的信息素养就会不断地得到提高,逐渐地转化为现实的社会生产力。

1. 在财政部网站中查找最新的财政方面的政策法规,并进行交流分享。

2. 某学生想报考上海财经大学会计学专业的研究生,他该如何查找该专业导师研究方向及复习资料?

3. 在"经管之家"论坛查找某一主题相关的资料和讨论帖中有用的信息,并加以整理和分享。

4. 如果要考会计类专业证书,可以运用哪几种检索工具查找资料备考?

5. 面临就业,如何搜集和筛选就业信息?

实操篇

第八章 经济信息检索实践

第一节 文献型经济信息检索实例

一、经济类图书检索实例

(一)馆藏纸本经济类图书检索

1.检索实例:检索本馆纸本馆藏中宏观经济学相关的图书

步骤一:选择图书馆的馆藏书目查询平台,如 ILASⅢ知识门户检索平台。当前,几乎所有图书馆都用图书馆集成管理系统来管理本馆数量庞大的实体文献(图书、期刊、报纸、光盘等),当我们需要知道图书馆有没有某本书或某个系列的书或某类书时,我们需要在数据库平台进行检索。

步骤二:选择检索字段,平台默认为"任意词",一般我们可根据检索需要,选择书名、作者、分类号、ISBN、索书号、主题词、出版社等检索字段。输入检索词"宏观经济学",执行检索,得到宏观经济学相关纸本图书信息。

注意:检索字段的选择与输入的检索词必须相匹配。检索字段是我们描述一条书目信息的核心元素,也是俗称的"检索点",图书馆工作人员在图书馆集成管理系统中录入图书信息时,按图书著录规则对图书的核心元素进行了描述,所以读者在书目检索平台中能按这些检索字段检索到满足条件的图书。在不同的数据库平台进行检索,其本质是机器按输入的检索需求在数据库中进行信息匹配。

检索字段专用术语释义:

(1)分类号:"类"是指具有某种共同属性的个别事物的集合。① 俗话说"物以类聚",为便于将相同类的图书进行集中,编目人员在对每本图书编制目录时除了描述其外部特征(书名、作者、出版社、尺寸、页码等),还对图书进行了分类标引和主题标引,给出了图书分类号和主题词。我国高校图书馆图书分类一般是以中国图书馆分类法(简称中图法)为依据,给出分类号,科学院系统图书馆一般以中国科学院图书馆图书分类法(简称科图法)为依据给出分类号。

(2)ISBN:国际标准书号(international standard book number),是专门为识别图书等文献而设计的国际编号。2007 年 1 月 1 日之前,ISBN 由 10 位数字组成,分四个部分,即组号(国家、地区、语言的代号)、出版者号、书序号和检验码。2007 年 1 月 1 日起,ISBN 由 13 位数字组成,分为 5 段,即在原来的 10 位数字前加上 3 位 EAN(欧洲商品编号),中国图书产品代码为"978"。我们通常认为,一册图书其 ISBN 是唯一的;若一套图书分为上、下册,其 ISBN 可能是同一个,也可能不相同。

---

① 俞君立,陈树年.文献分类学[M].武汉:武汉大学出版社,2001:1.

(3) 索书号:又称索取号,是图书馆藏书排架用的编码,是文献外借和馆藏清点的主要依据,一般由分类号和种次号(或著者号等)构成。

(4) 主题词:又称叙词,是在标引和检索中用以表达文献主题的人工语言,具有概念化和规范化的特征。主题词的选取需要依据主题词表。

(5) 出版社:进行图书、杂志和电子物品等有版权物品的出版活动的组织,如高等教育出版社、清华大学出版社、科学出版社、人民邮电出版社、机械工业出版社等。

2. 检索实例:查询某一作者的图书的相关信息

查询李政军编写的关于宏观经济学的图书在本馆有无馆藏,在哪个分馆可借,其目录是什么。

步骤一:基于上一实例检索本馆收藏的宏观经济学图书信息,得出检索结果有几百条。

步骤二:缩小检索范围。方式一,根据左侧"缩小检索范围",限定作者为"李政军",满足条件的图书数量缩小为个位数;方式二,在第一次检索结果基础上,选择"作者"为检索字段,输入检索词"李政军",执行"结果中检索",得到满足条件的记录。

步骤三:选中李政军编写的《宏观经济学十讲》一书,通过"索书号"后"展开"按钮,可得到本书"馆藏信息",如图 8-1 所示。馆藏信息包含条码号、索书号、馆藏状态、流通类型、馆藏地点等。按图 8-1,该书馆藏有 2 册,一本在嘉鱼分馆,一本在南湖书苑(NHSY),2 本图书目前都是"入藏"状态,该图书流通类型为"外借教参"。到对应地点根据索书号"F015/197"找到对应架位获取图书、办理借阅手续即可。

图 8-1 书目检索平台中馆藏信息列表

步骤四:点击"详细信息",可看到该书目录。

馆藏信息中专用术语释义:

(1) 条码号:图书、期刊、光盘等实体文献的财产编号,区别于图书的 ISBN。一个 ISBN 对应一个品种的图书;对每个品种图书,图书馆一般购买 1~5 个不等的复本,每个复本在学校均对应一个唯一的财产编号,该编号在图书馆集成管理系统中被称为条码号。简而言之,每个品种图书都有唯一的 ISBN,每一本图书都有唯一的条码号(财产编号)。

(2) 馆藏状态:表示图书是"入藏"(在馆)还是"借出"状态。对于"借出"图书,可申请预约;对于"入藏"图书,可在对应地点根据索书号找到实物,办理借阅手续。

179

(3)流通类型:以武昌首义学院图书馆为例,流通类型有"外借图书""外借教参""外文阅览"等,不同的流通类型对应不同的借阅权限,具体可参考图书馆借阅规则。

(4)馆藏地点:表示图书存放的物理地点。每本图书对应一个馆藏地点,一个品种的图书有多个复本,每个复本存放的地点可能不同。

3. 检索小结

(1)馆藏书目检索主要用于检索图书馆纸本图书、纸本报刊的馆藏情况,提供按任意词、书名、作者、分类号、ISBN、索书号、主题词、出版社等不同字段的检索。

(2)平台提供基本检索(一框式检索)、高级检索(多字段组配检索)和二次检索(在结果中检索)等功能;在检索结果页面,提供按文献类型、出版社、作者、出版年的分组聚类功能,供缩小检索范围、筛选之用。这些不同的功能和缩小范围的方法可供检索者按不同的需求灵活使用。

(3)通过书目详细信息功能可查看本书的馆藏情况及图书目录等信息,便于了解图书主要章节内容,并知道在哪个分馆去借阅图书。

4. 问题思考

(1)怎样做可知道图书馆有没有我们要找的图书(场景一,借阅者在图书馆里;场景二,借阅者在宿舍,有一台联网电脑;场景三,借阅者在逛街,只有一个手机)?

(2)如果图书馆有我们要找的图书,那么如何知道该品种图书在馆有几个复本,有没有被别人借走,分别收藏在什么地方? 如果复本全部被"借出",该怎么办?

(3)如何知道该图书能借多久? 如何在对应地点书架上快速找到图书实物?

(二)经济类电子图书检索(读秀)

1. 检索实例

金融学专业的刘同学上"投资银行学"课程时,老师推荐他阅读机械工业出版社2020年出版的马晓军编著的《投资银行学:理论与案例(第3版)》,刘同学查询馆藏书目检索平台,发现该书纸本馆藏已被全部借出,因此需要查看该书是否有电子图书供阅读。

步骤一:进入读秀平台,选择"图书"频道,在检索框中输入书名"投资银行学:理论与案例",选择检索字段为"书名",见图8-2,点击"中文搜索"按钮。

图8-2 读秀"图书"频道检索电子图书

步骤二:在检索结果列表中有3条记录,书名相同,分别是2011年出版的第1版、2014年出版的第2版和2020年出版的第3版,根据检索需求,点击第3版图书对应的标题或图书封面,跳转到该书详细页面,见图8-3。

步骤三:在读秀电子图书的详细页面右侧对应有"获取途径""网络书店""本省市馆藏借阅""功能导航"四栏。

(1)获取途径:包含"本馆馆藏纸书""图书馆文献传递""相似文档""文献互助"四项。点击"本馆馆藏纸书",跳转到本馆馆藏书目检索平台,提供该书馆藏情况。点击"图书馆文献传递",出现"图书馆文献咨询服务"的"咨询表单"页面,见图8-4。

第八章　经济信息检索实践

图 8-3　图书详细页面

图 8-4　"图书馆文献咨询服务"的"咨询表单"页面

"咨询标题"处自动读取了该书书名信息；有 3 项信息需手工输入，分别是咨询页码范围、电子邮箱和验证码。特别提醒：咨询页码范围表示你想阅读该书哪些页码的内容，通过上一步对目录页"试读"，我们可以确定需要阅读的页码范围；每次咨询（或传递全文）的总页数不超过 50 页，阅读完之后可以再次申请获取其他页面内容信息。"电子邮箱"处填写用于接收平台咨询回复的个人邮箱，验证码按提示填写即可。

需特别注意服务说明的五点内容：

① 尊重并维护原作者和出版者的知识产权，请在使用咨询服务时遵守法律法规和相关规定，并遵循合理使用的原则。

② 严禁任何个人或单位连续、系统、集中、批量地进行传递，更不能使用软件工具批量下载。

③ 通过本方式获得的文献仅供本人用于学习研究，严禁将所得的文献提供给非合法用户以及利用获得的文献资料进行非法牟利。

④ 所有咨询内容有效期为 20 天。

⑤ 回复邮件可能会被当作未知邮件或垃圾邮件，若没有收到回信，请查看一下不明文件夹

或垃圾邮件箱。

文献传递的咨询表单填写完毕、确认提交后,若填写信息无误,会出现"咨询提交成功"的页面,也可以"继续咨询本书"。

之后,邮箱可收到咨询回复的邮件,该平台图书馆文献传递功能是由机器自动处理的,一般只需几分钟就能得到答复。

邮箱收到的读秀平台图书馆文献咨询服务的回复邮件见图8-5。邮件提供的是所咨询的图书内容的链接,不是PDF格式。点击该链接可直接阅读。电子图书阅读页面提供上下翻页、放大、缩小、文字摘录、截取图片、打印等多种功能,见图8-6。其中"文字摘录"功能可供我们在借鉴引用他人成果时进行文字提取。

图8-5　读秀文献传递回复邮件

图8-6　电子图书阅读页面

同时,我们应遵守知识产权及学术道德,合理合规引用。若想将该图书作为我们的学术成果的参考文献,可使用平台提供的该书作为参考文献的标准格式,见图8-7。

图8-7　读秀电子图书的参考文献格式

(2)网络书店:提供当当网和豆瓣读书网的关联。通过当当网可查看网上是否有销售相关纸书;通过豆瓣读书网可查看该书的网上书评。从读秀平台到当当网或豆瓣均是通过图书的ISBN实现关联的,因为同名图书较多,如果以书名进行关联检索,会出现冗余信息,而ISBN是图书的"身份证号",一个品种图书对应唯一的 ISBN。

(3)本省市馆藏借阅:告知读者若想借该书纸本馆藏,可以到列举的图书馆尝试借阅。读秀电子图书是中国目前最大的中文电子图书平台,全国大部分公共图书馆和高校图书馆会订购该数据库产品,平台将每本书在各省被哪些图书馆收藏进行了列举,见图 8-8,以便读者就近到他馆参考借阅。

图 8-8　读秀提供纸本图书的全国各省馆藏分布

(4)功能导航:包括基本信息、目录试读等。

2. 检索小结

(1)对于某种图书,当查馆藏书目检索平台发现本馆没有纸本或对应复本全部被借出或只想看电子版图书时,选择读秀的"图书"频道检索。读秀的"图书"频道提供书名、作者、主题词、丛书名、目次及全部字段的检索,对检索出来的图书,提供与本馆馆藏纸书的关联。若该图书馆在电子图书全文所在的平台已获授权使用,则可提供包库全文或图书馆文献传递的关联;若未获授权则只能看到图书元数据信息。

(2)当我们需要查找书中某个知识点时,使用读秀的"知识"频道检索。读秀的"知识"频道是深入图书章节及图书内容的深度检索,检索的知识信息可直接阅读或 PDF 下载。

(3)通过读秀检索出来的图书,可以看到全国使用读秀数据库的其他图书馆(包括公共馆及高校馆)哪些有该图书的馆藏纸本实物,这样就提供了到就近图书馆借纸本图书的可能。

二、经济类报刊检索实例

(一)馆藏纸质经济类期刊检索

1. 检索实例

检索本馆纸本馆藏中"F　经济"相关的期刊,从中挑选出"中国金融出版社"出版的相关期刊,查看满足条件的一种期刊当年到馆的最新一期是第几期。

步骤一:以 ILASⅢ知识门户检索平台为例,检索字段选择“分类号”,检索栏输入“F”,选择文献类型为“查询期刊”,见图 8-9,执行“检索”命令,即得到经济类期刊的馆藏记录。

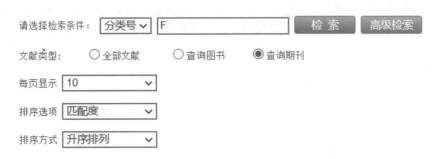

图 8-9　ILASⅢ知识门户检索平台经济期刊查询

步骤二:在检索结果列表中,选择检索字段“出版社”,输入检索词“中国金融出版社”,执行“结果中检索”命令,如图 8-10,得到符合条件的期刊信息有两种:《金融信息参考》和《中国金融》。

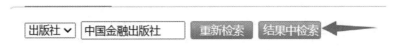

图 8-10　ILASⅢ知识门户检索平台“结果中检索”

步骤三:点击查看《中国金融》的详细信息,在“记到信息”列表,可见检索当年(2022 年)该期刊已到馆 6 期,最新一期是第 6 期,如图 8-11。

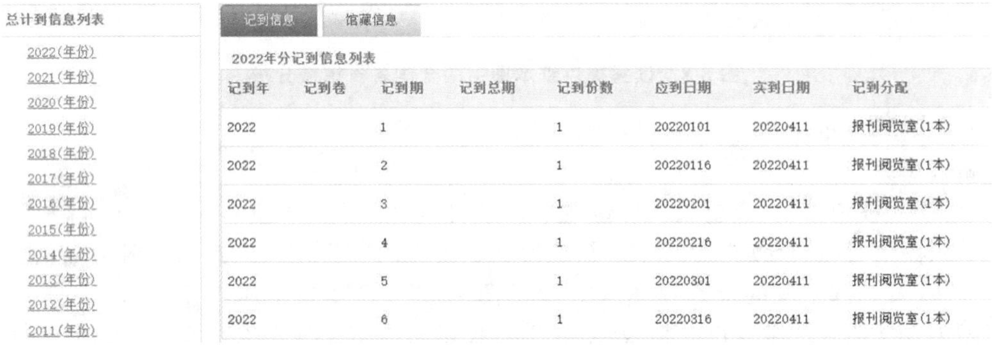

记到年	记到卷	记到期	记到总期	记到份数	应到日期	实到日期	记到分配
2022		1		1	20220101	20220411	报刊阅览室(1本)
2022		2		1	20220116	20220411	报刊阅览室(1本)
2022		3		1	20220201	20220411	报刊阅览室(1本)
2022		4		1	20220216	20220411	报刊阅览室(1本)
2022		5		1	20220301	20220411	报刊阅览室(1本)
2022		6		1	20220316	20220411	报刊阅览室(1本)

图 8-11　《中国金融》“记到信息”列表

2. 检索小结

(1)当我们需要检索本馆纸本期刊时,同检索纸本图书一样,到馆藏书目检索平台中根据检索需求,选择合适的检索字段,输入检索词,选择相应的文献类型,执行检索,得到结果。

(2)期刊通常分为现刊(当年的)和过刊(往年的),期刊按发行频率常见的有周刊、月刊、双月刊、季刊、年刊(年鉴)等,一种期刊当年每一期到馆,图书馆一般都会进行现刊记到,通过记到列表读者可清晰知道该期刊当年到馆多少期。一年结束后,图书馆会对该种期刊进行过刊装订,一种期刊可装订成多册(根据期刊本身厚薄,一册包含多期),装订后的一册我们称为过刊合订本,会贴一个财产号标记(条码),生成对应馆藏信息。现刊和过刊一般均可提供外借服务。

(二)中国知网经济类报刊检索

1. 检索实例:查看某一类期刊的种数、某刊影响因子及收录情况

在中国知网中查看经济与管理相关的期刊有多少种,找到《宏观经济研究》,查看该刊当前综合影响因子是多少,以及该刊是否被北京大学《中文核心期刊要目总览》收录。

步骤一:在 CNKI 检索首页,选择"出版物检索"(见图 8-12),通过左侧"学科导航",点选"经济与管理科学"专辑,得到经济与管理相关期刊的种数。

图 8-12　CNKI 首页"出版物检索"入口

步骤二:检索字段选择"来源名称",检索栏输入"宏观经济研究",点击"出版来源检索"按钮,在结果列表中可找到所需的期刊。

步骤三:点击刊名,选中该期刊,进入该刊详细信息页(见图 8-13),可看到该期刊的基本信息,包括刊名、曾用刊名、主办单位、出版周期、ISSN、CN、出版地、语种、开本、邮发代号、创刊时间等;还有期刊出版信息,包括专辑名称(指该期刊与中国知网节和目录树的对应关系)、专题名称、出版文献量、总下载次数、总被引次数;在"评价信息"栏,可看到该刊当前的综合影响因子为1.815,该刊是北京大学《中文核心期刊要目总览》(2020 年版)来源期刊。

图 8-13　《宏观经济研究》详细信息页

期刊的专用术语释义:

(1)ISSN:国际标准连续出版物编号(international standard serial number),是根据国际标准 ISO 3297 制定的,其目的是使世界上每一种不同题名、不同版本的连续出版物都有一个国际性的唯一代码标识。ISSN 通常印在期刊的封面或版权页上。一般情况下,一种期刊的 ISSN 是唯一的。

(2)CN:我国报刊的国内统一代号,是报刊管理部门为了便于报刊统计、管理而按一定规则进行编排的号码总称。国内统一刊号以 GB 2659—86(后更新为 GB/T 2659—2000)所规定的中国国别代码"CN"为识别标志,俗称为 CN 号。

(3)邮发代号:国家邮政部门编定的代表某一种邮发报刊的专用号码,有助于简化发行业务处理和进行科学管理。邮发代号由两部分号码组成,中间用"-"连接。前一部分代表出版地所属的省(直辖市、自治区),报纸用单号,期刊用双号;后一部分号码代表报刊的发行号码,报纸、期刊均由各省(市、区)局分别从 1 号起顺编。

(4)影响因子:impact factor,简称 IF,是汤森路透(Thomson Reuters)出品的期刊引证报告(journal citation reports,JCR)中的一项数据,即某期刊前两年发表的论文在该报告年份(JCR year)中被引用总次数除以该期刊在这两年内发表的论文总数。这是一个国际上通行的期刊评价指标,是测度期刊的学术水平及论文质量的重要指标。

中国知网提供期刊收录来源主要有以下几种:

(1)北京大学《中文核心期刊要目总览》,俗称北大版核心,此类期刊在中国知网中被标注为"核心期刊";

(2)中文社会科学引文索引(Chinese Social Sciences Citation Index,CSSCI);

(3)工程索引(Engineering Index,EI);

(4)中国科学引文数据库(Chinese Science Citation Database,CSCD);

(5)日本科学技术振兴机构数据库(Japan Science and Technology Agency,JST)。

2. 检索实例:按刊名查找刊物并获取相应详细信息

在中国知网的期刊导航中查找刊名包含"金融"的刊物,找到综合影响因子最高的核心期刊,获取该期刊2021年最后一期的封面和目录信息。

步骤一:选择中国知网的"出版物检索",系统默认导航为"出版来源导航",通过三角形按钮打开下拉菜单,找到"期刊导航"并选中,如图8-14,检索字段选择"刊名",检索框输入"金融",点击"出版来源检索"。

图8-14 中国知网出版物检索中选择"期刊导航"

得到88条检索结果。

步骤二:在检索列表选项中勾选"核心期刊",选择排序方式为"按综合影响因子排序",进行进一步筛选,如图8-15,结果数量缩小至17条,并且找到目标期刊《金融研究》。

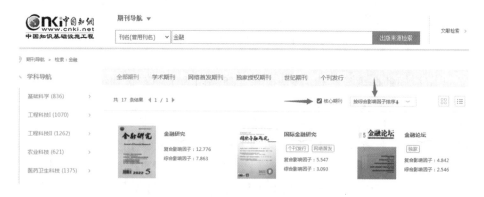

图8-15 对检索结果进行进一步筛选

提醒:关于"复合影响因子"和"综合影响因子"的区别与说明可通过在"帮助中心"检索相关名词获得答案,如图8-16。

图 8-16　中国知网"帮助中心"关于复合影响因子的解读

步骤三：点击《金融研究》期刊封面，进入该期刊详细页面，通过左侧"刊期浏览"找到 2021 年，通过"出版周期"知道这是一本月刊，最后一期是第 12 期，点击《金融研究》封面右键可将该期封面另存为图片，另外，该页提供该期"原版目录页下载"，从而可获取该期刊 2021 年最后一期的封面和目录信息，如图 8-17。

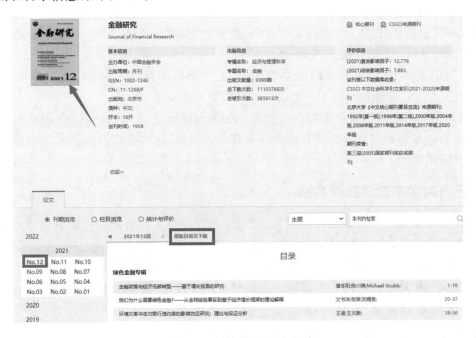

图 8-17　检索实例结果获取

3. 检索实例：查看某日期报纸相关文章并对某一文章进行检索

查看中国知网中《经济日报》2022 年 4 月 7 日的相关文章，找到名为"数字化转型对金融机构至关重要"的文章进行阅读。

步骤一：选择中国知网的"出版物检索"，选择检索字段为"来源名称"，输入检索词"经济日报"，得到该报纸的详细信息。

步骤二：选择对应年份、月份、具体日期，得到该报该日的相关文章列表，从中找到名为"数字化转型对金融机构至关重要"的文章，点击文章名，如图 8-18，点击"HTML 阅读"即可直接阅读。

图 8-18 检索实例结果获取

4. 检索小结

(1) 中国知网收录的经济类期刊、报纸通过"出版物检索"来获取所需信息。对检索出来的某一种期刊,可以阅读它在平台中收录的所有年份所有卷期的所有文章。科研工作者在各种评审中需要提供所发表文章的期刊封面和期刊目录时,也可以借此平台满足需求。

(2) 需要了解某个学科领域的期刊,可通过中国知网的"出版物检索"平台的"期刊导航"中的"学科导航"来浏览。中国知网的学科分类提供十大专辑,专辑下设 168 个专题。例如,"经济与管理科学"专辑下设经济与管理综合、宏观经济管理与可持续发展、经济理论及经济思想史、经济体制改革、经济统计、农业经济、工业经济、企业经济、贸易经济、财政与税收、金融、证券、保险、投资、会计、审计、管理学等 25 个专题。

(3) 报刊的基本信息与图书的基本信息描述字段有所区别。例如,图书的商品编号为 ISBN,报刊为 ISSN,另外报刊有 CN 号、出版周期、影响因子等。

(4) 期刊在学术研究领域重要与否可参考中国知网平台中该期刊的"综合影响因子"和"复合影响因子",以及该期刊被核心期刊评价体系收录的情况,这对重点关注和优先阅读高水平期刊提供了参考依据。

三、经济类学术论文检索实例

学术论文是指某一学术课题在实验性、理论性或观测性上具有新的科学研究成果或创新见解的知识和科学记录,或是某种已知原理应用于实际取得新进展的科学总结,用以提供学术会议的宣读、交流或讨论,或在学术刊物上发表,或作其他用途的书面文件。[①]

会议论文一般是指在各种学术会议上发表的学术报告,一般收录于会议录和论文集。

(一) 中国知网经济类期刊论文及会议论文检索

1. 检索实例:固定主题的学术期刊论文及会议论文检索

"货币之王"比特币(bitcoin)的走红,带动了相关产业和其他虚拟货币的繁荣,查找以"比特币"和"虚拟货币"为主题的相关学术论文及会议论文,看看分别有几篇,并进行文献处理及知网节查看。

步骤一:一框式检索页面上勾选参与统一检索的资源类型为"学术期刊"和"会议",见图 8-19,也可在检索设置里删除或添加资源类型,见图 8-20。

步骤二:选择检索项为"主题",根据布尔逻辑检索,输入检索词为"比特币 and 虚拟货币",

---

① 李薇.应用文写作实用教程[M].北京:中国轻工业出版社,2019.

图 8-19　中国知网一框式检索资源类型设置

图 8-20　中国知网检索设置

见图 8-21。也可在首页点击"高级检索"进入高级检索页面,选择检索项为"主题",检索项间的逻辑关系为"AND",检索词匹配方式为"精确",点击检索框后的"＋""－"按钮可添加或删除检索项,见图 8-22。

图 8-21　中国知网一框式检索页面

步骤三:进行检索,进入检索结果页面,点击所需资源类型名称,检索结果区显示的即为该资源类型文献,见图 8-23。横向展示总库所覆盖的所有资源类型,总库检索后,各资源类型下显示符合检索条件的文献量,点击"中文"或"外文",查看检索结果中的中文文献或外文文献。左侧为分组筛选区,提供多层面的筛选角度,并支持多个条件的组合筛选,以快速、精准地从检索结果中筛选出所需的文献。

步骤四:文献处理。在文献管理中心对选定的符合要求的文献进行相关处理,包括导出文献(见图 8-24)、生成检索报告、进行可视化分析(见图 8-25)和在线阅读等功能。

步骤五:查看知网节,知网节主要包括文献知网节、作者知网节、机构知网节、基金知网节、

图 8-22 中国知网高级检索页面

图 8-23 中国知网检索结果页面

图 8-24 导出文献选项

学科知网节、关键词知网节和出版物知网节,见图 8-26。在检索结果页面,点击文献题名、作者等相关内容,即可进入与之对应的知网节。

CNKI 总库提供的检索项有:主题、篇关摘、关键词、篇名、全文、作者、第一作者、通讯作者、作者单位、基金、摘要、小标题、参考文献、分类号、文献来源、DOI。

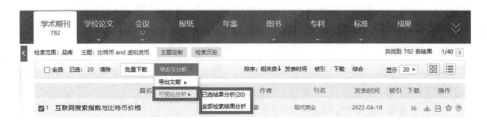

图 8-25 可视化分析选项

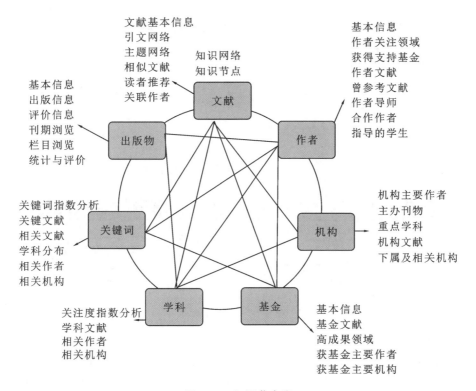

图 8-26 知网节内容

(1)主题检索:在中国知网标引出来的主题字段中进行检索,该字段内容包含一篇文章的所有主题特征,同时在检索过程中嵌入了专业词典、主题词表、中英对照词典、停用词表等工具,并采用关键词截断算法,将低相关或微相关文献进行截断。

(2)通讯作者检索:目前期刊文献对原文的通讯作者进行了标引,可以按通讯作者查找期刊文献。通讯作者指课题的总负责人,也是文章和研究材料的联系人。

(3)基金检索:根据基金名称,可检索受到此基金资助的文献。支持基金检索的资源类型包括期刊、会议、学位论文和辑刊。

(4)分类号检索:通过分类号检索,可以查找到同一类别的所有文献。期刊、报纸、会议、学位论文、年鉴、标准、成果、辑刊的分类号指中图法分类号。专利的分类号指专利分类号。

(5)文献来源检索:文献来源指文献出处。期刊、辑刊、报纸、会议、年鉴的文献来源为文献所在的刊物。学位论文的文献来源为相应的学位授予单位。专利的文献来源为专利权利人/申请人。标准的文献来源为发布单位。成果的文献来源为成果评价单位。

(6)DOI(digital object identifier)检索:输入 DOI 检索期刊、学位论文、会议、报纸、年鉴、图书等。中国知网只支持检索在中国知网上注册了 DOI 的国内的期刊、学位论文、会议、报纸、年鉴等。

2. 检索实例:使用 CNKI 专业检索查找部分作者及关键词信息已知的文章

使用 CNKI 专业检索,查找一篇论文的详细信息,其第一作者是粟丹洋,关键词为"财产性收入"。

专业检索是借助 SQL 语句表达检索需求的,一般用于图书情报专业人员查新、信息分析等工作,使用运算符和检索词构造检索式进行检索。

步骤:在 CNKI 首页点击"高级检索"进入高级检索页面,切换"专业检索"标签。在检索框内输入"KY=财产性收入 AND FI=粟丹洋"(见图 8-27),检索结果见图 8-28。

图 8-27 专业检索页面内输入检索式

图 8-28 检索结果

检索式中词释义:

(1)中国知网文献总库提供以下可检索字段及代码:SU%=主题,TI=题名,KY=关键词,AB=摘要,FT=全文,AU=作者,FI=第一责任人,RP=通讯作者,AF=机构,JN=文献来源,RF=参考文献,YE=年,FU=基金,CLC=分类号,SN=ISSN,CN=统一刊号,IB=ISBN,CF=被引频次。

(2)匹配运算符,见表 8-1。

表 8-1 中国知网专业检索匹配运算符

符号	功　　能	适 用 字 段
=	='str'表示检索与 str 相等的记录	KY、AU、FI、RP、JN、AF、FU、CLC、SN、CN、IB、CF
	='str'表示包含完整 str 的记录	TI、AB、FT、RF
%	%'str'表示包含完整 str 的记录	KY、AU、FI、RP、JN、FU
	%'str'表示包含 str 及 str 分词的记录	TI、AB、FT、RF
	%'str'表示一致匹配或与前面部分匹配的记录	CLC
%=	%='str'表示相关的匹配 str 的记录	SU
	%='str'表示包含完整 str 的记录	CLC、SN、CN、IB

注:str=字符串。

(3)复合运算符,主要用于检索关键字的复合表示,可以表达复杂、高效的检索语句,见表8-2。

表8-2 中国知网专业检索复合运算符

符号	功能
*	'str1 * str2':同时包含str1和str2
+	'str1+str2':包含str1或包含str2
-	'str1-str2':包含str1但不包含str2

注:str=字符串。

3.检索小结

(1)专业检索的检索方式较为复杂,需要使用者根据语法自行输入检索式来检索,且检索式完全正确才可得到用户需要的检索结果。一框式检索和高级检索相对容易上手使用,不易出现错误。

(2)在高级检索页面除可切换专业检索,还可切换作者发文检索和句子检索,可根据实际需求应用。

(3)文献知网节的基本信息主要包括篇名、作者、机构、摘要、关键词、DOI、基金、专辑、专题、分类号、下载频次、文献来源、文章目录、引证文献等,点击任意信息链接,进入对应标签的知网节。①

(二)EBSCO外文经济类期刊论文检索

1.检索实例

通过EBSCO外文期刊全文数据库Academic Search Premier(ASP)和Business Source Premier(BSP)查找新冠肺炎疫情(COVID-19)的经济影响(economic impact)相关期刊论文。

步骤一:在搜索框内输入关键词"COVID-19 and economic impact",检索选项中检索模式和扩展条件默认为"布尔逻辑/词组"与"应用对等科目",见图8-29,同时点击"选择数据库",选择ASP和BSP数据库,见图8-30。也可在首页点击"高级检索"进入高级检索页面,在搜索框内分别输入关键词"COVID-19"和"economic impact",字段不设限制,逻辑运算符选择"AND",其余限定条件与基本检索一致,见图8-31。

图8-29 EBSCO基本检索页面

---

① 中国知网:https://www.cnki.net/。

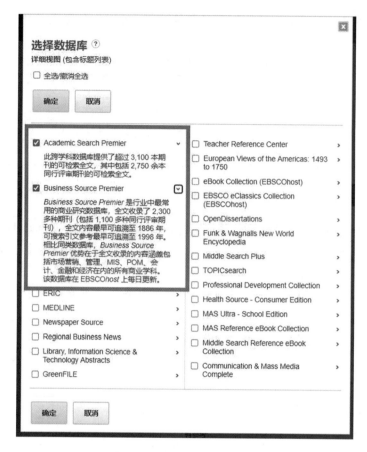

图 8-30　EBSCO 数据库选择页面

图 8-31　EBSCO 高级检索页面

步骤二：进行检索，进入检索结果页面，见图 8-32。点击文章标题，可查阅详细信息，详细信息页面提供摘要阅读，链接至全文，以及工具栏中的保存、引用、导出等功能。利用检索结果页面左侧可筛选结果，可按照来源、出版社、出版日期、主题词等进行二次检索，同时可选择全文或者学术同行评审资源。检索结果页面右侧显示文献中包含的图片信息，点击任意缩略图，即可打开浏览其完整图片与相关信息。

检索释义：

（1）应用对等科目：使用映射词汇术语表为非限定关键词搜索添加精确度。其中非限定关键词搜索是不指定要搜索的字段（如标题、主题或摘要）、凡符合逻辑组配所规定条件的即为命中文献的常规搜索。启用"应用对等科目"扩展条件后，当用户的搜索词与已知概念匹配时，搜

图 8-32　EBSCO 检索结果页面

索将展开,以便在映射的词汇表中查找该概念的确切术语。与概念匹配的记录(即在主题字段中包含的映射的术语)将获得相关性排名提升。

(2)同行评审:其一,是用于评价科学工作程序的正确性、确认结果的可靠性以及分配若干有限的资源(诸如期刊版面、研究资助经费、公认性和特殊荣誉等)的活动;其二,是某一或若干领域的专家采用一种评价标准,共同对涉及领域的一项事物进行评价的活动;其三,是由从事该领域或接近该领域的专家来评定某个研究工作的学术水平或重要性的一种方法。①

2. 检索小结

(1)大部分结果页面包含 PDF 全文或者 HTML 全文,或者两种格式均有,部分结果仅显示摘要。若需限制检索文献为 HTML 格式,则需要在检索框内输入检索式"keyword and FMT",可仅检索到 HTML 格式文献,在 ASP 数据库中可实现全文翻译及在线朗读功能,PDF 格式无此功能。

(2)BSP 数据库中"叙词表"链接的是一个受控的商业术语词汇表,有助于更有效地搜索文献。对于特定主题,在浏览字段中输入关键词,然后点击浏览即可。②

四、经济类学位论文检索实例

学位论文是作者从事科学研究取得创造性成果或有了新的见解,以此为内容撰写而成,作为提出申请以获得相应的学位时评审用的学术论文③。学位论文包括学士论文、硕士论文和博士论文。

(一)万方经济类学位论文检索

1. 检索实例: 查找学位授予单位、学科分类、导师姓名已知的学位论文

利用万方数据库,查找学位授予单位为北京大学、学科分类隶属中国农业经济、导师为张纯元的博士论文。

---

① 何祥林,任友洲,陈德均.高校职员工作理论与实践(第 1 辑)[M].武汉:华中师范大学出版社,2011.
② 学生访问 EBSCOhost 平台可通过本校图书馆相关链接,如武昌首义学院学生可访问 http://yc.wsyu.edu.cn/rwt/EBSCOHOST/。
③ 康桂英,明道福,吴晓兵.大数据时代信息资源检索与分析[M].北京:北京理工大学出版社,2019.

万方智搜一框式检索框左侧可限定资源类型,实现分类型检索,不同资源检索类型可提供不同检索项,例如资源类型若为学位论文,则检索项包括题名、作者、学位授予单位、关键词、摘要、专业、导师及中图分类号,见图 8-33。若限定检索类型后文献量仍然很多,还可在检索结果页进行二次检索,根据学科分类、发表年度、作者、机构等分类条件进行筛选,最终检索结果就会越来越精确。

图 8-33　万方数据库一框式检索页面学位论文检索项

步骤:根据检索实例,限定检索资源类型为学位论文,检索项为学位授予单位,输入"北京大学",点击"检索",在检索结果页限定学科分类为"农业经济",导师为张纯元,进行结果中检索;或在首页点击"高级检索"进入高级检索页,限制文献资源类型为学位论文,选择检索项为学位授予单位、学位、导师,检索项间的逻辑关系为"与",检索词匹配方式为"精确",见图 8-34,输入相关信息进行检索,再在检索结果页面设置学科分类为"农业经济",得到图 8-35 所示的检索结果。

图 8-34　万方数据库高级检索页面

2. 检索实例:查看热门研究方向

好的选题是论文写作的开始,利用万方选题模块,查看经济学学科研究最新热门方向。

步骤:在万方数据库首页点击"万方选题"进入万方选题模块,学科设置为"经济学"。点击"追踪研究前沿",了解、掌握学科领域中最先进、最具研究价值的选题方向,见图 8-36。

3. 检索小结

(1)万方数据库限定检索是通过限定检索字段进行检索的,检索时单击检索框后可以选择题名、关键词、摘要、作者等检索字段,例如,检索题名包含"农村经济"的文献,检索式为"题名:农村经济"。

图 8-35　检索结果

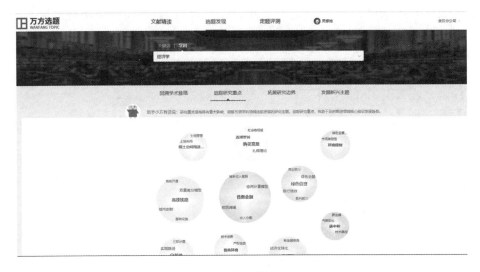

图 8-36　万方选题页面

（2）一框式检索模式下直接输入检索词进行的是模糊检索，模糊检索会对输入的内容进行拆分，在需要查找全面的信息时可以使用。如果需要查找更精确的信息，可以使用精确检索。精确检索不对输入的内容进行拆分，将检索词作为一个整体进行检索，通过对检索词加引号进行限定。例如，想要查找"技术经济管理系统"相关的文献，不加引号、仅输入"技术经济管理系统"为模糊检索，加上引号即为精确检索。

（3）万方高级检索支持中英文扩展，若需要查看检索词相应的英文文献，可通过中英文扩展来实现。主题词扩展也是其特色功能，可以对检索词的下位词、同义词等进行扩展检索，检索结果更加丰富。[1]

（二）ProQuest 经济类学位论文检索

1. 检索实例

利用开放存取资源，查找有访问权限的部分结果。通过 ProQuest 平台检索以国际贸易（international trade）为主题的学位论文。

步骤一：进入 ProQuest 平台（若未购买相关资源，则仅限一框式检索），输入"international

---

[1] 万方数据知识服务平台网址：https://www.wanfangdata.com.cn/index.html。

trade"并加上引号,选择资源类型为"学位论文",见图8-37。

图 8-37 ProQuest 平台检索页面

步骤二:进入检索结果页面,仅显示有访问权限的部分结果,通过出版日期进行再限定,见图 8-38。点击论文标题,进入文献详情页面,可根据需求选择相关选项,见图 8-39。

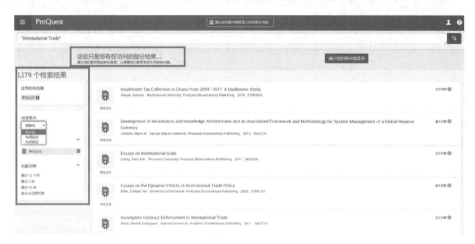

图 8-38 ProQuest 平台检索结果页面

图 8-39 ProQuest 平台文献详情页面

2. 检索小结

(1)检索词间空格默认处理为逻辑与,不会被处理为词组。对词组使用引号可进行精确检索。

(2)ProQuest平台作为开放存取资源利用时,仅显示有访问权限的部分结果。若有其他检索需求,可以图书馆实际购买资源为主进行资源检索。①

五、经济类专利与商标检索实例

专利使专利权人就其获得专利的发明享有排他性的制造、使用、销售、许诺销售和进口的权利。另外,专利权具有国内地域属性,仅在授权国境内有效。商标是用于识别商品来源(尽管可能是匿名来源)的文字、符号或其组合。②

(一)国家知识产权局经济类专利与商标检索

1. 检索实例:查找国内相关专利,了解技术发展动态

查找"电子支付系统"国内相关专利,了解国内相关技术发展动态。

步骤一:初次接触专利检索,可以以常规检索作为检索入口进行检索,常规检索中提供了基础的、智能的检索入口,主要包括自动识别、检索要素、申请号、公开号、申请人、发明人以及发明名称。

通过常规检索,设置检索要素为"电子支付系统",数据范围设置为"中国",见图8-40。也可在首页点击"高级检索"进入高级检索页,设定检索范围为中国,关键词为"电子支付系统",点击生成检索式;如果希望获取更加全面的专利信息,或者对技术关键词掌握得不够全面,可以选择系统提供的智能扩展功能辅助扩展检索要素信息,见图8-41。

图8-40 国家知识产权局专利检索及分析常规检索页面

步骤二:进行检索,进入检索结果页面。可通过概要浏览快速了解专利文献的基本信息。若需对检索结果进行简要分析,可通过左侧检索结果统计栏对检索结果进行针对性专利文献分析,见图8-42。检索结果页面还有详细浏览模式,这是一种全面浏览专利文献信息的模式,浏览者可全面掌握专利文献的技术实现原理,查看文献的著录项目、全文文本以及全文图像信息,见图8-43。

---

① ProQuest平台网址:https://www.proquest.com/。
② [美]亚力山大·I.波尔托拉克,保罗·J.勒纳.知识产权精要:法律、经济与战略[M].工肃,译.2版.北京:知识产权出版社,2020.

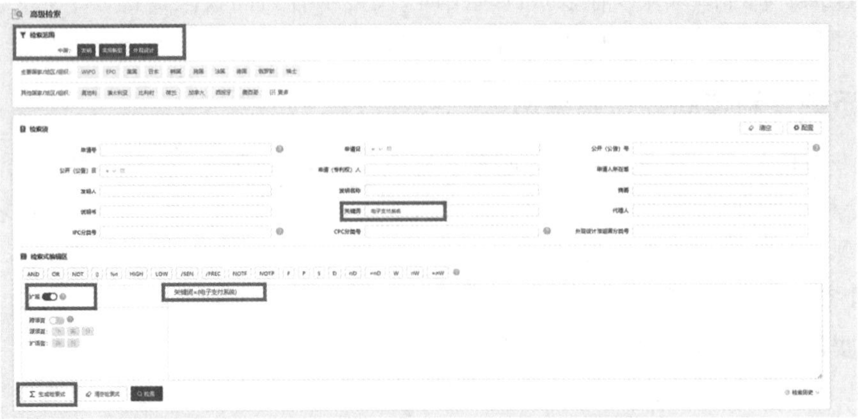

图 8-41　国家知识产权局专利检索及分析高级检索页面

图 8-42　检索结果概要浏览页面的检索结果统计栏

图 8-43　检索结果详细浏览页面

步骤三：通过专业的专利数据分析模型，可快速、准确、全面地在海量专利数据中分析出潜在的信息关系和完整的专利情报链。分析子系统提供多种分析方式和分析工具集，分为管理分析库、申请人分析、发明人分析、区域分析、技术领域分析、中国专项分析、高级分析、管理分析结果八大功能。

选中所需专利信息,创建分析文献库"电子支付",进入分析,见图8-44。通过对专利类型进行统计分析,可以查看选定技术领域不同专利类型的专利申请所占比例情况,针对目前分析的主题,了解中国区域内不同的专利类型及其构成情况,见图8-45。

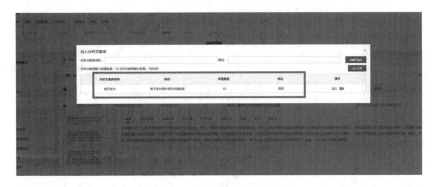

图 8-44　专利分析文献库创建

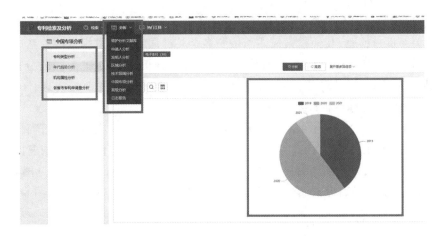

图 8-45　专利分析页面

检索释义:

(1)检索字段释义见表8-3。

表8-3　常规检索字段介绍

检索字段	具体意义
自动识别	选择该字段进行检索,系统将自动识别输入的检索要素类型,并自动完成检索式的构建,识别的类型包括号码类型(申请号、公开号)、日期类型(申请日、公开日)、分类号类型(IPC、ECLA、UC、FI/FT)、申请人类型、发明人类型、文本类型
检索要素	选择该字段进行检索,系统将自动在标题、摘要、权利要求和分类号中进行检索
申请号	选择该字段进行检索,系统将自动在申请号字段进行检索,该字段支持对带校验位的申请号或者专利号进行检索,该字段支持模糊检索,并自动联想提示国别代码信息
公开号	选择该字段进行检索,系统将自动在公开(公告)号字段进行检索,该字段支持模糊检索,并自动联想提示国别代码信息

检索字段	具体意义
申请人	选择该字段进行检索，系统将自动在申请人字段进行检索，该字段根据输入的关键词自动联想推荐申请量较高的相关申请人信息
发明人	选择该字段进行检索，系统将自动在发明人字段进行检索，该字段根据输入的关键词自动联想推荐申请量较高的相关发明人信息
发明名称	选择该字段进行检索，系统将自动在发明名称字段进行检索，该字段根据输入的关键词自动联想推荐相关的发明名称信息

（2）专利分类检索：国际专利分类（IPC）、欧洲专利分类号（ECLA）、美国专利分类号（UPC/USPC）、日本的分类法（FI/FT）、联合专利分类（CPC）等。比较通用的是 IPC。

检索小结：

（1）使用国家知识产权局专利检索及分析系统[①]，需注册账号后登录使用。高级检索中高级分析功能对账号等级有限制。

（2）在常规检索"自动识别"模式下，如果多个关键词之间用空格分隔，系统按照多个关键词之间是逻辑与的关系进行检索；其他检索模式下按照多个关键词之间是逻辑或的关系进行检索。

（3）分析文献库是存储待分析文献的数据库，可根据分析主题创建不同的分析文献库。为了保证分析结果的质量，可以对分析文献库中的文献进行指定规则的数据清理。

2. 检索实例：对某名称商标现有情况进行检索

毕业生自主创业过程中，应注重商标注册，设计全新商标时，须学会事先进行商标检索，以避免产生不必要的损失。请以"典当"为商标名称进行事先检索，了解现有商标注册情况以及状态。

步骤一：进入国家知识产权局商标局中国商标网[②]，选择"商标网上查询"，见图 8-46。点击进入菜单导航页面，初次接触商标检索建议以"商标近似查询"为主要检索方式，见图 8-47。

图 8-46　国家知识产权商标局中国商标网主页面

---

① 国家知识产权局专利检索及分析系统网址：https://pss-system.cnipa.gov.cn/。
② 国家知识产权局商标局中国商标网：http://sbj.cnipa.gov.cn/sbj/index.html。

图 8-47　商标查询菜单导航页面

步骤二：点击进入商标近似查询页面。根据产品特征，确定其为第三十六类，见图 8-48，设置国际分类为"36"，见图 8-49；类似群为"3609 典当"，见图 8-50；查询方式选择"汉字"；商标名称为"典当"。相关设置见图 8-51。

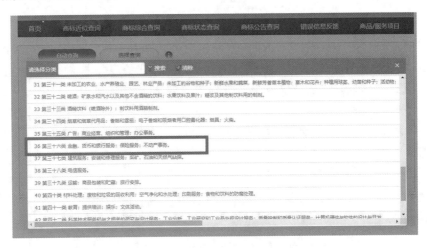

图 8-48　商标近似查询页面中确定商标分类

图 8-49　国际分类填写

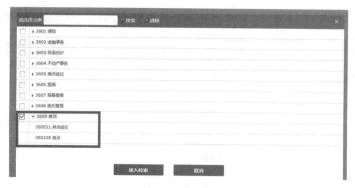

图 8-50　类似群勾选

图 8-51　商标近似查询检索设置

步骤三：进行检索，进入检索结果页面，结果显示可选择列表式（见图 8-52）或图标式（见图 8-53）。图标式可直观查看由文字和图形组成的商标样式。选择某一检索结果，可进一步查看商标详情、状态、流程，例如选择"金鼎信典当"，得到图 8-54 所示详情页面。

图 8-52　商标近似查询检索结果列表式页面

步骤四:选中部分检索结果,可进行逐一对比分析,见图 8-55。

图 8-53　商标近似查询检索结果图标式页面

图 8-54　"金鼎信典当"详情页面

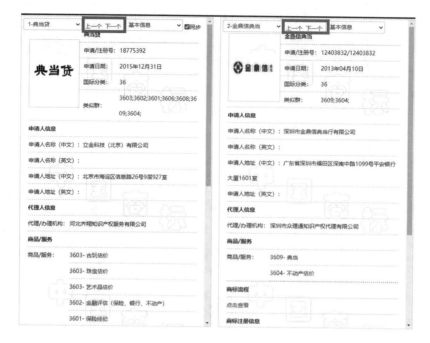

图 8-55 部分检索结果对比页面

检索释义:

(1)商标近似查询:按图形、文字等商标组成要素分别提供近似检索功能,用户可自行检索在相同或类似商品上是否已有相同或近似的商标。

(2)商标综合查询:按商标号、商标、申请人名称等方式,查询某一商标相关信息。

(3)商标状态查询:通过商标申请号或注册号查询有关商标在业务流程中的状态。

检索小结:

(1)查询方式中,检索多个汉字时不能出现空格,图形检索输入编码直接以半角分号分隔,具体可查看图形编码帮助页面。

(2)"自动查询"系统默认按全部查询类型检索,用户指定的查询类型选项将无效。"选择查询"则是按用户选择的查询类型进行检索。

(二)万方经济类专利检索

1. 检索实例

查找西安科技大学陈晓峰关于电子支付系统的专利文献有哪几篇,查看其法律状态。

步骤:在万方数据库首页点击"高级检索"进入高级检索页,文献类型选择"专利",检索项间的逻辑关系为"与",检索词匹配方式为精确,检索信息项分别选择专利—申请/专利权人(输入"西安科技大学")、专利-发明/设计人(输入"陈晓峰")和主题(输入"电子支付系统"),见图 8-56,检索结果见图 8-57,法律状态在左侧查看。

2. 检索释义

法律状态是指在某一特定时间点某项已申请或授权的专利在某一或某些特定国家或地区的权利类型、权利维持、权利范围、权利归属等状态,这些状态将直接影响专利权的存在与否以及专利权权利范围的大小。[①]

---

① 韩秀成,盛小列,郑浩峻.企业专利应用实务 100 问[M].北京:科学普及出版社,2016.

图 8-56　万方数据库专利高级检索设置页面

图 8-57　万方专利检索结果页面

3. 检索小结

(1)万方专利数据与国家知识产权局保持同步,包含发明专利、外观设计专利和实用新型专利三种类型,可准确地反映中国最新的专利申请和授权状况。

(2)通过专利法律状态检索可以了解某项专利申请是否被授予专利权、是否仍有效以及专利权人是否变更等信息。

六、经济类法律法规检索实例

作为法学领域特有的文献资源,法律法规是法律文献资源检索的主要对象。在经济和法制日益发展、有关经济类的法律文件层出不穷的情况下,经济类法律法规内容的查询获取并非易事。目前,经济类法律法规检索的主要来源有法定颁布和出版内容、专业数据库、法律汇编、网络资源等。法定颁布和出版内容权威性最强;专业数据库收录齐全,检索方便;法律汇编的规范性与系统性较强;网络资源渠道则最为便捷。应用型本科院校学生可根据自身需求选择检索来源,此处重点介绍利用专业数据库检索经济类法律法规。

(一)国家法律法规数据库

国家法律法规数据库是一个网络开放数据库,用户可以免费查询与经济相关的法律法规,该库提供一站式检索，十分便捷。该库首页窗口内容分为"新法速递""宪法""法律""行政法规""监察法规""司法解释""地方性法规"七个部分，如图8-58所示，其中"新法速递""宪法""行政法规"板块内可直接查看相对应的法律法规，"法律""司法解释""地方性法规"有下级分类，可以通过点击切换查看相对应的法律法规。

图8-58　国家法律法规数据库首页界面

点击"首页"，在"宪法""法律""行政法规""监察法规""司法解释""地方性法规"中的任意一个窗口点击"更多"按钮（以"宪法"为例），跳转到对应栏目，并展示相应详细数据列表。

1. 基本检索

在搜索区输入关键字，再点击搜索框右侧的放大镜按钮，可以通过关键字来对相关的法律法规进行搜索,搜索到的结果会以列表的形式展示在网页上。以查询证券法为例,在国家法律法规数据库检索框中输入"证券法",再点击搜索框右侧的放大镜按钮即可得到相应检索结果,如图 8-59 所示,检索结果中标明了法律法规标题、制定机关、法律性质、时效性、公布日期等信息。

图 8-59　国家法律法规数据库检索结果界面

进一步选择"标题"下对应的法律法规即可查看,查看界面可提供扫码下载服务及公报原版、WPS 版本等,如图 8-60 所示。

图 8-60　国家法律法规数据库法规查看界面

2. 高级检索

用户还可以通过高级搜索来进行更加精确的查询。点击"高级搜索",下方出现设置框,可以通过设置框中的选项(施行日期、公布日期、时效性、制定机关和法律效力位阶)来进行精确的筛选,框中分别有"确定""取消""重置"三个按钮。"确定"按钮的作用是确定筛选条件并进行搜索,"取消"按钮的作用是取消筛选条件并关闭筛选菜单,"重置"按钮的作用是取消筛选条件、不关闭筛选菜单。以检索"施行日期"为2015年1月1日—2022年4月21日、"时效性"为"有效"、"法律效力位阶"为"经济法"、"制定机关"为"全国人大及其常委会"为例,设置如图8-61所示。

图8-61 国家法律法规数据库高级检索设置示例

检索结果共有57条,按序号、标题、制定机关、法律性质、时效性等字段进行罗列,同时在制定机关、法律性质、时效性等字段可选择排序(点击三角形箭头),如图8-62所示。高级检索查看方式同基本检索一样,查看界面也可提供扫码下载服务及公报原版、WPS版本等。

(二)万方中国法律法规数据库

中国法律法规数据库是万方数据平台的一个子库,提供国家法律法规、行政法规、地方法规、国际条约及惯例、司法解释、合同范本等一站式检索。

1. 简单检索

简单检索系统提供题名、颁布部门、终审法院三个字段的检索,用户可以根据自己的需要选择检索词所在字段。以检索审计相关的法律法规信息为例,选择"题名"字段,输入"审计",点击检索框右侧的"检索"即可得到相应的检索结果。

在检索结果页面,用户可以通过左侧的法规分类、效力级别、颁布日期、时效性四个聚类分析列表进行二次检索,还可将检索结果按相关度、下载量、颁布时间进行排序,查找需要的信息,如图8-63所示。

图 8-62 高级检索结果界面

图 8-63 中国法律法规数据库简单检索界面

选择"中华人民共和国审计法(2006 修正)"查看详细信息,如图 8-64 所示,已获授权的用户可以选择下载、在线阅读、收藏、分享等,同时还可以查看该法律的基本信息。

2. 高级检索

中国法律法规数据库的高级检索入口位于简单检索输入框的右上方,提供的检索字段有检索信息(题名、发文文号、效力级别、颁布部门、时效性和终审法院)、发表时间和智能检索。其中检索信息可以采用与、或、非逻辑运算,同时可以选择精确、模糊匹配方式。智能检索提供中英文扩展(基于中英文主题词典及机器翻译技术,拓展英文关键词检索,帮助用户获得更加全面的

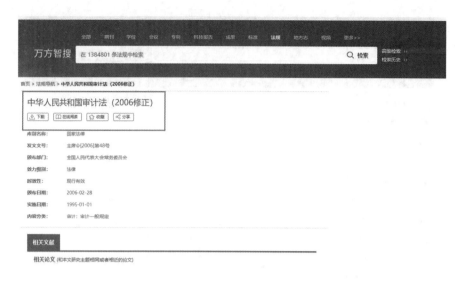

图 8-64 检索结果详细信息界面

检索结果)和主题词扩展(基于超级主题词表,为用户扩展同义词、下位词检索以获得更加全面的检索结果)的检索。以检索省级地方政府颁布的有关经济的现行的 2015 年以来的法规为例,即设置见图 8-65,检索结果如图 8-66 所示。

图 8-65 中国法律法规数据库高级检索界面

图 8-66 检索结果

用户可直接查看检索结果,也可通过左侧的聚类分析列表进行二次检索,还可将检索结果按相关度、下载量、颁布时间进行排序,查找需要的信息。

选择"湖北省人民代表大会常务委员会关于推进长江保护法贯彻实施　守护长江母亲河　促进我省长江经济带高质量发展的决定"查看详细信息,如图 8-67 所示。已获授权的用户可以选择下载(单击"下载"按钮后界面见图 8-68)、在线阅读(界面见图 8-69)、收藏、分享等,同时还可以查看该法律的基本信息。

图 8-67　中国法律法规数据库检索结果详细信息

图 8-68　下载界面

如对检索结果不满意,也可通过调整检索策略和检索式达到检索目的。

(三)北大法宝数据库

北大法宝数据库的法律法规子库提供一框式检索,即简单检索。用户可以在一框式检索框中输入多个检索词,不同检索词之间以空格分开,空格默认组配为逻辑与。简单检索字段有标题、全文、发文字号三种。用户可以根据自己的需要选择检索词所在字段,检索同义词与否,精确匹配或模糊匹配,检索词之间的位置关系(同篇、同条、同段、同句),以及新检索还是在结果中

图 8-69　在线阅读界面

检索等方式进行调整。

1. 标题检索

当用户能够明确所查询的法律法规内容标题时，采用标题检索最为合适，这样可以提升查准率。以检索"上市公司收购管理办法"为例，如图 8-70 所示，在北大法宝数据库法律法规子库（默认）检索框中输入"上市公司收购管理办法"，选择"标题"检索，去掉"同义词"勾选，勾选"精准"条件，点击"新检索"，得到用户所需的检索信息。

图 8-70　北大法宝数据库法律法规子库简单检索示例

如图 8-71 所示，用户可以通过左侧的效力级别、发布部门、时效性、法规类别、发布年份四个聚类分析列表进行二次检索，还可以将检索结果按排序或分组进行浏览，可以选择效力级别、时效性、发布日期、实施日期、相关度、引用量等指标进行分组或罗列。可选择"上市公司收购管理办法（2020 修正）"查看详细信息。

2. 全文检索

当用户需要查询全文中包含某些词汇的文档时，可以选择使用全文检索方式。全文检索与同篇检索都是对一篇文档进行全篇文字检索。选择"全文"检索方式时，系统会默认同时勾选"同篇"检索按钮。例如用户查询"会计制度"相关法律法规，可将检索字段从"标题"调整为"全文"，提高查全率，如图 8-72 所示，在简单检索框中输入"会计制度"，检索词匹配默认为"同义词""精准""同篇"。从检索结果列表中可以看到，全文含有检索词"会计制度"及其近义词的文献有 4144 篇，同时检索词"会计制度"会高亮标红显示，其上下文区域也会显示，同时结果中标注了命中次数，帮助用户筛选检索结果。用户再通过左侧的聚类分析列表进行二次检索可更准确地查找自己需要的结果。

图 8-71　北大法宝数据库法律法规子库检索结果界面

图 8-72　北大法宝数据库法律法规子库全文检索示例

3. 发文字号检索

如果用户对所需的经济类法律法规的发文字号十分了解，可以直接选择发文字号字段进行检索。发文字号简称文号,习惯上也称为文件编号,它是发文机关在某一年度内所发各种不同文件的顺序编号。发文字号由发文机关的收发文责任部门负责统一编排;联合行文的,一般以主办机关为主体依据编制发文字号。发文字号由三部分组成:机关代字、年号和序号。如图 8-73 所示,进入北大法宝数据库法律法规子库检索界面,在发文字号字段检索框中输入"财社〔2022〕1号"并检索,用户可获得名为"财政部、国家医保局关于修订《中央财政城乡居民基本医疗保险补助资金管理办法》的通知(2022)"的文件。

图 8-73　北大法宝数据库法律法规子库发文字号检索示例

为了便于用户检索,北大法宝检索平台还设置了"结果中检索""高级检索""法宝订阅"等功能。

此外还有万律、法律之星、注册会计师行业法律法规库等数据库,此处不再一一列举。

第二节　数值型经济信息检索实例

第三章第三节介绍了什么是数值型经济信息,以及常见的数值型经济信息检索工具有哪些,包括各个检索工具的特点,涉及的检索工具有 EPS 全球经济统计分析平台、CEPII(国际经济信息研究中心)官网、经济统计年鉴等。下文主要以具体的检索实例来揭示几个数值型经济信息检索工具的使用方法,以便大家更好地利用和掌握工具。

一、EPS 全球经济统计分析平台检索实例

(1)检索实例:2020 年全国规模以上工业企业实现利润总额是多少？同比增长多少？

当我们对经济指标来源不太清楚时,可以在一框式检索框中输入相应指标,平台会指引该指标来源的数据库。

步骤一:如图 8-74,在检索框中输入"规模以上工业企业利润总额",进行搜索,平台得出本次检索数据来源为"中国宏观经济数据库",可直接勾选该库进入,也可在平台首页找到"宏观经济"入口进入,如图 8-75。

步骤二:在"中国宏观经济数据库"的"行维度"(即指标)中找到"工业—规模以上工业企业主要经济指标—经济指标综合—利润总额",进行勾选,如图 8-76。

第八章　经济信息检索实践

图 8-74　EPS 数据平台一框式检索找到目标数据库

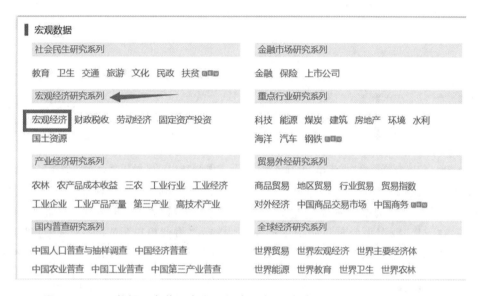

图 8-75　EPS 数据平台首页中宏观经济研究系列"中国宏观经济数据库"入口

图 8-76　行维度指标选择

步骤三：在"中国宏观经济数据库"的"列维度"（即时间）中，选择并勾选 2020 年和 2019 年。点击"查询"，得到结果：2020 年全国规模以上工业企业实现利润总额为 68 465.01 亿元，如图 8-77。

步骤四：点选统计菜单中的"增长率"，选择变量"利润总额（亿元）"，方法选择为"同比增长率"，点击"应用"按钮，如图 8-78，平台计算并得到同比增长率为 4.05%，如图 8-79。

217

图 8-77　EPS 数据平台本实例第一项检索结果

图 8-78　EPS 数据平台"增长率"设置页面　　图 8-79　EPS 数据平台本实例第二项检索结果

(2)检索实例：统计 2015 年至 2019 年中国柑橘出口量(吨)和出口额(千美元)数据，并用可视化图表进行展示。查询中国各地区 2020 年柑橘产量(万吨)数据，排名前三的地区是哪些？

步骤一：在 EPS 数据平台首页一框式检索框中输入"柑橘出口量"，点击"搜索"按钮，平台指向"世界农林数据库"，选中该数据库，勾选需要的两个指标，点击"显示数据"按钮，如图 8-80。

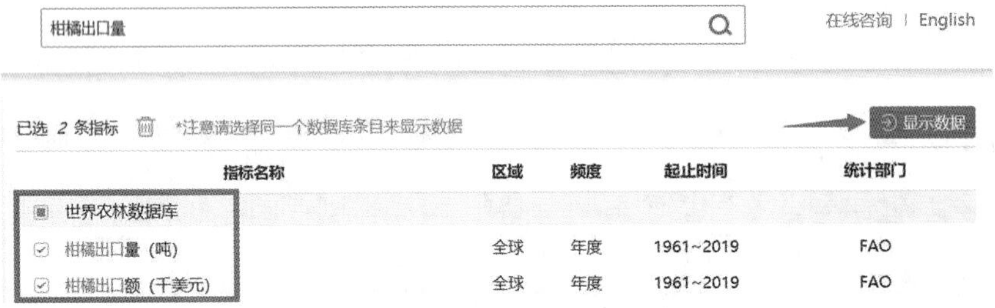

图 8-80　EPS 数据平台根据统计指标锁定对应来源数据库

步骤二：在"世界农林数据库"中"行维度"有"指标"和"国家"，其中"指标"维度在第一步已做勾选，平台自动代入"柑橘出口量(吨)"和"柑橘出口额(千美元)"(见图 8-81)，在"国家"维度项选择"按国家分类—亚洲—中国"，在"列维度"时间指标中勾选 2015 年、2016 年、2017 年、2018 年、2019 年共五个年份，检索得出本实例所需数据列表，如图 8-82。

图 8-81　EPS 数据平台"世界农林数据库"中行维度指标选择

		2015	2016	2017	2018	2019
柑橘出口量（吨）	中国	132,895.00	183,326.00	233,150.00	246,721.00	220,961.00
柑橘出口额（千美元）	中国	151,242.00	213,364.00	263,582.00	278,013.00	230,396.00

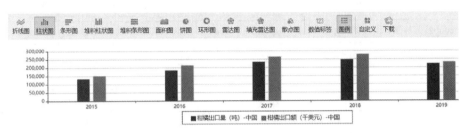

图 8-82　EPS 数据平台本实例检索结果数据列表

步骤三：EPS 平台不仅提供统计数据列表，还同步提供可视化图表，点选“柱状图”，得到图 8-83。

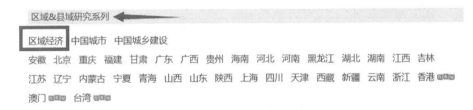

图 8-83　EPS 数据平台本实例检索结果可视化图表

步骤四：针对中国各地区 2020 年柑橘产量进行数据统计，对应数据库不再是“世界农林数据库”，而是“区域&县域研究系列”中的“区域经济”数据库，在平台首页找到“区域经济”点击进入数据库，如图 8-84。

图 8-84　EPS 数据平台“区域经济”数据库入口

步骤五：在行维度的指标中找到“三农—主要农产品产量—水果产量—柑橘产量(万吨)”进行勾选，在地区指标中勾选所有地区，在列维度的时间选项中选择 2020 年，点击“查询”按钮，得到中国各地区 2020 年柑橘产量(万吨)数据。通过菜单栏“下载”功能，可下载出查询结果的 Excel 数据表，如图 8-85，根据各地区数值，得出产量最高的三个地区分别是广西壮族自治区、湖南省和湖北省。

柑桔产量（万吨）

	内蒙古自治区	上海	江苏省	浙江省	安徽省	福建省	江西省	河南省	湖北省	湖南省	广东省	广西壮族自治区	海南省	重庆市	四川省	贵州省	云南省	西藏自治区	陕西省	甘肃省
2020	0.00	11.70	3.40	191.80	3.30	386.10	425.60	4.70	510.00	626.70	497.70	1,382.10	14.40	319.90	489.00	67.80	135.90	0.00	51.90	0.10

图 8-85　查询结果数据表

(3)检索实例：企业 IPO 是缓解企业资金紧张的有效手段，这为企业的持续发展提供了有力的资金支持。请对比分析房地产上市公司招商地产、保利地产、万科、金地集团 2012—2014 年的盈利能力。

说明：招商地产股票代码为 000024；保利地产股票代码为 600048；万科股票代码为 000002；

金地地产股票代码为 600383。

步骤一：在"宏观数据"中选择"金融市场研究系列—上市公司"，进入界面后选择"中国上市公司数据库 季度(分公司)"。

步骤二：行维度指标勾选"盈利能力"对应的所有指标，行维度的分类输入这四个房地产上市公司的股票代码，进行勾选，列维度时间选择 2012—2014 年，每年四个季度，点击"查询"按钮。

步骤三：在数据结果列表使用"下载"功能，导出 Excel 格式的列表，如表 8-4。

表 8-4 EPS 数据平台本实例检索导出数据列表

盈利能力指标	房地产上市公司	Ⅰ-2012	Ⅱ-2012	Ⅲ-2012	Ⅳ-2012	Ⅰ-2013	Ⅱ-2013	Ⅲ-2013	Ⅳ-2013	Ⅰ-2014	Ⅱ-2014	Ⅲ-2014	Ⅳ-2014
总资产利润率/(%)	000002(万科A)	0.49	1.37	1.77	4.13	0.43	1.23	1.62	3.82	0.33	1.09	1.46	3.79
	000024(招商地产)	0.68	1.95	3.25	3.92	1.12	2.77	3.78	4.11	0.82	1.7	2.11	3.63
	600048(保利地产)	0.33	1.5	1.95	3.97	0.25	1.3	1.68	3.78	0.26	1.19	1.82	3.89
	600383(金地集团)	0.21	0.7	1.21	4.19	0.23	0.4	0.78	3.64	0.05	0.16	0.47	3.98
主营业务利润率/(%)	000002(万科A)	30.71	26.52	26	25.97	27.65	23.66	22.92	22.95	30.38	21.78	20.99	20.95
	000024(招商地产)	30.05	32.32	34.59	31.93	33.09	30.13	30.48	27.47	26.77	25.19	22.93	24.84
	600048(保利地产)	33.09	28.1	26.93	24.4	26.31	22.64	22.88	21.85	22.34	23.42	23.48	21.81
	600383(金地集团)	28.61	25.5	23.53	22.91	18.79	20.35	17.87	18.74	18.81	16.16	17.13	20.06
总资产净利润率/(%)	000002(万科A)	0.5	1.45	1.91	4.64	0.45	1.32	1.78	4.27	0.34	1.12	1.52	3.91
	000024(招商地产)	0.7	2.04	3.53	4.53	1.15	2.87	4.01	4.53	0.82	1.74	2.19	3.86
	600048(保利地产)	0.34	1.58	2.14	4.47	0.26	1.38	1.85	4.2	0.27	1.26	1.96	4.19
	600383(金地集团)	0.21	0.72	1.31	4.45	0.23	0.42	0.83	3.98	0.05	0.16	0.49	3.99
成本费用利润率/(%)	000002(万科A)	24.54	24.12	21.21	25.4	20.6	20.62	18.55	21.67	24.96	20.13	17.82	20.24
	000024(招商地产)	30.37	33.81	38.33	33.01	40.23	39.95	38.55	31.17	27.9	26.15	22.18	23.88
	600048(保利地产)	25.45	28.46	25.34	24.23	16.22	19.85	18.8	20.93	15.15	20.35	20.61	20.99
	600383(金地集团)	18.68	17.18	16.99	21.72	9.74	10.03	8.92	20.47	5.27	4.87	7.05	18.36
营业利润率/(%)	000002(万科A)	19.69	19.57	17.67	20.38	17.11	17.17	15.72	17.92	21.25	16.74	15.14	17.06
	000024(招商地产)	23.31	24.84	27.37	24.64	28.42	29.37	28.33	24.34	22.18	20.84	18.21	19.15
	600048(保利地产)	20.07	22.28	20.11	19.44	13.92	16.61	15.83	17.33	13.52	17.19	17.3	17.4
	600383(金地集团)	15.81	14.68	12.76	16.49	8.99	8.93	8.06	18	4.96	4.53	6.69	15.66
主营业务成本率/(%)	000002(万科A)	58.21	62.74	62.62	63.44	62.87	66.41	67.86	68.53	60.08	69.08	69.94	70.06
	000024(招商地产)	52.64	50.05	47.28	51.17	49.45	53.53	53.64	58.48	63.12	64.75	67.03	62.67
	600048(保利地产)	52.42	60.73	61.54	63.81	64.38	67.42	67.27	67.84	65.87	66.22	66.37	67.97
	600383(金地集团)	59.99	64.42	67.1	67.95	73.57	72.24	73.9	73.09	75.27	76.6	75.1	71.07
销售净利润率/(%)	000002(万科A)	14.79	14.76	13.32	15.19	12.78	12.89	11.79	13.51	17.25	13.41	12.04	13.18
	000024(招商地产)	15.79	16.95	19.08	16.91	20.99	20.19	19.88	16.91	15.25	14.92	12.89	12.7
	600048(保利地产)	13.61	16.12	14.82	14.48	9.19	12.05	11.61	12.85	9.51	12.33	12.73	13.05
	600383(金地集团)	11.18	10.46	10.92	13.06	5.61	5.22	5.06	12.95	1.93	2.35	4.27	10.88

续表

盈利能力指标	房地产上市公司	Ⅰ-2012	Ⅱ-2012	Ⅲ-2012	Ⅳ-2012	Ⅰ-2013	Ⅱ-2013	Ⅲ-2013	Ⅳ-2013	Ⅰ-2014	Ⅱ-2014	Ⅲ-2014	Ⅳ-2014
净资产收益率/(%)	000002(万科A)	2.57	6.76	9.02	19.66	2.46	6.84	9.02	19.66	2.08	6.25	8.22	17.86
	000024(招商地产)	2.06	5.73	10.75	14.18	3.35	9.94	13.49	15.72	2.75	6.44	7.95	13.71
	600048(保利地产)	1.5	6.88	10.1	19.86	1.7	7.68	10.11	20.76	1.55	7.14	11	19.87
	600383(金地集团)	0.75	2.4	4.35	14.4	0.79	1.29	3.01	12.4	0.17	0.56	1.55	12.7
股本报酬率/(%)	000002(万科A)	13.92	46.5	55.9	147.95	16.26	54.34	67.88	172.47	14.87	56.72	69.03	182.29
	000024(招商地产)	33.17	117.06	179.35	268.53	75.09	209.68	271.7	343.1	64.4	110.51	118.82	233.41
	600048(保利地产)	11.26	48.21	64.99	143.25	9.58	55.57	72	171.19	12.31	42.96	61.97	137.05
	600383(金地集团)	4.36	17.63	28.67	98.77	5.34	13.38	20.47	104.66	1.36	9.02	14.17	115.21
净资产报酬率/(%)	000002(万科A)	2.21	7.32	8.58	19.8	2.11	6.8	7.92	18.02	1.61	5.91	7.16	17.36
	000024(招商地产)	2.28	7.76	11.01	15.66	4.2	11.22	13.99	15.14	2.78	7.2	7.58	13.74
	600048(保利地产)	1.56	7.8	9.94	18.67	1.21	6.74	8.49	17.67	1.24	6.39	9.26	18.18
	600383(金地集团)	0.75	2.92	4.44	14.4	0.76	1.89	2.95	12.3	0.16	1.07	1.67	12.77
资产报酬率(%)	000002(万科A)	0.49	1.55	1.77	4.29	0.43	1.38	1.62	3.96	0.33	1.25	1.46	3.96
	000024(招商地产)	0.68	2.29	3.25	4.22	1.12	3.06	3.78	4.4	0.82	2.02	2.11	3.96
	600048(保利地产)	0.33	1.59	1.95	4.07	0.25	1.4	1.68	3.89	0.26	1.31	1.82	4.02
	600383(金地集团)	0.21	0.82	1.21	4.31	0.23	0.52	0.78	3.78	0.05	0.3	0.47	4.15
销售毛利率/(%)	000002(万科A)	41.79	37.26	37.38	36.56	37.13	33.59	32.14	31.47	39.92	30.92	30.06	29.94
	000024(招商地产)	47.36	49.95	52.72	48.83	50.55	46.12	46.36	41.52	36.88	35.25	32.97	37.33
	600048(保利地产)	47.58	39.27	38.46		35.62	32.58	32.73	32.16	34.13	33.78	33.63	32.03
	600383(金地集团)	40.01	35.58	32.9	32.18	26.43	28.22	26.43	26.91	24.73	23.4	24.9	28.93
三项费用比重/(%)	000002(万科A)	11.77	8.16	9.48	6.4	10.68	7.24	7.93	5.73	16.42	8.17	8.35	6.19
	000024(招商地产)	6.72	5.69	5.96	6.18	4.71	3.58	4.18	5.96	6.24	5.23	5.63	5.2
	600048(保利地产)	12.89	6.74	7.36	5.46	12.75	6.66	7.56	5.14	12.53	7.56	7.74	4.95
	600383(金地集团)	13.9	11.49	10.5	5.42	10.07	10.55	9.49	7.24	13.16	11.51	10.99	4.96
非主营比重/(%)	000002(万科A)	7.12	8.42	8.39	4.68	1.46	5.83	5.46	4.26	36.89	22.12	19.35	17.55
	000024(招商地产)	0.49	0.85	0.02	−0.47	1.48	5.88	4.85	7.65	7.39	4.68	5.68	4.12
	600048(保利地产)	0.9	4.84	4.51	4.06	0.86	3.72	3.39	4.53	26.95	7.36	9.19	6.33
	600383(金地集团)	7.34	5.13	17.11	9.84	2.2	4.21	3.45	7.82	−12.46	0.79	7.82	0.7
主营利润比重/(%)	000002(万科A)	154.37	134.71	146.87	127.09	161.64	137.27	145.31	127.93	141.51	125.28	134.81	121.43
	000024(招商地产)	129.05	130.31	126.42	130.31	114.85	102.69	107.28	112.27	120.77	120.35	125.02	129.45
	600048(保利地产)	162.93	125.56	132.12	124.25	187.66	135.71	143.72	125.32	163.54	136.83	135.23	124.98
	600383(金地集团)	179.58	172.59	159.25	127.87	211.21	224.97	218.53	103.42	378.06	348.09	258.74	128.69

数据来源:中国证监会、中国上市公司协会、上海证券交易所、深圳证券交易所。

步骤四:通过 Excel 的求和功能,将每年四个季度值求和,得到年度各指标数据。

(4)检索实例:我国"十一五"规划首次把单位国内生产总值能消水平作为约束性指标,提出 2010 年单位 GDP 能耗比 2005 年降低 20%。"十二五"规划提出 2015 年单位 GDP 能耗比 2010 年降低 16%,并提出"合理控制能源消费总量"。"十三五"规划进一步明确单位 GDP 能耗累计下降 15%。"十四五"规划设定为 13.5%。请利用 EPS 数据平台查询我国 2015—2019 年每万元国内生产总值能源消费量的年度数据。运用"增长率"功能分析出我国 2015—2019 年每万元国内生产总值能源消费量的年比增长率。

步骤一:在 EPS 数据平台首页,一框式检索框中输入"万元国内生产总值能源消费量",搜索指向"中国能源数据库—年度(全国)",如图 8-86,勾选该数据库和 2015—2019 年万元国内生产总值能源消费量,得到检索结果,如图 8-87。

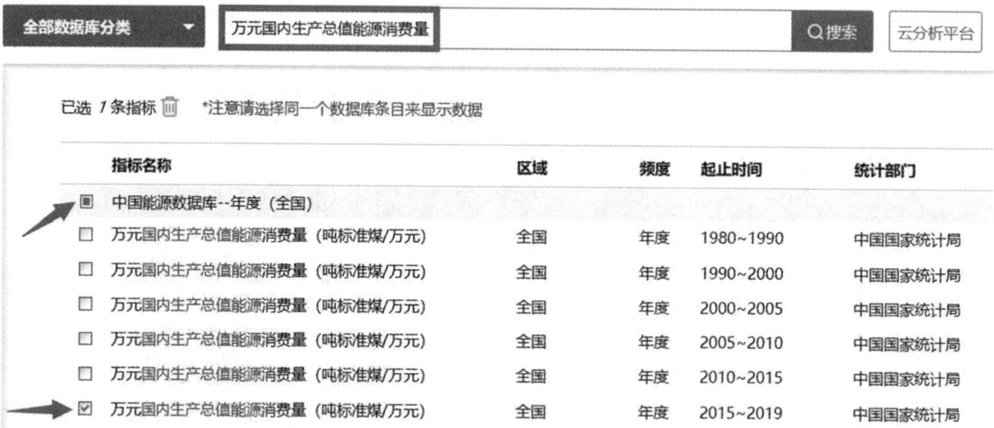

图 8-86　EPS 数据平台本实例一框式检索得到关联数据库

	2015	2016	2017	2018	2019
万元国内生产总值能源消费量(吨标准煤/万元)	0.63	0.60	0.58	0.56	0.55

图 8-87　EPS 数据平台本实例检索结果数据列表

步骤二:将上述检索结果"添加序列",如图 8-88,存一个序列名称。点击"云分析平台"按钮,找到刚刚保存的序列名称,选择满足题目要求的起止时间,点击"同步数据"按钮,如图 8-89。

图 8-88　将检索结果添加序列

步骤三:点击菜单中的"增长率",出现"增长率"对话窗,勾选变量,选择方法为"年比增长率",点击"应用"按钮,如图 8-90,所得结果见图 8-91。

图 8-89　EPS 数据平台云分析平台

图 8-90　"增长率"对话窗中的设置

图 8-91　EPS 数据平台本检索实例检索结果

二、CEPII 经济数据检索实例

检索实例:通过 CEPII 官网查询 2017—2020 年中国从相关国进口蜂蜜的贸易额和数量。

步骤一:进入 CEPII 官网(http://www.cepii.fr/CEPII/en/welcome.asp)。

步骤二:在菜单中找到 DATA 并点击,再点击左侧"BACI"进入子数据库,如图 8-92 所示。

步骤三:平台提供数据包下载服务和文档说明,如图 8-93 和图 8-94 所示。下载数据前,可通过"documentation"查看下载文档的说明。

说明:BACI 数据库是 CEPII 的国际贸易数据库,涵盖 200 多个国家和地区 5000 余种产品的双边贸易数据。该数据库根据每个国家直接向联合国统计司报告的数据构建,具有一定的权威性和可靠性。HS 代码也就是海关编码,源于 20 世纪 50 年代末联合国发布的《国际贸易标准分类》,1992 年起改为以海关合作理事会制定的《商品名称和编码协调制度》作为现行的国际商业与贸易分类和代码体系。HS 代码主要用于商品与物资分类、宏观统计、国际贸易、海关实务、EDI 报文等,故为当今国际上使用最为广泛的物资与商品信息分类与代码体系。例如,HS17 数据包包含 2017 年、2018 年、2019 年、2020 年四年的商品双边贸易数据。

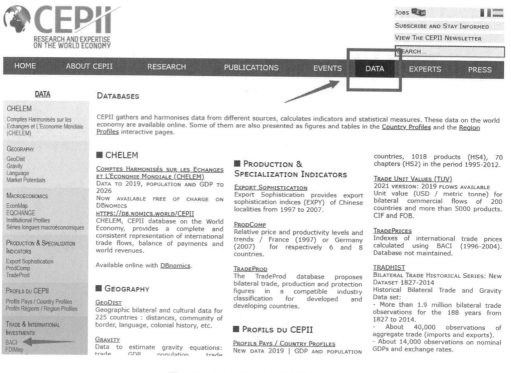

图 8-92 进入 BACI 子数据库

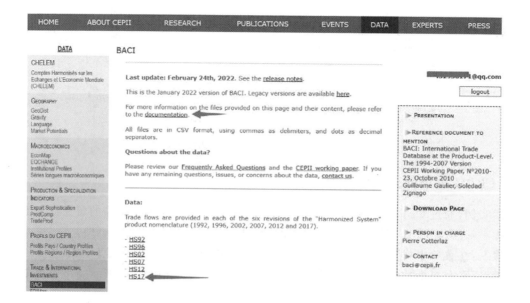

图 8-93 CEPII 平台文档说明及数据包下载

1 Structure of the dataset

BACI provides yearly data on bilateral trade flows at the product level. Products are identified using the Harmonized System (HS), which is the standard nomenclature for international trade, used by most customs. The Harmonized System was revised in 1992, 1996, 2002, 2007, 2012 and 2017, and we provide BACI in each of those 6 revisions:

HS revision	Years available	Name of the files
92	1995-2020	BACI_HS92_Y*year*_V*version*.csv
96	1996-2020	BACI_HS96_Y*year*_V*version*.csv
02	2002-2020	BACI_HS02_Y*year*_V*version*.csv
07	2007-2020	BACI_HS07_Y*year*_V*version*.csv
12	2012-2020	BACI_HS12_Y*year*_V*version*.csv
17	2017-2020	BACI_HS17_Y*year*_V*version*.csv

Each ***version*** of BACI is identified by the year and the month of its release, under the form *YYYYMM* (*202201* for the January 2022 release, for instance)

year identifies the year during which the recorded trade flows took place.

Each trade flow within BACI is characterized by a combination exporter-importer-product-year. We provide the value and the quantity.

BACI contains 6 variables:

Variable	Description
t	Year
k	Product category (HS 6-digit code)
i	Exporter (ISO 3-digit country code)
j	Importer (ISO 3-digit country code)
v	Value of the trade flow (in thousands current USD)
q	Quantity (in metric tons)

图 8-94 CEPII 平台文档说明

步骤四：根据本案例检索需求，选择 HS17 对应的数据包进行下载，下载后获得相关文件，如图 8-95 所示。

BACI_HS17_Y2017_V202201.csv
BACI_HS17_Y2018_V202201.csv
BACI_HS17_Y2019_V202201.csv
BACI_HS17_Y2020_V202201.csv
country_codes_V202201.csv
product_codes_HS17_V202201.csv
Readme.txt

图 8-95 CEPII 平台 BACI 子数据库中 HS17 数据库文件

步骤五：通过“country_codes_V202201”查看中国国别代码，为 156，如图 8-96 所示。

43	152	Chile	Chile	CL	CHL
44	156	China	China	CN	CHN
45	162	Christmas Isds	Christmas Islands	CX	CXR
46	166	Cocos Isds	Cocos Islands	CC	CCK
47	170	Colombia	Colombia	CO	COL
48	174	Comoros	Comoros	KM	COM
49	175	Mayotte	Mayotte	YT	MYT
50	178	Congo	Congo	CG	COG
51	180	Dem. Rep. of the Congo	Democratic Republic o	CD	COD

country_codes_V202201

图 8-96 CEPII 平台 BACI 子数据库国别代码表

步骤六：通过“product_codes_HS17_V202201”查看“Honey：natural”（蜂蜜）对应的商品代码，为 40900，如图 8-97 所示。

355	40899	Eggs: birds' eggs (not in shell, excluding yolks
356	40900	Honey: natural ←
357	41000	Animal products: edible, n.e.c. in this or other
358	50100	Animal products: hair, human, unworked, whether
359	50210	Animal products: hair and bristles, of pigs, hogs
360	50290	Animal products: badger hair and other brush maki
361	50400	Animal products: guts, bladders and stomachs of a
362	50510	Animal products: feathers and down used for stuff

product_codes_HS17_V202201

图 8-97　CEPII 平台 BACI 子数据库商品代码表

步骤七：通过 BACI 首页中"documentation"了解数据表标题字母代表含义，如图 8-98 所示，可知：t 为年份；k 为产品类别（HS 6 位商品编码）；i 为出口商（ISO 3 位国家代码）；j 为进口商（ISO 3 位国家代码）；v 为贸易额（以千美元为单位）；q 为数量（吨）。

Variable	Description
t	Year
k	Product category (HS 6-digit code)
i	Exporter (ISO 3-digit country code)
j	Importer (ISO 3-digit country code)
v	Value of the trade flow (in thousands current USD)
q	Quantity (in metric tons)

图 8-98　CEPII 平台 BACI 数据表中各字段字母含义对照

步骤八：对"BACI_HS17_Y2017_V202201"数据库中数据进行筛选，令 j＝156，k＝40900，得到对应数据，如图 8-99 所示。根据上文中的字段含义，可解读出中国 2017 年从相关国进口蜂蜜的贸易额及数量，如图 8-100 所示。

1	A t	B i	C j	D k	E v	F q
4743	2017	8	156	40900	1.246	0.614
41400	2017	32	156	40900	7.011	1.627
82138	2017	36	156	40900	6650.02	532.834
218224	2017	40	156	40900	301.573	45.154
479609	2017	56	156	40900	4.295	0.571
774916	2017	76	156	40900	285.051	36.745
877166	2017	96	156	40900	42.156	0.464
895758	2017	100	156	40900	105.105	15.339
973801	2017	104	156	40900	73.028	5.794

图 8-99　2017 年数据按 j 和 k 筛选结果

步骤九：同样再分别对 2018 年、2019 年、2020 年三年的数据进行筛选，分别得出对应年份中国从相关国进口蜂蜜的数据。

A	B	C	D	E	F	G	H	I
年份	出品国代码	出品国	进口国代码	进口国	商品代码	商品名称	贸易额/千美元	数量/吨
2017	8	阿尔巴尼亚	156	中国	40900	蜂蜜	1.246	0.614
2017	32	阿根廷	156	中国	40900	蜂蜜	7.011	1.627
2017	36	澳大利亚	156	中国	40900	蜂蜜	6650.02	532.834
2017	40	奥地利	156	中国	40900	蜂蜜	301.573	45.154
2017	56	比利时	156	中国	40900	蜂蜜	4.295	0.571
2017	76	巴西	156	中国	40900	蜂蜜	285.051	36.745
2017	96	文莱达鲁萨兰国	156	中国	40900	蜂蜜	42.156	0.464
2017	100	保加利亚	156	中国	40900	蜂蜜	105.105	15.339
2017	104	缅甸	156	中国	40900	蜂蜜	73.028	5.794

图 8-100　2017 年中国从相关国进口蜂蜜的贸易额及数量

三、中国经济信息网数据检索实例

检索实例：通过中国经济信息网，了解新能源汽车 2022 年第一季度的整车价格走势。

步骤一：进入中国经济信息网（https://www.cei.cn/），点击菜单栏"行业频道"，如图 8-101 所示。选择"汽车产业"，进入汽车产业页面。

图 8-101　中国经济信息网"行业频道"入口

步骤二：在检索框中输入"新能源汽车"，进行初筛选。在结果页面，按照检索需求，再在检索框中输入"整车价格"，勾选"在结果中检索"，如图 8-102 所示。

图 8-102　在结果页面进行二次检索

步骤三：进行检索，阅读检索结果中的 2022 年相关文章，如图 8-103 所示，得出本案例问题结论：2022 年第一季度新能源汽车的整车价格呈现上涨趋势。

四、国研网经济数据检索实例

（1）检索实例：请用国研网（教育版），查找标题中包含"数字货币"的相关文章。在该平台进一步查找标题既包括"数字货币"又包括"区块链"的相关文章。

步骤一：从国研网（教育版）官网（http://edu.drcnet.com.cn/www/edunew/）进入首页，如图 8-104 所示。

步骤二：在检索框中输入"数字货币"（默认检索字段为"标题"），搜索得到相关文章，如图 8-105 所示。

图 8-103　中国经济信息网中新能源汽车整车价格 2022 年相关文章

图 8-104　国研网(教育版)首页

图 8-105　国研网(教育版)标题中含有"数字货币"的相关文章检索结果页面

步骤三：选择"高级检索"，字段默认为"标题"，第一个检索词输入"数字货币"，选择逻辑关系为"与"，输入第二个检索词"区块链"，如图 8-106 所示，进行搜索，即可得到标题既包括"数字货币"又包括"区块链"的相关文章。

图 8-106　国研网(教育版)的高级检索设置

(2)检索实例：请在国研网中检索 2021 年每月中国外汇交易量数据。

步骤一：进入国研网官网(http://www.drcnet.com.cn/)。

步骤二：选择"统计数据库—宏观经济数据库—金融统计"，在"金融统计数据库"中选择月度数据下面的"外汇交易"指标，如图 8-107 所示，右侧列表中找到"2021 年外汇交易统计表"，点击打开即得到 2021 年每月中国外汇交易量数据，如图 8-108 所示。

图 8-107　国研网"外汇交易"数据入口

注意事项：用户未注册时没有数据获取权限，表内数据将自动隐藏。如果用户已包库购买，可在对应 IP 范围内使用该平台数据。个人用户可选择购买 VIP 权限。可通过网站帮助中心查看获取权限的方式。

(3)检索实例：请在国研网中查询我国 2021 年 5 月股票成交金额(亿元)，同比上升多少？2021 年较 2020 年我国股票成交金额增长多少？2021 年 9 月，证券市场发行筹资情况如何？首次发行 A 股、B 股和 H 股分别是多少亿元？

步骤一：进入国研网官网。

步骤二：选择"统计数据库—宏观经济数据库—金融统计"，在"金融统计数据库"页面中选择"证券期货—股票市场—月度数据—股票发行情况—股票发筹资情况"，在右侧结果列表中选择"2021 年股票交易情况"，可导出 Excel 表，筛选 5 月数据，得出：我国 2021 年 5 月股票成交金额为 159 055 亿元，同比上升 41.4%，如图 8-109 所示。

步骤三：根据图 8-109 中的数据表，计算得出：2021 年较 2020 年我国股票成交金额增

2021年外汇交易统计表（1-12月）

时间	美元		港元		日元		欧元		英镑	
	平均汇率（人民币/美元）	期末汇率（人民币/美元）	平均汇率（人民币/港元）	期末汇率（人民币/港元）	平均汇率（人民币/100日元）	期末汇率（人民币/100日元）	平均汇率（人民币/欧元）	期末汇率（人民币/欧元）	平均汇率（人民币/英镑）	期末汇率（人民币/英镑）
2021.01	6.4771	6.4709	0.83543	0.83462	6.2457	6.2021	7.8853	7.8404	8.833	8.8768
2021.02	6.4602	6.4713	0.83326	0.83449	6.1324	6.0831	7.8096	7.8686	8.9503	9.0629
2021.03	6.5066	6.5713	0.83799	0.84518	5.9927	5.9554	7.7516	7.7028	9.0225	9.0313
2021.04	6.5204	6.4672	0.83926	0.83306	5.9809	5.9382	7.8025	7.8397	9.0255	9.0201
2021.05	6.4316	6.3682	0.82824	0.82043	5.8924	5.7939	7.8174	7.7616	9.0699	9.0287
2021.06	6.4228	6.4601	0.82751	0.83208	5.8325	5.8428	7.7416	7.6862	9.0129	8.941
2021.07	6.4741	6.4602	0.83322	0.8312	5.8697	5.9013	7.6542	7.6791	8.9402	9.018
2021.08	6.4772	6.4679	0.83214	0.8307	5.8972	5.8822	7.6235	7.6303	8.9395	8.8987
2021.09	6.4599	6.4854	0.83035	0.83306	5.8641	5.7929	7.6102	7.5247	8.879	8.7103
2021.1	6.4192	6.3907	0.82527	0.82164	5.6484	5.6251	7.447	7.4643	8.8035	8.8146
2021.11	6.3953	6.3794	0.82101	0.81792	5.6016	5.6046	7.3004	7.2063	8.6118	8.4941
2021.12	6.37	6.3757	0.81677	0.8176	5.5926	5.5415	7.1991	7.2197	8.4737	8.6064

注：本表成交量按单向统计。
数据整理：国研网数据中心

图 8-108　国研网"外汇交易"数据检索结果页面

2021年股票交易情况

时间	交易天数	股票成交金额		日均成交金额		股票成交数量		日均成交数量		交易印花税	
		成交金额（亿元）	同比(%)	成交金额（亿元）	同比(%)	成交量（亿股）	同比(%)	成交量（亿股）	同比(%)	金额（亿元）	同比(%)
2020年累计	243	2067253.7		8403		167452		680.5		2067.3	
2021.05	18	159055	41.4	8836.39	41.4	12438.9	31.9	691.05	31.9	159.1	41.4
2021年累计	243	2579734.1		126865.55		187426		9212.8765		2579.8	

数据整理：国研网数据中心

图 8-109　国研网检索结果页面

长 512 480.4 亿元。

步骤四：在"金融统计数据库"页面中选择"证券期货—股票市场—月度数据—股票发行情况—股票发筹资情况"，在右侧结果列表中选择"2021年证券市场发行筹资"，导出 Excel 表，筛选 9 月数据，得出所需证券市场发行筹资情况，如图 8-110 所示。

2021年证券市场发行筹资

时间	首次发行金额			再筹资金额						债券市场筹资金额			
	A股（亿元）	B股（亿元）	H股（亿元）	A股（亿元）					B股（亿元）	H股（亿元）	可转债（亿元）	可分离债（亿元）	公司债（亿元）	可交换公司债（亿元）
				公开增发	定向增发（现金）	配股	权证行权	优先股						
2021.09	323.58	0	75.6	0	587.99	0	0	0	0	0	29.88	0	3833.41	9.8

注："首次发行金额"以IPO上市首日为基础统计。
数据整理：国研网数据中心

图 8-110　所需证券市场发行筹资情况检索结果页面

步骤五：根据图 8-110 中的数据表，得出：2021 年 9 月，我国首次发行 A 股 323.58 亿元；B 股 0 亿元；H 股 75.6 亿元。

五、经济类年鉴数据、政府公报、国家统计数据检索实例

本书第三章介绍了经济类年鉴，包括综合性年鉴、地区性年鉴、行业年鉴等。下文将以具体案例讲述年鉴的一般检索方法。

检索实例1：通过《中国财政年鉴》(2018 年)查询当年石油天然气进口关税、企业直接税、政府

对国外的支付数值(计量单位:亿元)。

步骤一:通过馆藏书目检索,找到《中国财政年鉴》(2018年)纸本图书。

步骤二:通过"进口货物增值税、消费税、关税"数据得到:2018年石油天然气进口关税为18 968.52亿元。

步骤三:通过"全国企业所得税"数据得到:2018年石油天然气企业直接税为32 117.29亿元。

步骤四:通过"对外援助+国外债务付息"得到:2018年中国政府对国外支付石油天然气费用为6442.06亿元。

检索实例2:国有资产是全体人民的共同财富。广义上的国有资产包括三大类,即经营性国有资产、行政事业性国有资产以及自然资源国有资产。在这三类国有资产中,最重要、最复杂的是经营性国有资产,尤其是非金融类的中央企业和地方国有企业。请通过《中国会计年鉴》查询2018年全国国有企业(中央和地方)的资产总额、负债总额、所有者权益总额,并对比2017年的这三项指标数据;通过《世界经济年鉴》查询中国2018年GDP增长率,对比2018年上述三项指标增幅与GDP增幅的大小。

步骤一:通过馆藏书目检索,找到《中国会计年鉴》(2019年)纸本图书。

步骤二:通过年鉴目录"第十二部分　财会统计资料"找到"2018年国有企业统计资料",可得到2018年相关指标数据,见表8-5。

表8-5　2018年相关指标数据

国有企业	资产总额/亿元	负债总额/亿元	所有者权益总额/亿元
中央企业	807 930.4	547 264.3	260 666.1
地方企业	1 295 720.5	803 101.7	492 618.8
合计	2 103 650.9	1 350 366.1	753 284.8

步骤三:找到2018年《中国会计年鉴》,找到"2017年国有企业统计资料",查询对应数据可得到2017年相关指标数据,见表8-6。

表8-6　2017年相关指标数据

国有企业	资产总额/亿元	负债总额/亿元	所有者权益总额/亿元
中央企业	761 873.6	518 645.0	243 228.6
地方企业	1 073 333.6	665 966.0	407 367.6
合计	1 835 207.2	1 184 611.0	650 596.1

步骤四:将上述2018年与2017年全国国有企业(中央和地方)的资产总额、负债总额、所有者权益总额进行对比可得表8-7。

表8-7　指标数据对比

年份	资产总额/亿元	负债总额/亿元	所有者权益总额/亿元
2017年	1 835 207.2	1 184 611.0	650 596.1
2018年	2 103 650.9	1 350 366.1	753 284.8
增长率/(%)	14.63	13.99	15.78

步骤五:通过馆藏书目检索,找到《世界经济年鉴》(2019年)纸本图书。

步骤六:通过"附录一　统计数据"找到"世界宏观经济统计"数据表,查询得到中国2018年GDP增长率为6.8%。

根据上述数据查询对比,可得出:在2018年我国经济下行压力增大的背景下,国有企业总体表现不错,各项指标的增幅远远高于GDP的增幅,国有企业在推动和稳定经济发展中发挥了"顶梁柱"的作用。

检索实例3:通过国家统计局提供的《第四次全国经济普查公报(第三号)》文查询,在2018年末工业行业大类中,企业法人单位数位居前三的是哪些行业,其在总数中占比分别是多少?在工业企业法人单位从业人员中,从业人员数位居前三的是哪些?其在总从业人数中占比是多少?

步骤一:进入国家统计局网站(http://www.stats.gov.cn/),在"统计数据"菜单中找到"统计公报",如图8-111所示,点击进入,平台提供年度统计公报、经济普查公报、人口普查公报、农业普查公报、R&D普查公报、其他统计公报、基本单位普查公报、工业普查公报及三产普查公报。点击左侧"经济普查公报"。

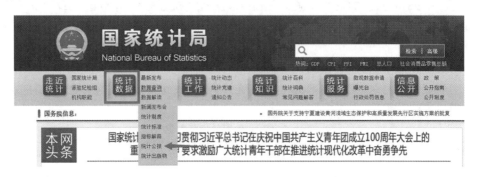

图 8-111　国家统计局网站统计公报查询入口

步骤二:找到"第四次全国经济普查公报(第三号)",点击进入。

步骤三:阅读公报中"表3-2　按行业大类分组的工业企业法人单位和从业人员",如图8-112所示,得出:2018年末,工业行业大类中,通用设备制造业、金属制品业、非金属矿物制品业在企业法人单位数方面位居前三,分别占9.7%、9.5%和7.6%。在工业行业大类中,计算机、通信和其他电子设备制造业,电气机械和器材制造业,以及非金属矿物制品业,从业人员数位居前三,分别占8.8%、6.4%和6.3%。

检索实例4:全国CPI(居民消费价格指数)和PPI(工业生产者出厂价格指数)数据是中国宏观经济重要的指标数据,请查询2022年4月中国工业生产者出厂价格月度同比涨幅和居民消费价格月度同比涨幅情况。

步骤一:进入国家统计局网站,在检索框中输入"PPI",进行检索,点击PPI下方"查看详情"按钮,平台提供按月统计的PPI数据列表,如图8-113所示,查询可得出:2022年4月工业生产者出厂价格月度同比涨幅为8.0%。

步骤二:进入国家统计局网站,在检索框中输入"CPI",进行检索,点击CPI下方"查看详情"按钮,平台提供按月统计的CPI数据列表,如图8-114所示,查询可得出:2022年4月居民消费价格月度同比涨幅为2.1%。

检索实例5:利用国家统计局网站"数据地图"功能,查询我国2021年第三季度农业总产值排名前三的省份是哪些。

步骤一:进入国家统计局网站,点击"统计数据—数据查询",跳转到新页面,点击页面右侧"数据地图",如图8-115所示,进入相应功能页。

步骤二:在页面左侧选择"农业—农业总产值_累计值",时间选择2021年,选择第三季度,选中

	企业法人单位（万个）	从业人员（万人）
合计	345.1	11521.5
煤炭开采和洗选业	1.3	347.3
石油和天然气开采业	0.04	62.6
黑色金属矿采选业	1.0	39.7
有色金属矿采选业	0.7	40.9
非金属矿采选业	3.4	64.8
开采专业及辅助性活动	0.4	38.9
其他采矿业	0.2	1.8
农副食品加工业	13.7	426.8
食品制造业	7.1	251.8
酒、饮料和精制茶制造业	6.0	175.6
烟草制品业	0.03	16.5
纺织业	14.4	471.7
纺织服装、服饰业	17.8	582.2
皮革、毛皮、羽毛及其制品和制鞋业	8.1	318.3
木材加工和木、竹、藤、棕、草制品业	10.6	212.7
家具制造业	8.4	198.4
造纸和纸制品业	7.4	171.7
印刷和记录媒介复制业	8.1	159.5
文教、工美、体育和娱乐用品制造业	12.1	315.0
石油、煤炭及其他燃料加工业	1.2	93.4
化学原料和化学制品制造业	11.4	473.0
医药制造业	2.6	232.0
化学纤维制造业	0.7	49.3
橡胶和塑料制品业	19.4	471.8
非金属矿物制品业	26.3	727.1
黑色金属冶炼和压延加工业	2.2	247.8
有色金属冶炼和压延加工业	2.8	202.0
金属制品业	32.9	650.3
通用设备制造业	33.4	710.7
专用设备制造业	23.0	533.9
汽车制造业	8.2	555.8
铁路、船舶、航空航天和其他运输设备制造业	3.2	189.5
电气机械和器材制造业	19.2	734.4
计算机、通信和其他电子设备制造业	13.4	1015.2
仪器仪表制造业	4.5	129.2
其他制造业	3.8	68.9
废弃资源综合利用业	1.4	26.5
金属制品、机械和设备修理业	3.9	48.6
电力、热力生产和供应业	7.7	339.9
燃气生产和供应业	0.8	41.1
水的生产和供应业	2.5	84.8

图 8-112　2018 年末按行业大类分组的工业企业法人单位和从业人员数据

序号	统计时间	工业生产者出厂价格月度同比涨跌(%)	生产资料工业生产者出厂价格月度同比涨跌(%)	生活资料工业生产者出厂价格月度同比涨跌(%)
9	2021年9月	10.7	14.2	0.4
10	2021年10月	13.5	17.9	0.6
11	2021年11月	12.9	17.0	1.0
12	2021年12月	10.3	13.4	1.0
13	2022年1月	9.1	11.8	0.8
14	2022年2月	8.8	11.4	0.9
15	2022年3月	8.3	10.7	0.9
16	2022年4月	8.0	10.3	1.0

图 8-113　国家统计局 PPI 数据列表

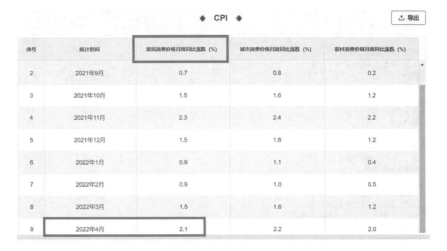

图 8-114　国家统计局 CPI 数据列表

图 8-115　"数据地图"入口

后地图上将标记出每个省份该指标的数值与颜色,通过地图左下角色块与数值的匹配关系图例,读图得知:2021 年第三季度,河南省、山东省和四川省的农业总产值居全国前三位,分别是 5274.81 亿元、4366.71 亿元和 4315.42 亿元。

关于国家统计局网站的统计数据说明:

(1)网站提供《如何获取统计数据》帮助文档(http://www.stats.gov.cn/tjzs/tjbk/201502/P020150508323847453391.pdf),用户可通过阅读了解国家统计局统计数据涉及范围、统计数据发布方式及时间周期、数据修订及更新、国家统计局编辑出版的统计资料(包括各专业统计年鉴、普查及调查统计资料、历史数据资料、地方统计年鉴和统计科普资料)等。

(2)国家统计局网站不仅提供国家主要统计数据查询服务,还包括数据解读、数据地图、数据可视化图表等功能。

第三节 事实型经济信息检索

第三章第四节介绍了什么是事实型经济信息,以及常见的事实型经济信息检索工具有哪些,包括各个检索工具的特点。本节将对经济事件、经济人物、经济机构的检索方法进行分析运用,其中涉及的检索工具有《中国市场经济学大辞典》《金融与投资辞典》《世界经济学大辞典》、中国知网、万方数据知识服务平台、EPS全球经济统计分析平台、CSMAR数据库以及经济类专业性网站等。以下主要以具体的检索实例来介绍几个事实型经济信息检索工具的使用方法,以便大家更好地利用和掌握工具。

一、经济事件检索

1. 手工检索

示例 A:请查找什么是三次社会大分工。

步骤一:分析检索主题,确定检索关键词"三次社会大分工"。

步骤二:根据检索经济事件信息的渠道来分析,这个示例中的检索词为中国社会主义市场经济学类专业名词,故以用《中国市场经济学大辞典》进行检索为首选。

步骤三:《中国市场经济学大辞典》是中国社会主义市场经济范畴的集萃,也是较易学习和使用的工具辞书。依据检索题分析,"三次社会大分工"属于市场经济理论部分,按照目录,可以检索到相关内容在第 124 页。

步骤四:翻到辞典的第 124 页可以得到检索结果,《中国市场经济学大辞典》对第一次社会大分工、第二次社会大分工、第三次社会大分工分别做出了详细的释义。①

示例 B:请查找世界知名的美国克勤会计事务所是由谁在哪一年,于什么背景下创办的。

步骤一:分析检索主题,确定检索关键词"克勤会计事务所""创办人""创办年份"。

步骤二:根据检索经济事件信息的渠道来分析,这个示例中的检索词为经济学会计类事件,因为此事务所世界知名,那么创办者一定是名人,故选用专门分类的《海外上海名人录》来进行检索。

步骤三:依据检索题分析,选用《海外上海名人录》,按照目录,可以检索到克勤会计事务所是由我国著名会计师顾衍时创办的,在第 161 页对这一经济事件有详细的解读(同时,在读秀平台也可检索到其电子书版本,见图 8-116)②。

示例 C:请查找《1989 年金融机构改革、复兴和执行法案》的具体内容。

步骤一:分析检索主题,确定检索内容是一个特定的经济事件,于 1989 年发生,关于金融机构改革、复兴和执行法案。

步骤二:根据检索经济事件信息的渠道来分析,这个示例中的检索内容为经济学金融类事件,故选用《金融与投资辞典》来进行检索。③

步骤三:依据检索题分析,选用《金融与投资辞典》,按照辞典的目录,它是以经济事件的英文翻译词条首字母排序编纂的,而"《1989 年金融机构改革、复兴和执行法案》"(*Financial*

---

① 赵林如. 中国市场经济学大辞典[M]. 北京:中国经济出版社,2019.
② 《上海侨务志》编纂委员会,上海社会科学院世界史研究中心. 海外上海名人录[M]. 上海:上海教育出版社,1991.
③ 道恩斯,古特曼. 金融与投资辞典[M]. 于研,郑英豪,译. 6 版. 上海:上海财经大学出版社,2008.

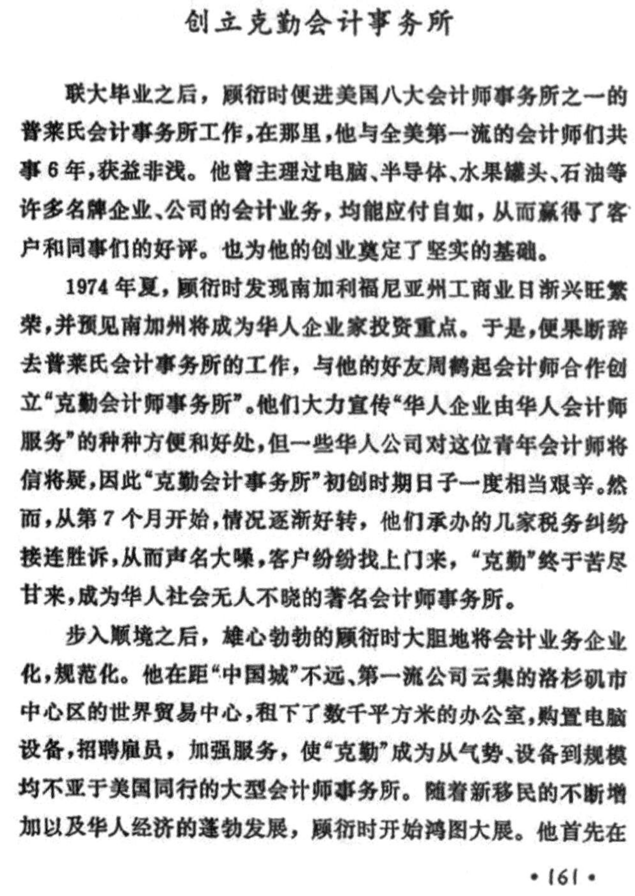

创立克勤会计事务所

联大毕业之后,顾衍时便进美国八大会计师事务所之一的普莱氏会计事务所工作,在那里,他与全美第一流的会计师们共事6年,获益非浅。他曾主理过电脑、半导体、水果罐头、石油等许多名牌企业、公司的会计业务,均能应付自如,从而赢得了客户和同事们的好评。也为他的创业奠定了坚实的基础。

1974年夏,顾衍时发现南加利福尼亚州工商业日渐兴旺繁荣,并预见南加州将成为华人企业家投资重点。于是,便果断辞去普莱氏会计事务所的工作,与他的好友周鹤起会计师合作创立"克勤会计师事务所"。他们大力宣传"华人企业由华人会计师服务"的种种方便和好处,但一些华人公司对这位青年会计师将信将疑,因此"克勤会计事务所"初创时期日子一度相当艰辛。然而,从第7个月开始,情况逐渐好转,他们承办的几家税务纠纷接连胜诉,从而声名大噪,客户纷纷找上门来,"克勤"终于苦尽甘来,成为华人社会无人不晓的著名会计师事务所。

步入顺境之后,雄心勃勃的顾衍时大胆地将会计业务企业化,规范化。他在距"中国城"不远、第一流公司云集的洛杉矶市中心区的世界贸易中心,租下了数千平方米的办公室,购置电脑设备,招聘雇员,加强服务,使"克勤"成为从气势、设备到规模均不亚于美国同行的大型会计师事务所。随着新移民的不断增加以及华人经济的蓬勃发展,顾衍时开始鸿图大展。他首先在

· 161 ·

图 8-116 读秀电子书检索结果页面

Institution Reform, Rehabilitation and Enforcement Act of 1989, FIRREA)这一词条英文首字母为F,故检索F类目下的金融信息,可查询到相关内容在第322页,对1989年8月9日制定的此法案做出了详解。同时,其简称"FIRREA"的首字母也是F,在此目录下可查询到该词条信息在第329页。

2. 电子资源检索

示例A:请查询近15年在教育部减负政策下,关于学制教育改革的相关文献信息。

步骤一:分析检索主题,确定检索关键词"学制教育改革""培训机构""转型""教育减负新政",选择利用计算机进行检索。

步骤二:通过对各种检索工具的了解,选择使用中国知网数据库。

步骤三:登录中国知网数据库,选择高级检索功能,全选文献分类目录,在检索条件中输入主题为"教育减负新政""学制教育改革"(见图8-117),依据发表时间排列得到4条检索结果(见图8-118)。

示例B:请检索著名经济学家钱颖一教授2020年以来在核心期刊上发表的论文。

步骤一:分析检索课题,确定检索字段为"作者",检索范围为2020年至今发表的学术论文,选择利用计算机检索。

步骤二:选择数据库,根据各数据库的不同功能,确定使用万方数据知识服务平台。

第八章　经济信息检索实践

图 8-117　中国知网高级检索页面

图 8-118　中国知网检索结果页面

步骤三：进入万方数据知识服务平台，选择高级检索功能，设置检索字段为"作者"并输入"钱颖一"，发表时间一栏中选择 2020 年至今（见图 8-119）进行检索。在检索结果列表上方勾选"只看核心期刊论文"即可获得检索结果（见图 8-120）。浏览检索结果以后，可根据提供的摘要信息选择查看全文或者下载全文。

图 8-119　万方数据库高级检索页面

图 8-120　万方数据库检索结果页面

示例 C：请查询中国自己开办的第一家证券交易所是于何时开办的，是哪一家？北京证券交易所（北交所）是我国第一家公司制证券交易所，它是于什么时间成立的？北京证券交易所的交易规则及转板办法是什么？

步骤一：分析检索主题，确定检索关键词"中国开办""第一家证券交易所""北交所""上市公司""交易规则""转板办法"。

步骤二：选择网站资源。根据各专业网站的不同功能，确定使用经济类专业网站资源进行检索（第一个常识性问题可以选用百度百科进行检索，见图 8-121），选用中国经济信息网（https://www.cei.cn/，见图 8-122）和北京证券交易所官网（http://www.bse.cn/，见图 8-123）。

图 8-121　百度百科检索页面

图 8-122　中国经济信息网

步骤三：在北京证券交易所官网首页，点击"关于本所"，即可检索出其成立时间（见图 8-124）。检索框中输入"北交所交易规则"，或直接点击该官网的法律规则栏目可获取该所交易规则信息，见图 8-125。在浏览检索结果以后，可根据提供的摘要信息选择查看全文或者下载全文。

图 8-123　北京证券交易所官网

图 8-124　北京证券交易所成立时间检索结果页面

图 8-125　北京证券交易所交易规则检索结果页面

步骤四：进入中国经济信息网（注册登录使用），选择高级检索功能，在关键词检索框中输入"北交所"，"栏目"处选择"金融频道"，"排序"选择"相关度"，发布时间限定为 2020 年 5 月 1 日至 2022 年 5 月 15 日，见图 8-126，提交后，再在检索框中输入"北交所转板办法"，检索即可获得相关结果（见图 8-127），在浏览检索结果以后，可根据提供的摘要信息选择查看全文或者下载全文。在北京证券交易所官网，点击信息披露栏目也可获取转板办法信息。

示例 D：在现如今短视频风靡全球的市场环境下，直播带货也成为拥有大批关注者的短视频创作者的重要收入来源，由此也产生了许多关于电商直播的时代课题。请查找薇娅逃税案这一经济事件的详细信息。

步骤一：分析检索主题，确定检索关键词"薇娅""直播带货""逃税"。

步骤二：选择网站及数据库资源。根据各专业网站及数据库的不同功能，确定使用百度百

图 8-126　中国经济信息网高级检索页面

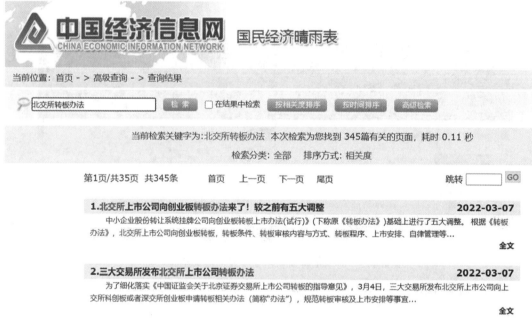

图 8-127　中国经济信息网二次查询结果页面

科、读秀进行检索。

步骤三：用百度百科进行检索的时候，可以直接检索关键词（见图 8-128），进入全站搜索，即可检出相应的结果，见图 8-129。点击该结果页面下的网页搜索链接，可以查看结果详情。

步骤四：使用读秀进行检索，在分类栏目中选择"报纸"，然后在检索框中输入关键词"薇娅逃税"（见图 8-130）进行检索，检索到 87 篇与该经济事件相关的文献，见图 8-131。在浏览检索结果以后，可根据提供的摘要信息选择查看全文或者下载全文。

图 8-128　百度百科查询

图 8-129　百度百科检索结果页面

图 8-130　读秀数据库查询

图 8-131　读秀数据库检索结果页面

二、经济领域人物检索

在人类漫长的历史发展过程中,涌现出许多有影响力的经济学家以及与社会经济发展相关的著名人物,我们在学习和研究工作中经常需要了解这些人物的主要活动经历、经济学思想等,搜集有关著名人物的研究资料。不同时代、不同学术观点的资料对于同一人物的记载不尽相同,且人物资料分散于各类社科文献中。有关人名及人物传记资料的检索工具面广量大,几乎各类社科文献检索工具都可利用。虽然目前网络信息资源十分丰富,但因其收集信息的渠道不同,信息的真假和准确性需要进行判断。这些都给检索这类文献信息资源带来了一定的难度,如何查找最具权威性的资料是我们必须解决的问题。概括起来,检索方法主要分为两大类:手工检索和电子资源检索。

1. 手工检索

查找人物资料的手工检索工具主要是参考型工具书刊中的字(词)典、百科全书、年鉴、年谱等,历史上的一些重要著作(如史部传记资料、方志中的人物资料、回忆录和各省的文史资料)中也都有人物资料,这些是我们查找有关经济人物资料时不可忽视的。

1)词典

词典是常用的检索人物时使用的工具书。在综合性的词典中,如《辞海》,可查到古今中外的重要经济学人物的简单资料;人物传记词典更是专门用于查找人物资料的工具书。有时候,《经济学家名人录》是检索经济领域人物的首选。

示例:请查找英国古典政治经济学主要代表之一大卫·李嘉图的代表作。

检索方法:依据经济人物姓名,利用词典检索。

依据人物姓名,可以利用《经济学家名人录》进行检索,在第187页得到以下信息:大卫·李嘉图出生于1772年,是英国古典政治经济学主要代表人物之一,在1817年完成其主要著作《政治经济学及赋税原理》,着重阐述了其税收理论,并继承发展了亚当·斯密自由主义经济理论的结果。

2)百科全书

百科全书作为规模较大、质量上乘的工具书,其收录的范围极广,因此,利用百科全书可以查找有关经济人物资料。百科全书有综合性和专业性的,一般而言,不管哪种百科全书,在人物资料的收集上都要比字典中收录的内容更丰富、专业化程度更高。

示例:邓小平同志是我国改革开放的领军人物,请查询,他是何时第一次提出"中国社会主义也可以发展市场经济"的?

检索方法:依据被限定的时间、人物属性,利用《中国大百科全书》(经济卷)进行检索。

检索结果:《中国大百科全书》第357页对邓小平同志"第一次明确提出中国社会主义也可以搞市场经济"做出了详细介绍(可参见相关电子资源,见图8-132)。

3)年鉴

年鉴是一种便捷的参考资料性的工具书。年鉴,特别是一些专业的年鉴,除了必备的专业数据外,大多收录有关领域重要的人物资料,因此,它也可作为我们查找人物资料的工具。由于年鉴的出版周期短,内容更新及时,它也是我们搜集最新人物资料重要的检索工具之一。其中《世界经济年鉴》《中国经济年鉴》都是经济学类的专业年鉴。

示例:2016年全球宏观经济学最佳论文排行榜中,最佳中文论文是哪篇?由谁所著?发表在什么期刊上?

检索方法:依据被限定的时间、学科范畴、人物属性、论文排行,选择利用《世界经济年鉴2017》[①]进行检索。

检索步骤:

(1)根据《世界经济年鉴2017》的总目录,全球宏观经济学在第二篇章,最佳论文导航在第149页。

(2)翻到第149页,可以检索到2016年全球宏观经济学最佳论文排行榜。依据榜单详情查找,在第195页,可以看到最佳中文论文是由作者方意在2016年发表于《世界经济》第8期第25~49页的《宏观审慎政策有效性研究》。

---

① 世界经济年鉴编辑委员会.世界经济年鉴2017[M].北京:中国社会科学出版社,2018.

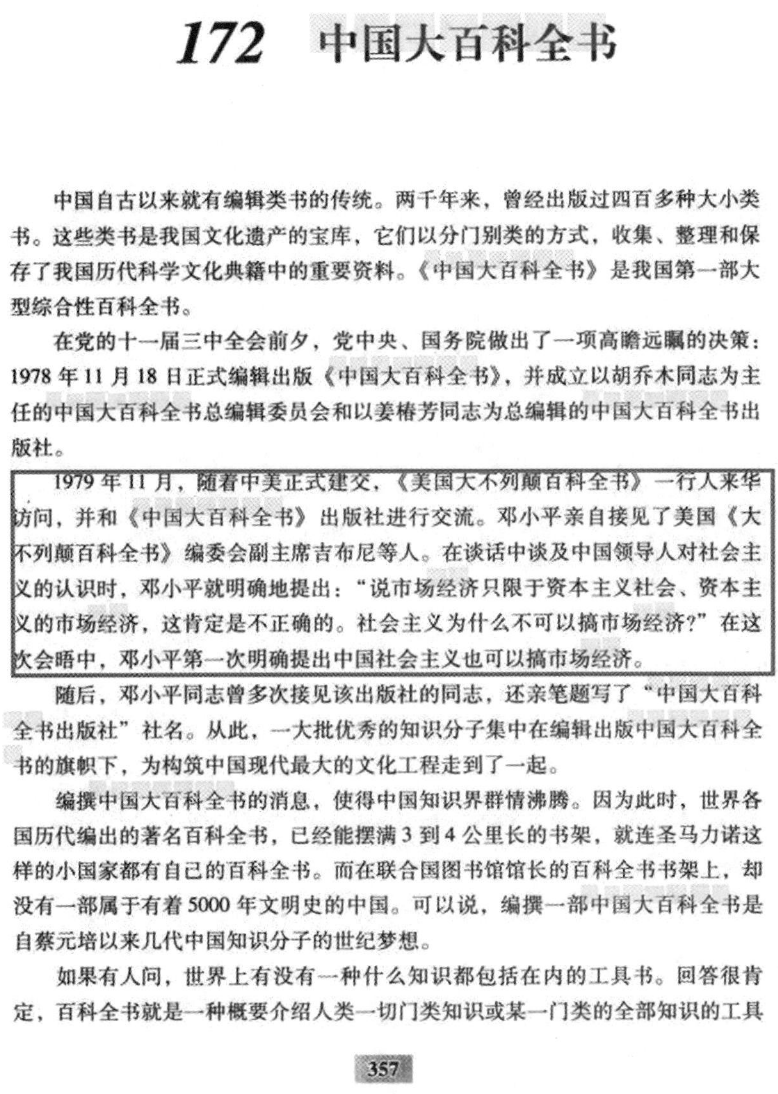

172　中国大百科全书

中国自古以来就有编辑类书的传统。两千年来，曾经出版过四百多种大小类书。这些类书是我国文化遗产的宝库，它们以分门别类的方式，收集、整理和保存了我国历代科学文化典籍中的重要资料。《中国大百科全书》是我国第一部大型综合性百科全书。

在党的十一届三中全会前夕，党中央、国务院做出了一项高瞻远瞩的决策：1978年11月18日正式编辑出版《中国大百科全书》，并成立以胡乔木同志为主任的中国大百科全书总编辑委员会和以姜椿芳同志为总编辑的中国大百科全书出版社。

> 1979年11月，随着中美正式建交，《美国大不列颠百科全书》一行人来华访问，并和《中国大百科全书》出版社进行交流。邓小平亲自接见了美国《大不列颠百科全书》编委会副主席吉布尼等人。在谈话中谈及中国领导人对社会主义的认识时，邓小平就明确地提出："说市场经济只限于资本主义社会、资本主义的市场经济，这肯定是不正确的。社会主义为什么不可以搞市场经济？"在这次会晤中，邓小平第一次明确提出中国社会主义也可以搞市场经济。

随后，邓小平同志曾多次接见该出版社的同志，还亲笔题写了"中国大百科全书出版社"社名。从此，一大批优秀的知识分子集中在编辑出版中国大百科全书的旗帜下，为构筑中国现代最大的文化工程走到了一起。

编撰中国大百科全书的消息，使得中国知识界群情沸腾。因为此时，世界各国历代编出的著名百科全书，已经能摆满3到4公里长的书架，就连圣马力诺这样的小国家都有自己的百科全书。而在联合国图书馆馆长的百科全书书架上，却没有一部属于有着5000年文明史的中国。可以说，编撰一部中国大百科全书是自蔡元培以来几代中国知识分子的世纪梦想。

如果有人问，世界上有没有一种什么知识都包括在内的工具书。回答很肯定，百科全书就是一种概要介绍人类一切门类知识或某一门类的全部知识的工具

357

图8-132　中国大百科全书检索结果页面

2. 电子资源检索

1）利用数据库

在期刊全文数据库中可以查找有关人物的研究资料，如在中文的中国期刊网和维普科技期刊数据库中可利用关键词或主题词查找有关经济学专家的研究资料；在事实型数据库如Gale数据库中有专门的传记资源中心（Biography Resource Center），其中有18.5万个古今中外名人传记资料。Lexis-Nexis的传记资料库（Biographical Information）是政界要人、商界名人等的资料库，收录了有关的个人生平、成就、人物评论及有关人物的最新行踪、动态的报道。

2）百科全书光盘版

利用中文百科全书的光盘版可查找有关的人物资料。使用方法是：直接输入所要查找的经济学方面的人物姓名检索即可。

3）经济百科方面的网站

利用MBA智库百科（https://wiki.mbalib.com）等也可以用来查找经济学方面的领军人

物资料。

示例:请查找中国当今经济焦点人物代表。

步骤一:进入 MBA 智库百科首页,见图 8-133,找到"人物"栏目。

图 8-133　MBA 智库百科首页

步骤二:点击"人物"进入栏目,见图 8-134。

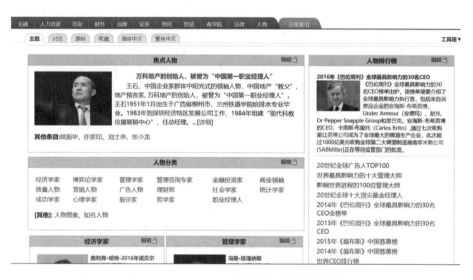

图 8-134　MBA 智库百科"人物"栏目页面

步骤三:浏览检索结果,查看当今经济焦点人物,是万科地产创始人、被誉为"中国第一职业经理人"的王石。同时还检索到其他相关经济人物代表,如姚振华、许家印、刘士余、张小龙等。

4) 高校经济学专业网站

利用各高校经济学专业网站可以检索经济领域人物资料。如北京大学光华管理学院官网(见图 8-135),就有博士生导师和著名学者的介绍,这些导师、学者多为经济学方面的领军人物。

图 8-135　北京大学光华管理学院官网

从首页的"教授研究—师资队伍"进入,就可以看到北京大学光华管理学院里著名的经济学者和博士生导师的人物资料。其中"特聘教授"栏包括一些国外的经济领域的人物资料,见图 8-136。

有经济领域人物资料介绍的还有首都经济贸易大学、中央财经大学等其他高校的网站。除此以外,还有一些专业的网站可提供经济领域人物资料,详见前文相关知识介绍。

5) 搜索引擎

利用搜索引擎查找有关的人物资料的方法比较简单、易学,但是搜索的结果内容繁多,因此建议使用门户网站或搜索引擎的技巧加以限定,不要盲目搜索,那样既浪费时间又难于找到合适的答案。例如,使用百度搜索时方法简单,但不限定检索词很难得到准确而合适的结果。

图 8-136 北京大学光华管理学院检索结果页面

三、经济机构检索

1. 手工检索

示例:请检索中国出口商品交易会及中国世界经济学会信息。

步骤一:分析检索主题,确定检索关键词"中国出口商品交易会""中国世界经济学会"。

步骤二:根据检索经济机构信息的渠道来分析,这个示例中的两个检索词均为经济学类专业词汇,选用《世界经济学大辞典》[①]进行检索,结果就一目了然了。

《世界经济学大辞典》是在《世界经济百科辞典》上修订完成的,收入经济学专业词汇3312 条。

步骤三:按照目录,依据汉语拼音顺序号,翻到以"Z"开头的页面进行检索,分别得到:中国出口商品交易会信息在第 927 页,中国世界经济学会信息在第 928 页。其中还将中国世界经济学会这个经济机构的地址标注得非常清楚。

2. 电子资源检索

示例 A:请检索房地产公司金地集团的管理层、注册地、联系方式以及公司上市以来股本的变动情况。

步骤一:分析检索主题,确定检索关键词"上市公司""金地集团""股本"。

步骤二:根据检索经济机构信息的渠道来分析。这个示例中有个检索关键词"上市公司",许多的数据库及行业专业网站都包含这一类经济机构的商业情报信息,例如 EPS 全球经济数据

---

① 李琮.世界经济学大辞典[M].北京:经济科学出版社,2000.

分析平台、国泰安数据库、中国资讯行网站、锐思数据库及北京证券交易所、上海证券交易所、深圳证券交易所官网等。如果要检索比较全面的股票价格、走势等，专业的行业信息网站比较适合；如果要检索比较全面系统的上市公司在资本市场中的运行情况，选择以上列举的数据库来进行检索更为合适。

步骤三：金地集团是房地产公司，也是上市公司，股票代码为600383，在上海证券交易所上市，故选择上海证券交易所官网来检索。检索过程为：首先进入上海证券交易所网站首页(http://www.sse.com.cn/)，在搜索框内输入"金地集团"，会自动显示股票代码，点击"搜索"，即出现该公司现在交易行情等页面，然后在分类项中选中"公司信息"即可检索出该公司管理层、注册地、联系方式等信息，见图8-137。选中"相关公告"，即可检索出该公司上市以来股本的变动情况。

图8-137 公司信息界面

示例B：请查找2021年有哪些中国企业进入《财富》杂志发布的"世界500强排行榜"。

步骤一：分析检索主题，确定检索关键词"世界500强""《财富》杂志"。

步骤二：根据检索关键词分析，只要找到《财富》杂志的官网，就可以解决问题。检索到《财富》杂志中文版官网为http://www.fortunechina.com/，首页见图8-138。

图8-138 《财富》杂志中文版官网首页界面

步骤三：点击《财富》中文版网站首页导航栏中的"500强情报中心"，即可看到"最新榜单"等栏目，见图8-139，点击"世界500强"，再设置筛选中国企业，即可得到检索结果(见图8-140)。

示例C：请查找新能源光伏企业的龙头上市公司的概况。

步骤一：分析检索主题，确定检索关键词"新能源""光伏企业龙头""上市公司"。

步骤二：根据检索关键词分析，首先要通过检索确定光伏新能源上市公司的龙头企业是哪家，然后再检索这家企业的概况，问题就迎刃而解了。这类课题是目前比较前沿和热门的经济

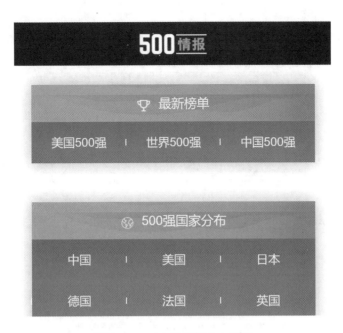

图 8-139　500 强情报中心界面

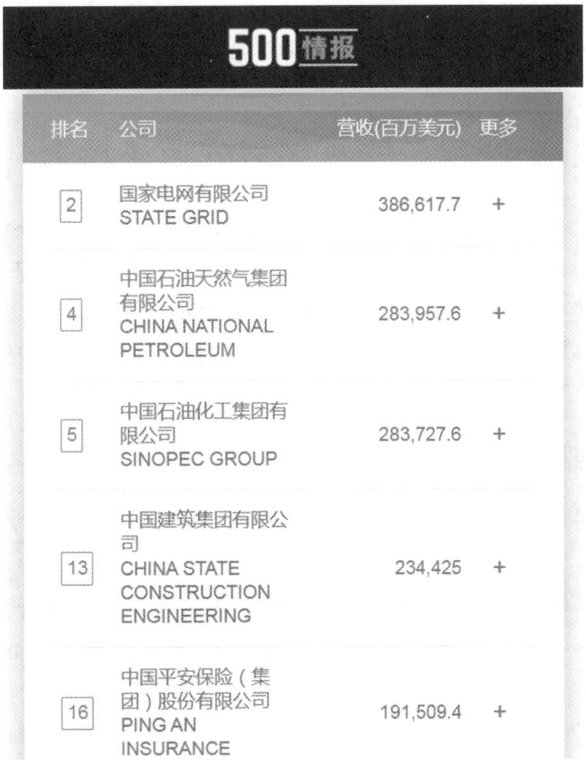

排名	公司	营收(百万美元)	更多
2	国家电网有限公司 STATE GRID	386,617.7	+
4	中国石油天然气集团有限公司 CHINA NATIONAL PETROLEUM	283,957.6	+
5	中国石油化工集团有限公司 SINOPEC GROUP	283,727.6	+
13	中国建筑集团有限公司 CHINA STATE CONSTRUCTION ENGINEERING	234,425	+
16	中国平安保险（集团）股份有限公司 PING AN INSURANCE	191,509.4	+

图 8-140　《财富》杂志发布的“世界 500 强”榜单中的中国企业及排名界面

类课题，关注度比较高，所以，要检索这类课题，我们可采用网页搜索引擎。用百度检索后得出答案：新能源光伏企业的龙头上市公司是隆基股份，见图 8-141。

步骤三：在检索框中输入“隆基股份公司概况”查询该上市公司概况，检索结果见图 8-142。

图 8-141　百度检索结果

图 8-142　检索隆基股份的结果

第四节　综合型经济信息检索

第三章第五节介绍了一些综合型经济信息，以及常见的综合型经济信息检索工具。本节将对企业及产品信息、市场及预测信息、关税及贸易信息、会议及会展信息的检索方法进行分析运用，其中涉及的检索工具有万方数据知识服务平台、大数据分析平台以及巨量算数、商务网库等经济类专业性网站等。以下主要以具体的检索实例来介绍几个综合型经济信息检索工具的使用方法，以便大家更好地利用和掌握工具。

一、企业及产品信息检索

示例：广州长隆夜间动物世界深受广大游客喜爱，请查找该项目所属企业的名称、详细地址及联系方式。

步骤一：分析检索主题，确定检索关键词"广州长隆夜间动物世界"。

步骤二：根据检索企业信息的渠道来分析，这个示例中的检索词为企业名称，故选用商务网库（http://sw.hc23.com/）进行检索。

商务网库是中国较大的行业信息咨询平台，涉及行业包括冶金、石油、化工、家电、汽车、农业、建材及纺织等各大产业。

步骤三：依据检索主题分析，广州长隆夜间动物世界的所在地广州市属于广东省，那么该企业应属广东网库，故按照检索目录，选定"广东网库"，点击进入，再精确检索定位到"广州"，即可以检索到企业名为"广州市长隆夜间动物世界有限公司"，见图 8-143，点击"查看联系方式"按钮，即可得到图 8-144 所示的详细信息。

图 8-143　商务网库检索结果页面

图 8-144　详细信息页面

二、市场及预测信息检索

1. 利用大数据（大数据分析软件及平台）

示例：请以"滴滴打车"软件为例，分析打车软件对公共交通市场（北京区域）的作用。

步骤一：分析检索主题，确定检索关键词"滴滴打车""市场""公共交通"。

步骤二：根据检索关键词结合市场环境进行分析。"滴滴打车"是在当前"互联网＋"大趋势下衍生的事物，而现如今的时代是一个大数据时代，利用大数据，企业可以洞察消费者的消费心理与消费行为，要分析"滴滴打车"软件对公共交通市场的作用，需要依靠"滴滴打车"企业所掌握的出行大数据。

步骤三：据大数据分析（见图 8-145 和图 8-146），"滴滴打车"在北京 60% 的行程是在地铁站周围、公交车站周围、五环外公共交通的空白区域等，由此可见，"滴滴打车"所提供的服务是对公共交通的一种补充，同时也是一种延伸。

2. 利用网络资源

上例也可通过网络资源检索。可以百度查找"滴滴打车"相关信息，了解其地铁站接送、自

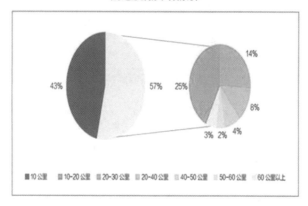

图 8-145　大数据分析平台检索结果页面(北京通勤距离分布)

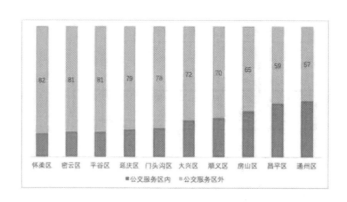

图 8-146　大数据分析平台检索结果页面("滴滴打车"行程区域分析)

由出发、智能匹配的相关情况,进而了解,"滴滴打车"作为网约车软件方便公众交通出行,其作用不仅仅是对公共交通市场进行补充,更是对为居民的出行提供更加高效方便的乘车体验提出了新的要求。

三、关税及贸易信息检索

查询关税及贸易信息的方法:根据关税类型的不同,可选用各国海关进口关税查询网、商务部公共商务信息服务网、APEC 会员国关税数据库(每 2 年更新一次)、欧盟关税数据库、海关数据网等。

示例 A:请查询海关编码为 02023000 的"冻去骨牛肉"2015 年在中国进出口总数量及供应商和采购商信息。

步骤一:分析检索主题,确定检索关键词为"冻去骨牛肉""中国进出口""2015 年""海关编码为 02023000"。

步骤二:根据检索关键词、结合需要检索的信息进行分析。因需检索的是商品的进出口的相关数据和供应商信息,故选用海关数据网(http://hgsj.com/)来进行检索,首页见图 8-147。

步骤三:进入海关数据网首页,根据检索主题了解到商品冻去骨牛肉属于农产品与食品饮

图 8-147　海关数据网首页页面

料类,故在首页的分类栏中点选"行业分类数据—01-24 农产品与食品饮料—01-05 动物产品与活动物",在检索框中输入海关编码"02023000"进行检索,见图 8-148,结果见图 8-149。

图 8-148　海关数据网分类检索

图 8-149　海关数据网检索结果页面

步骤四:点击"02023000 冻去骨牛肉"进入,即可得到所需详细信息,见图 8-150。

示例 B:请检索进口商品草地网球及草地网球拍的税则号列和最惠国税率。

步骤一:分析检索主题,了解到该产品为进口商品,所以要查询税则号列和税率需选用海关总署进出口税则查询网址:http://www.customs.gov.cn/tabid/67735/default.aspx。进入网站。

步骤二:在检索框中输入商品名"草地网球"(见图 8-151)进行检索,即可检索到与该商品相关的税则号列和最惠国税率(见图 8-152,草地网球拍相关信息也被提供)。如对使用规则及查询信息有不清楚的地方,可以点击"查询说明"进行阅读了解。

251

图 8-150　海关数据网检索结果详细信息页面

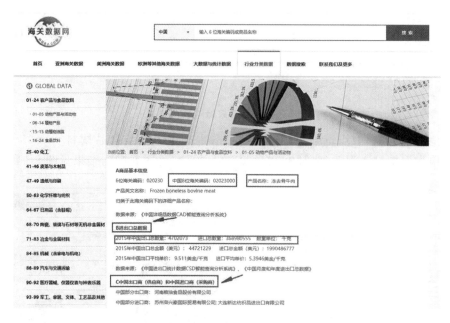

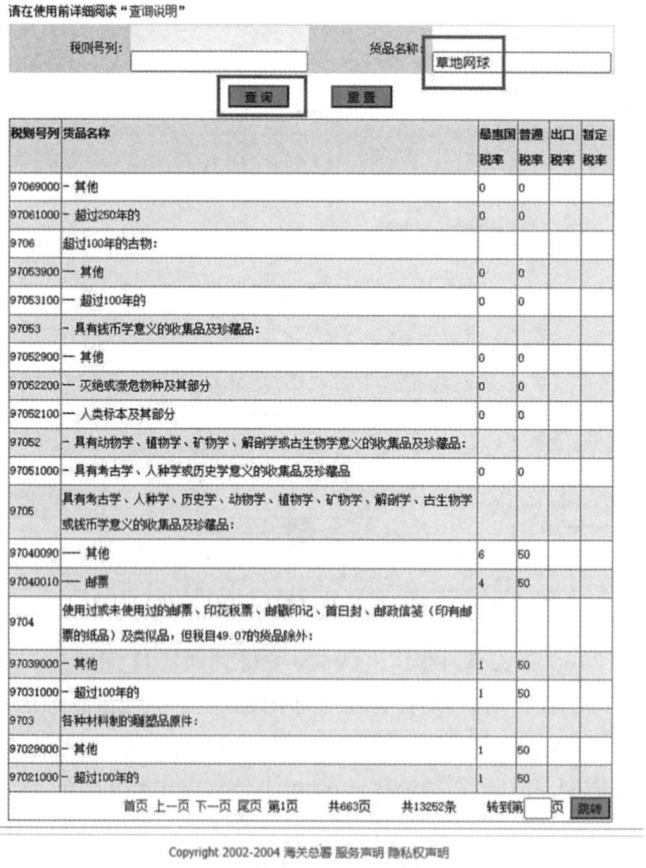

请在使用前详细阅读“查询说明”

税则号列：　　货品名称：草地网球

查询　重置

税则号列	货品名称	最惠国税率	普通税率	出口税率	暂定税率
97069000	- 其他	0	0		
97061000	- 超过250年的	0	0		
9706	超过100年的古物：				
97053900	-- 其他	0	0		
97053100	-- 超过100年的	0	0		
97053	- 具有钱币学意义的收集品及珍藏品：				
97052900	-- 其他	0	0		
97052200	-- 灭绝或濒危物种及其部分	0	0		
97052100	-- 人类标本及其部分	0	0		
97052	- 具有动物学、植物学、矿物学、解剖学或古生物学意义的收集品及珍藏品：				
97051000	- 具有考古学、人种学或历史学意义的收集品及珍藏品	0	0		
9705	具有考古学、人种学、历史学、动物学、植物学、矿物学、解剖学、古生物学或钱币学意义的收集品及珍藏品：				
97040090	--- 其他	6	50		
97040010	--- 邮票	4	50		
9704	使用过或未使用过的邮票、印花税票、邮戳印记、首日封、邮政信笺（印有邮票的纸品）及类似品，但税目49.07的货品除外：				
97039000	- 其他	1	50		
97031000	- 超过100年的	1	50		
9703	各种材料制的雕塑品原件：				
97029000	- 其他	1	50		
97021000	- 超过100年的	1	50		

首页 上一页 下一页 尾页 第1页　共663页　共13252条　转到第 页 跳转

Copyright 2002-2004 海关总署 服务声明 隐私权声明

图 8-151　海关总署进出口税则查询页面

图 8-152　检索结果页面

四、会议及会展信息检索

检索方法:如查找经济类学术会议、会展信息可选用《中国学术会议文献通报》等工具书,也可通过搜索引擎获取,或通过相关学会和专业网站、会议文献数据库查找,例如万方中国学术会议文献数据库、CNKI 会议论文库等。另外,也可使用中国进出口商品交易会网站(https://www.cantonfair.org.cn)等来查询会展信息。

示例 A:请查询第五届中国青年会计学者学术研讨会的会议地点及会议内容。

步骤一:分析检索主题,确定检索关键词"第五届""中国青年会计学者""会计学术研讨会"。

步骤二:根据检索会议信息的渠道来分析,这个示例中的检索词为经管类专业会议,故选用万方数据库进行检索。

步骤三:可根据检索词进行一框式检索(见图 8-153),也可以在检索项目栏中限定会议名称进行检索。相关结果信息见图 8-154。

图 8-153　万方数据库一框式检索

图 8-154　万方数据库检索结果页面

示例 B:请查询在第 132 届广交会上展出商务包的参展公司及其出口信息。

步骤一:分析检索主题,确定检索关键词"第 132 届""广交会""商务包"。

步骤二:根据检索主题、关键词及会展信息的渠道来分析。这个示例中的检索词"广交会"

的全称是"中国进出口商品交易会"(因为在广州举办,所以简称"广交会"),因此用中国进出口商品交易会网站来进行检索。

步骤三:进入中国进出口商品交易会网站首页,在检索框中输入"第132届广交会"(见图8-155),查询相关信息。

图 8-155　中国进出口商品交易会首页上检索

步骤四:进入"第132届广交会"检索结果页面后,在左边的导航栏"全部分类"栏中选择"箱包—商务包",点击进入查看展品商务包的相关信息。可查询到两个展品信息,见图8-156。

图 8-156　中国进出口商品交易会检索结果页面

步骤五:分别点击展品信息详情页,即可查询到在第132届广交会上展出的这两种商务包展品的参展公司及其出口信息,见图8-157和图8-158。

第八章 经济信息检索实践

图 8-157 检索结果详情页 1

图 8-158 检索结果详情页 2

思考题

1. 利用 CNKI 查找：北京工商大学的谢志华 2007 年在期刊《会计研究》上发表了几篇论文？篇名是什么？

2. 在 EBSCO 数据库中检索：2016 年度诺贝尔经济学奖获得者本特·霍姆斯特罗姆（Bengt Holmstrom）的同行评审全文论文中，可直接在线翻译的论文有哪几篇？

3. 通过万方数据知识服务平台检索：以"跨境电商"为主题，被引频次最高的博士论文授予单位是哪所大学？该论文指导教师指导的硕士论文有几篇？

4. 在国家知识产权局专利检索及分析系统内检索：申请（专利权）人为武昌首义学院的有效专利数据中，有同族文献数据的专利有哪几篇？

5. 通过国家知识产权局商标局中国商标网查看商标名称为"狐主任"，在国际分类第二十五

255

类(服装、鞋、帽)的注册情况,其申请人名称是什么?

6. 请至少用三种数据库检索《中华人民共和国注册会计师法》法律条文信息。

7. 2022年5月29日,上海发布了《上海市加快经济恢复和重振行动方案》,请检索这一经济事件的具体内容和实施细则。

8. 在全球绿色环保的大背景下,请查找:我国新能源汽车行业的知名人物王传福所创立的汽车品牌叫什么?他在何时宣布停止燃油车生产、全面进入新能源时代的?

第九章 经济课题检索实操

在对某个经济课题进行研究时,首先要对检索课题进行分析,选择合适的检索词,构建中英文检索式,然后选择合适的检索工具进行检索。检索通常不是一次完成的,根据检索结果的多少,往往需要对结果进行筛选,并且通常都会有检索策略的调整,直到获取相对满意的检索结果。本章以"我国上市公司不同融资方式对公司绩效的影响研究"为例,介绍针对一个经济课题进行信息检索的一般步骤和过程。

第一节 分析检索课题,构建检索式

一、分析检索课题

分析检索课题一般包括分析检索课题研究的主要内容、所属的学科和涉及的文献类型。

1. 课题研究的主要内容

本课题名称为"我国上市公司不同融资方式对公司绩效的影响研究",通常可以利用搜索引擎或综合性数据库进行检索,进一步了解其研究的主要内容、本课题的背景知识及发展趋势等。

本课题研究的对象是"上市公司",地域限定在"我国"范围,研究的具体内容是"融资方式对公司绩效的影响"。

利用百度搜索"我国上市公司融资方式",通过阅读获取本课题的背景知识。通过检索浏览,了解到如下信息:我国上市公司融资一般分为债务性融资和权益性融资。其中,债务性融资是指收购企业用承担债务的方式从他人处获得筹措并购的所需资金,主要有两种方式:一种是向银行金融机构贷款,一种是向社会发行债券。权益性融资是指企业通过发行股票融资或者通过换股方式来进行并购。权益性融资主要形式有发行股票和换股并购。[1]

利用百度学术(https://xueshu.baidu.com/)进一步检索。在百度学术高级搜索中对"包含全部检索词"的输入提示为:多个检索词用逗号分隔。因此,输入"我国,上市公司,融资方式,绩效",如图9-1所示,执行检索。

根据检索结果列表,选中部分相关文献进行阅读,如刘慧芳发表的《我国上市公司融资与绩效分析》[2],可以通过百度学术提供的来源渠道(如中国知网)获取文章全文。若本馆订购了中国知网,可以在中国知网官网中下载并阅读全文。通过阅读文献,获取相关背景知识:根据现代融资理论的"融资定律",企业融资应首选内源融资,若需外源融资,应首选举债,然后才发行股票。我国的股权融资结构和融资顺序与西方发达国家恰恰相反。我国上市公司在融资结构上具有

---

[1] 找法网.我国上市公司融资方式有几种[EB/OL].[2020-08-11].https://china.findlaw.cn/gongsifalv/rongzi/shimeshirongzi/1463045.html.

[2] 刘慧芳.我国上市公司融资与绩效分析[J].新疆职业大学学报,2010,18(4):24-26.

图 9-1 百度学术高级搜索

股权融资偏好,其融资顺序表现为股权融资—短期债务融资—长期债务融资—内源融资。我国上市公司的融资偏好与现代资本结构理论的融资优序原则存在明显的冲突。我国企业的融资结构是以外源融资为主,在企业融资结构中所占比重高达80%以上,内源融资的比重不到20%。在外源融资中,股权融资比重平均已超过50%。

为了阅读更多的相关文献以获取本课题研究的背景知识,可利用读秀的"知识"频道进行相关课题检索,如图9-2所示。根据展示内容可选择性进行阅读。

图 9-2 读秀"知识"频道检索

可利用百度百科(https://baike.baidu.com/)进行相关名词术语的解读。为了解读"上市公司"和"融资方式",在百度百科中分别进行检索,如图9-3和图9-4所示。词条解释中提到:上市公司是股份有限公司中的一个特定组成部分,它公开发行股票,达到相当规模并经依法核准后其股票进入证券集中交易市场进行交易;股份有限公司申请其股票上市交易,应当向证券交易所报送有关文件,证券交易所依照《中华人民共和国证券法》及有关法律、行政法规的规定决定是否接受其股票上市交易;企业融资的渠道分为两类,即债务性融资和权益性融资,常见的融资方式有融资租赁、银行承兑汇票、不动产抵押、股权转让、提货担保、国际市场开拓资金及互联网金融平台。

图 9-3　百度百科"上市公司"词条解释

图 9-4　百度百科"融资方式"词条解释

2. 课题所属的学科

根据百度学术检索规则,通过检索结果页面左侧"领域"列表我们可以得知,相关性从高到低排序的本研究主题领域为管理科学与工程、应用经济学、科学技术史、工商管理、理论经济学等。

可以采用不同的检索工具进行学科分析。通过中国知网高级检索功能,限定主题词为"上市公司""融资""绩效",采取逻辑与进行组配检索,在检索结果页面左侧提供"学科"聚类,可知该主题的文献主要涉及的学科为企业经济、金融、投资、证券、工业经济等,如图 9-5 所示。

3. 课题涉及的文献类型

通过百度学术检索,在检索结果页面左侧"类型"分组中,可知与本研究课题相关的文献类型主要有期刊、学位论文、会议论文、图书等。

通过中国知网总库进行上述检索,在检索结果页面上方显示总库中有 7172 条相关结果,其中中文和英文文献的数量以及学术期刊、学位论文、会议、报纸、图书等类型的文献数量如图 9-6 所示。

图 9-5 中国知网检索结果"学科"聚类

图 9-6 中国知网总库相关主题涉及的文献类型及数量

二、确定检索词

1. 分析课题中的显性概念词

根据本课题名称"我国上市公司不同融资方式对公司绩效的影响研究",可以比较直观地提取到课题中的显性概念词"中国""上市公司""融资""绩效"。注意:"影响""研究"属于泛指意义的词,一般不作为检索词。

2. 挖掘课题中的隐性概念词

根据本课题中的显性概念词"中国""上市公司""融资""绩效"还可以进一步挖掘出潜在或隐性概念词。在挖掘隐性概念词时,可以借助搜索引擎、主题词表、数据库辅助工具等查找这些词语的同义词、上位词、下位词和相关词。

1)利用搜索引擎分析

利用百度学术的高级检索进行试检,在检索框中输入多个主题词(可用近义词等)并用英文半角状态分号隔开,如图 9-7 所示。在得到的检索结果列表左侧的"关键词"列表中可以看到"融资结构""融资方式""公司绩效""经营绩效""企业绩效""股权再融资""债务融资""股权融资"等。其中,"融资方式"与"融资结构"是一组近义词;"公司绩效""经营绩效""企业绩效"是一组近义词;"股权再融资""股权融资""债务融资"是"融资方式"的下位词。

图 9-7 百度学术高级检索试检

2）利用数据库辅助工具分析

（1）在万方数据知识服务平台（万方智搜）中，有词语的智能扩展功能，能辅助我们对显性概念词对应的上位词、下位词、相关词及英文词进行归纳和总结。在万方智搜检索框中输入"上市公司"，执行检索，在结果页面右方有向左箭头，提示"展开更多"，点击箭头后结果页面缩小（箭头改为向右），右侧有"智能扩展"栏，如图 9-8 所示，可点击打开大图。注意：万方智搜不是对每一个检索词都提供了智能扩展。其右侧"相关热词"栏也可以提供参考。

图 9-8　万方智搜针对检索词的智能扩展

利用万方平台的智能扩展功能，可通过知识关系的可视化展示，扩大或缩小检索范围。"学科范畴"指检索词所属的学科或领域，"同义词"指与检索词意义相同的一组词语，"上位术语"指概念上外延更广的词，"下位术语"指概念上内涵更窄的词。

（2）利用中国知网的"翻译助手"功能，获取专业学术表达的英文检索词。在中国知网首页"研究学习平台"的"大数据研究平台"中可以找到"翻译助手"工具，如图 9-9 所示。

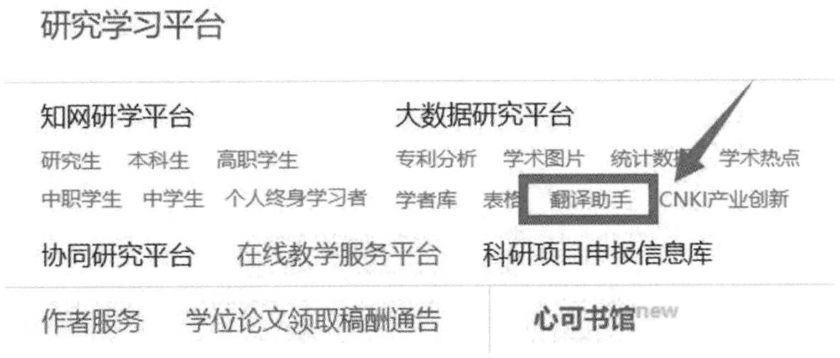

图 9-9　中国知网"翻译助手"工具

进入"翻译助手"页面，输入检索词"融资"，得到该词在专业词典和学术词典中的不同表达形式。学术词典（来源：期刊论文、博硕论文、会议论文、图书等文献）标注了不同表达方式对应的文献数量，如图 9-10 所示。利用中国知网的"翻译助手"工具可优选对应文献量多的词语作为主要检索词。本课题"融资"的英文表达可以选择"financing""finance""fund-raising""financial"等。同理，"绩效"的英文表达可以选择"performance""achievement""efficiency""performance evaluation"等。

（3）利用 EBSCO 数据库的 ASP 子库中的主题词表，对英文检索词进行分析。在 EBSCO 的 ASP 平台，选择菜单栏"主题词语"点击进入，在 Academic Search Premier 的主题检索框中输入

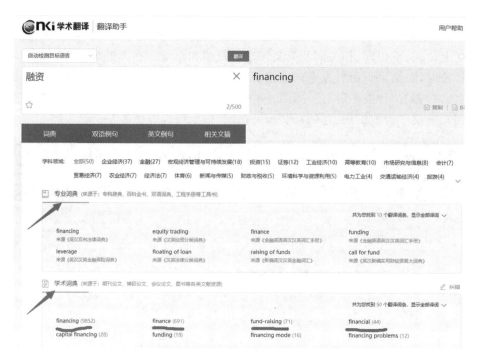

图 9-10 中国知网"翻译助手"检索示例

检索词,如"performance",点击"浏览",得到该词的上位词("Broader Terms")、下位词("Narrower Terms")、相关词("Related Terms")等各种表达形式,如图 9-11 所示。

图 9-11 EBSCO 的 ASP 中主题词表检索示例

3. 梳理出课题的中英文检索词

根据前面的分析,得出本课题的中英文检索词,如表9-1所示。

表 9-1　本课题的中英文检索词

中文检索词	英文检索词
我国、中国、国内	China、our country
上市公司、(同义词)上市企业	listed company、listed companies、listed corporation、listed corporations、listing corporation、public company、public companies
融资,(相关词)融资方式,(下位词)股权融资、债务融资	financing、finance、financial；(相关词)financing way、financing mode、financing method；(下位词)equity financing、equity finance、stock financing；stock financing；debt financing、debt finance
绩效,(相关词)公司绩效、经营绩效、企业绩效	performance、achievements、achievement；(相关词)Corporate performance、company performance；business performance、operating performance；enterprise performance、firm performance

三、构建检索式

根据上述分析得到的检索词及概念词之间的逻辑关系,结合前面章节学习到的语法表达,可以构建出对应的中英文检索式。检索式在不同数据库中有不同的编制说明,具体运用中要先阅读数据库本身的专业检索式编制说明。要用相同检索词、表达相同的逻辑关系,在不同平台中其专业检索式的编制格式略有不同。

以本课题为例。

(1)中文检索式：

中国 and 上市公司 and 融资 and 绩效

扩展后的中文检索式：

(我国 or 中国 or 国内) and （上市公司 or 上市企业）and 融资 and 绩效

①在万方平台编制中文专业检索式须指明具体检索项(检索字段),如下：

主题:(我国) and 主题:(上市公司) and 主题:(融资) and 主题:(绩效)

扩展后的中文检索式：

主题:(我国 or 中国 or 国内) and 主题:(上市公司 or 上市企业) and 主题:(融资) and 主题:(绩效)

②在中国知网平台编制中文专业检索式,如下：

(主题="我国") AND (主题="上市公司") AND (主题="融资") AND (主题="绩效")

扩展后的中文检索式如下：

(主题="我国"+"中国"+"国内") AND (主题="上市公司"+"上市企业") AND (主题="融资") AND (主题="绩效")

专业检索式的编写因受数据库平台本身规定的语法和格式限定,有一定的难度,需参考编制说明及相关示例进行。中国知网是借助 SQL 语句表达检索需求的,在使用专业检索时需要有明确的检索字段,通过字段代码、匹配运算符及检索值构造检索式。一般图书馆科技查新信息服务人员需熟练掌握此检索式结构。对不太复杂的检索需求,一般使用高级检索功能可满足。上述万方的扩展后的中文检索式,用其高级检索功能代替,设置如图 9-12 所示。上述中国知网的扩展后的中文检索式,用其高级检索功能同样可以实现,如图 9-13 所示。

图 9-12　利用万方高级检索实现一般专业检索需求的设置

图 9-13　利用中国知网高级检索实现一般专业检索需求的设置

(2)英文检索式:

China AND "listed company" AND finance AND performance

或者

China AND ("isted compan*" OR "listed corporation*") AND financ* AND (performance OR achievement)

第二节　选择检索工具,实施检索

一、确定中英文文献信息源

利用百度学术,用一组中文检索词进行试检,在相关文献下方提供"来源",如图 9-14 所示,可知与该主题相关的文献主要来自哪些数据平台,通过浏览可初步得出该主题相关的中文信息源有百度文库、万方、中国知网、维普等数据库。换一组英文检索词进行试检,得到与该主题相关的英文信息源有 EBSCO(BSP)、Springer、ScienceDirect 等数据库。

图 9-14　百度学术检索获得信息"来源"

本课题涉及文献的主要信息源见表 9-2。

表 9-2　本课题的中英文主要信息源

中文信息源	英文信息源
万方、中国知网、维普、百度文库、读秀	EBSCO、Springer、ScienceDirect

二、在不同信息源中开展检索

1. 利用万方数据知识服务平台检索

在万方平台的"专业检索"中,输入检索式"主题:(我国) and 主题:(上市公司) and 主题:(融资) and 主题:(绩效)",执行检索,得到 3630 条检索结果,如图 9-15 所示,通过左侧分组功能,可看到学位论文(3056 篇)、期刊论文(546 篇)、会议论文(28 篇)。左侧还提供年份、学科分类、语种、来源数据库、作者、机构等分组信息,可用于限定筛选条件、缩小检索范围。

点击页面中"结果分析"按钮,查看该研究方向发文时间趋势,如图 9-16 所示。通过检索结果分析可以发现,该研究方向的论文自 2000 年到 2020 年呈总体上升趋势。可以通过将发文时间限定在近五年(2017 年至今),将检索结果文献量缩小至 1524 条;文献量仍然较大,可以进一步利用平台工具减少检索结果,如勾选"只看核心期刊论文",如图 9-17 所示,结果减少到 95 条,文献数量适中,方便进行浏览阅读。

注意:这种筛选方式只挑选出了本研究主题"期刊论文"这一类型中质量较高的文献,会漏掉除"期刊论文"以外其他类型的文献,比如学位论文和会议论文等。

取消勾选"只看核心期刊论文",回到 1524 条检索结果页面,通过左侧分组,选中"学位论文"类型,共有 1284 条,在数量较大的情况下,可以选择排序中"下载量"排序,排序后,可以勾选前 100 篇下载量高的文献进行阅读或下载。

图 9-15 万方专业检索获得的结果

图 9-16 万方检索结果分析页面

图 9-17　万方"只看核心期刊论文"筛选功能

2. 利用中国知网检索

利用中国知网的高级检索,选择"主题"检索,多主题词之前选择逻辑与"AND"连接,输入主题词"我国""上市公司""融资""绩效",得到4695条结果,其中学术期刊论文399篇、学位论文4270篇、会议论文13篇,如图9-18所示。

图 9-18　中国知网高级检索获得的结果

同样是上述检索词,如果检索项全部改为"篇关摘",检索结果为3838条;如果检索项改为"篇名",检索结果为120条;如果检索项改为"全文",则检索结果有222 381条。这说明选择不同的检索项得到的检索结果大不相同。关于检索项的说明,可以通过中国知网"使用手册"查询相关知识,如图9-19所示,通过阅读知晓主题检索、篇关摘检索、关键词检索、篇名检索、全文检索在本平台的区别。我们在执行检索过程中不光要考虑检索词的选择,还可以根据需要变换检索项。以本课题在中国知网检索情况来看,不建议选择检索项"全文",对检索项"篇名"得到的文献可仔细阅读,对检索项为"主题"的文献结果,可以通过缩小时间范围或者勾选基金文献等方式,将文献量缩小到一定的范围后导出并阅读。

3. 利用维普资讯平台检索

利用维普资讯平台的高级检索功能,选择"题名或关键词",输入本课题解析出的主要检索词,依然用逻辑与关联,时间限定为收录起始年至2022年,期刊范围选择全部期刊,得到46篇文章,如图9-20所示。该平台检出的文献量不大,可以全部选中并导出阅读。该平台本身提供了同义词扩展功能,在"期刊范围"选项中若想选择核心期刊源文献,可以勾选展开菜单中提供的几大核心期刊源。可以根据实际需求灵活决策。

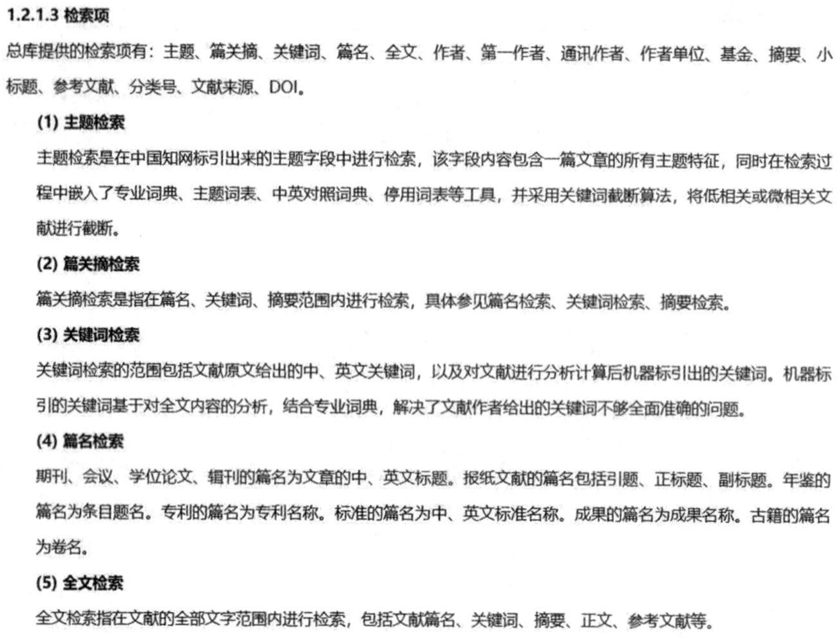

1.2.1.3 检索项

总库提供的检索项有：主题、篇关摘、关键词、篇名、全文、作者、第一作者、通讯作者、作者单位、基金、摘要、小标题、参考文献、分类号、文献来源、DOI。

(1) 主题检索

主题检索是在中国知网标引出来的主题字段中进行检索，该字段内容包含一篇文章的所有主题特征，同时在检索过程中嵌入了专业词典、主题词表、中英对照词典、停用词表等工具，并采用关键词截断算法，将低相关或微相关文献进行截断。

(2) 篇关摘检索

篇关摘检索是指在篇名、关键词、摘要范围内进行检索，具体参见篇名检索、关键词检索、摘要检索。

(3) 关键词检索

关键词检索的范围包括文献原文给出的中、英文关键词，以及对文献进行分析计算后机器标引出的关键词。机器标引的关键词基于对全文内容的分析，结合专业词典，解决了文献作者给出的关键词不够全面准确的问题。

(4) 篇名检索

期刊、会议、学位论文、辑刊的篇名为文章的中、英文标题。报纸文献的篇名包括引题、正标题、副标题。年鉴的篇名为条目题名。专利的篇名为专利名称。标准的篇名为中、英文标准名称。成果的篇名为成果名称。古籍的篇名为卷名。

(5) 全文检索

全文检索指在文献的全部文字范围内进行检索，包括文献篇名、关键词、摘要、正文、参考文献等。

图 9-19 中国知网关于检索项的说明

图 9-20 维普资讯高级检索获得的结果

4. 利用读秀检索

利用读秀"知识"频道检索,输入"上市公司 融资方式 绩效",获得4821条信息,如图9-21所示。这些条目信息来源于图书、期刊、报纸、学位论文或会议论文,在条目最下方标明了该条目出处,如"上市公司融资方式选择"这个条目来自"袁显平编.可转换公司债券 发行动机与绩效[M].2012",如图9-22所示。若需要了解该图书信息,点击该条目,到详细阅读页面,点击"资料来源",再点击图书名,如图9-23所示,可跳转到该图书的详细信息页面,再通过图书内容介绍、目录页和正文前17页的试读可了解基本内容,还可以通过"图书馆文献传递"功能获取需要详细阅读的部分章节正文内容,如图9-24所示。

图 9-21 读秀"知识"频道检索获得的结果

图 9-22 检索结果条目的来源示例

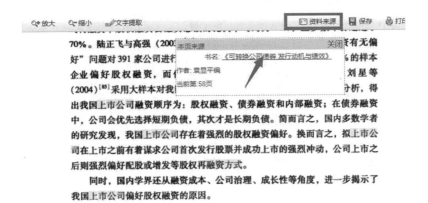

图 9-23 详细阅读页面提供"资料来源"

图 9-24　图书详细信息页面

5. 利用 EBSCO(BSP)检索

利用 EBSCO(BSP)高级检索,选择检索项主题"SU Subject Terms",输入检索词,选择逻辑与("AND"),进行检索,得到 104 条检索结果,如图 9-25 所示。通过页面左侧选项,可以缩小检索结果范围。勾选有全文选项("Full Text"),可仅查看有全文资源的结果;还可以通过时间范围限定;需要优先阅读高质量的文献,可勾选左侧同行评审选项("Peer Reviewed")进行筛选。勾选"Full Text",结果减少到 74 条;再勾选"Peer Reviewed",结果减少至 2 条。可以对有全文的 74 条文献进行浏览,对同行评审的 2 条文献进行重点详细阅读,如图 9-26 所示。

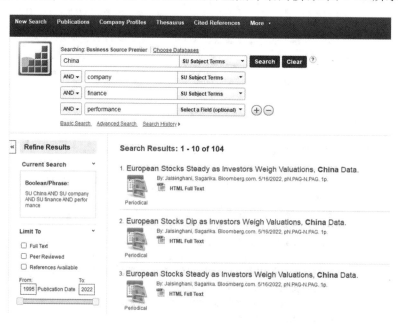

图 9-25　EBSCO(BSP)高级检索结果页面

第九章　经济课题检索实操

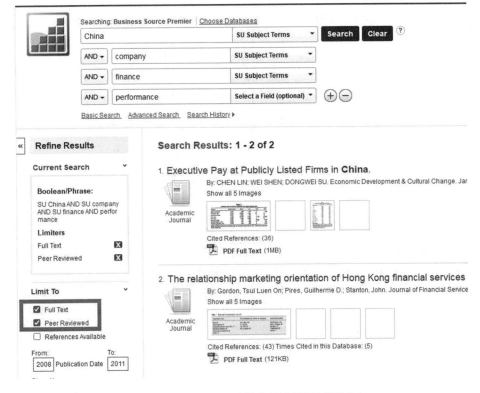

图 9-26　EBSCO(BSP)检索结果页面(筛选后)

6. 利用 Springer Link 检索

利用 Springer Link 检索,输入检索式"China AND listed company AND finance AND performance",得到 39 035 条检索结果,如图 9-27 所示。页面左侧提供"Content Type"(内容类型)、"Discipline"(学科)、"Subdiscipline"(分支学科)、"Language"(语言)分组聚类工具,可用于精确检索范围。平台提供三种排序方式,即相关性("Relevance")、时间倒序最新在前("Newest First")和时间顺序最早在前("Oldest First"),并且提供时间范围限定的设置("Date Published")。通过"Date Published"限定发表时间为 2021 年至 2023 年,检索结果减少至 12 035 条,如图 9-28 所示。

图 9-27　Springer Link 检索结果页面

通过去掉页面左边系统默认已勾选的选项"Include Preview-Only content"(包含仅预览内容),限定结果为可浏览全文的 OA 资源,同时限定分支学科为"Macroeconomics/Monetary

271

图 9-28　Springer Link 限定时间后的检索结果页面

Economics/Financial Economics",限定语言为"English",则检索结果缩小至 82 条,如图 9-29 所示。

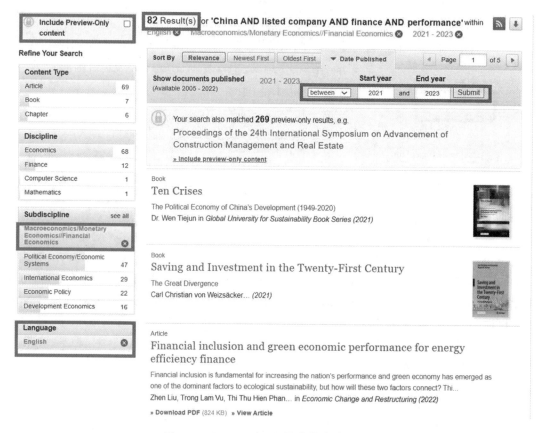

图 9-29　Springer Link 限定检索结果页面

7. 利用 ScienceDirect 检索

利用 ScienceDirect 高级检索,输入检索式"China AND listed company AND finance AND performance",得到 22 161 条结果,如图 9-30 所示。可根据页面左侧提供的年份("Years")、文章类型("Article type")、出版物标题("Publication title")、学科领域("Subject areas")等来分组筛选精确检索范围。结果提供相关性("relevance")和时间("date")两种排序方式。

根据检索需求,限定出版年份为 2022 年,限定文章类型为"Research articles",限定学科领域为"Business,Management and Accounting",限定文献结果为开放存取资源,则检索结果范围可进一步精确缩小至 121 条,如图 9-31 所示。

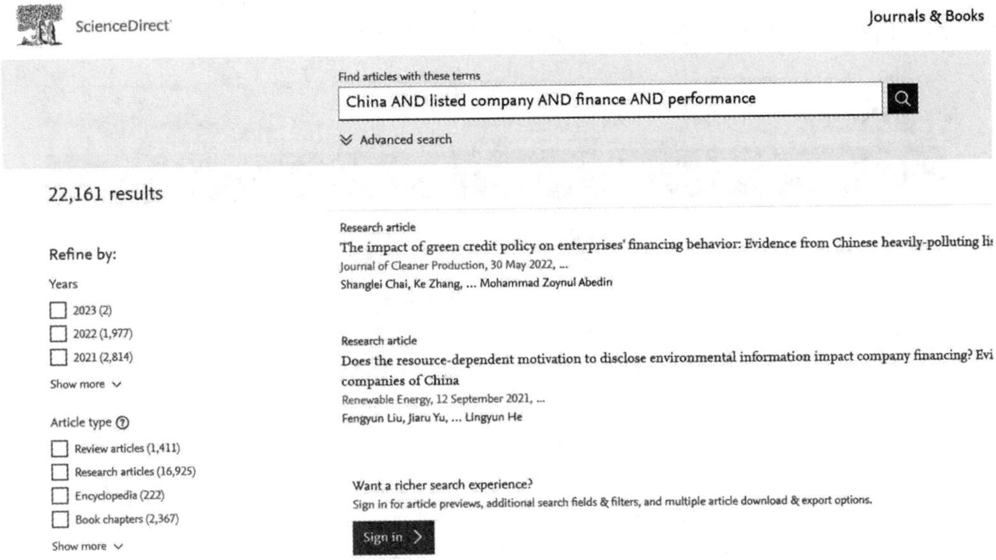

图 9-30 ScienceDirect 高级检索结果页面

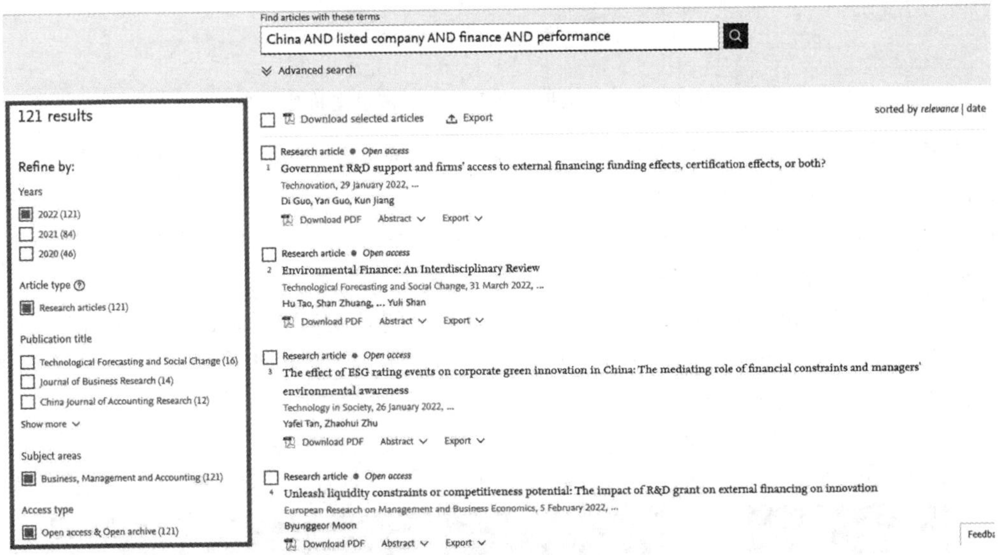

图 9-31 ScienceDirect 限定检索结果页面

第三节 列出参考文献,撰写检索结论

一、筛选重要文献

检索结果的处理包括文献信息的选择、下载、保存以及文献的阅读与引用。对于有参考价值、拟在论文写作过程中参考或引用的文献,要逐篇下载,并将所有下载的文献信息按引文格式存盘,以便在论文的参考文献列表中使用。要争取做到重要文献不遗漏。

对检索的结果进行筛选,可聚焦密切相关文献、核心期刊文献、核心作者的文献、本课题的重要研究机构的文献、高被引量文献、高下载量文献等。具体的筛选方式如下:

(1)依据文献被引频次、下载频次筛选。以中国知网检索为例,对本课题的搜索结果按被引量进行排序,如图 9-32 所示,优先阅读、使用被引量大的文献。

图 9-32　中国知网检索结果按被引量排序

(2)依据来源出版物的级别(被权威数据库收录、为核心期刊等)、基金来源(基金获批级别高)、是否为重要研究机构与作者来筛选。

确定来源出版物的级别:国外权威刊物的三大收录系统分别为 SCI、EI 和 CPCI(原 ISTP);国内的核心期刊主要被 CSSCI、CSCD,北京大学《中文核心期刊要目总览》收录。

以中国知网为例,可以在一框式检索结果页面左边的分类项中勾选"来源类别"中的"核心期刊"进行筛选,如图 9-33 所示;也可以在高级检索中最下面的"来源类别"目录选项中勾选不同的来源类别进行筛选,如图 9-34 所示。

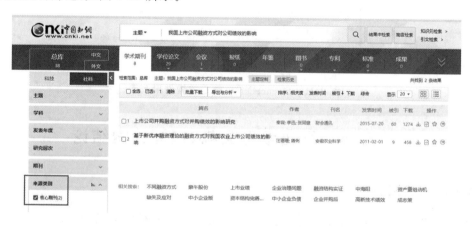

图 9-33　中国知网检索结果按"来源类别"查看

(3)依据期刊的影响因子与分区进行筛选。中国知网上查看文献详细信息时页面右侧提供影响因子等,如图 9-35 所示。

第九章 经济课题检索实操

图 9-34 中国知网高级检索按"来源类别"筛选

图 9-35 中国知网检索结果页面中查看影响因子及文献来源

二、按照规范的参考文献格式著录相关文献

如图 9-36 和图 9-37 所示，CNKI 有（万方、读秀、EBSCO 等数据库也有）参考文献格式自动生成工具。下面以中国知网 CNKI 和读秀为例介绍如何著录文献。

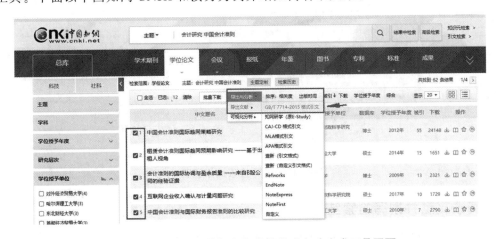

图 9-36 中国知网选择参考文献格式自动生成工具页面

（1）在 CNKI 学位论文库中选中需要参考的文献，在导航栏中点击"导出与分析"，出现下拉菜单，在"导出文献"栏中选择"GB/T 7714-2015 格式引文"。

图 9-37　中国知网参考文献格式自动生成结果页面

文献格式生成以后，用户可以根据自己的需求选择导出方式导出，从而获取按照规范的参考文献格式著录的相关文献信息。

（2）进入读秀的"图书"频道，以搜索"会计"为例，在结果列表中勾选需要的图书，点击"导出"功能键，即可获取按照规范的参考文献格式著录的相关文献信息，如图 9-38 和图 9-39 所示。

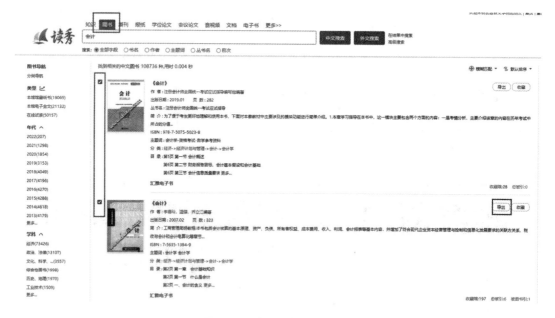

图 9-38　读秀检索结果页面

三、阅读文献并撰写检索结论

阅读文献并撰写检索结论是指，结合整理的文献资料，科学地评价已有的学术观点和理论，并在已有理论和成果的基础上阐明本人的观点，预示今后可能的发展趋势及研究方向等内容。同时，检索结论应较全面地反映整个课题的发展周期及发展趋势。

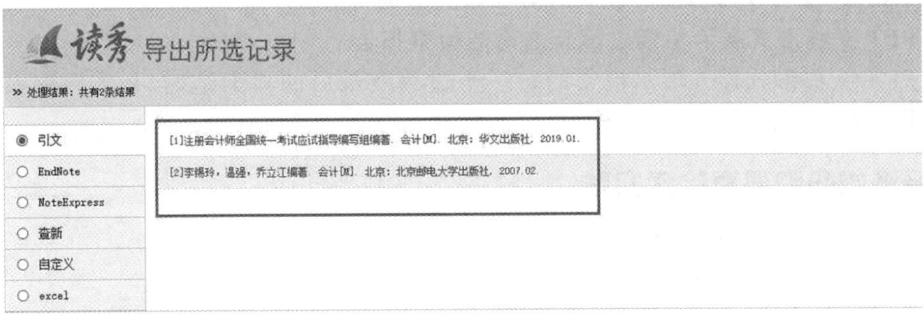

图 9-39 读秀参考文献格式自动生成结果页面

第四节 撰写检索报告

撰写课题检索报告首先要依据检出文献的相关程度,对中文文献检出情况进行陈述。内容上主要包括课题背景及意义、国内外研究现状、存在不足、本人观点、发展趋势等。当前课题研究常要求撰写检索报告,目的是真实记录科研人员调研领域文献的全过程,以便查验科研人员撰写的相关综述论文的全面性和科学性。

一、检索报告的框架结构

课题检索报告的形式不是唯一的,需要根据检索课题的实际需求而定。有些检索报告要求有封面、目录,内容包括课题分析、检索策略、检索式及检索结果;有些检索报告只需依据检出文献的相关程度,对中外文文献检出情况进行陈述,论述言之有理,参考文献在所列出的相关文献之内,结论客观、公正、准确、清晰地反映课题的真实情况即可。

此处简单介绍两种形式的课题检索报告。

1. 有封面、目录、课题分析、检索策略、检索式及检索结果的检索报告(Word 文档)

1)封面

要求写明检索课题的名称、完成人信息(姓名、班级、学号等)、完成时间等。

2)目录

目录应能让阅读者对本报告内容一目了然。

3)课题分析

对课题的重点研究内容要有一个分析判断;只有判断正确了,才能进一步做有针对性的检索。

4)检索策略

检索策略内容包括数据库或检索工具的选择、检索词的选择和通用检索式的编制。

5)检索式及检索结果

写清楚每个数据库的检索式和检索结果,并附上了解课题的国内外研究概况时的参考文献的题名、作者、来源、摘要等信息。

6)检索评价

完成了一个课题的系统检索后,谈谈有何体会。重点放在检索过程中检索策略的调整方面,要讲明具体的调整过程。

7)检索结论

结合整理的文献资料,科学地评价已有的学术观点和理论,并在已有理论和成果的基础上阐明本人的观点,预示今后可能的发展趋势及研究方向等。

2. 以 PPT 文稿形式展示检索过程及结论的检索报告

采用 PPT 文稿形式详细展示检索的每一个过程及最后的检索结论,具体内容及要求与前一种检索报告大同小异。

二、经济类研究课题检索实践

1. 列举一些经济类研究课题

(1)企业资本结构分析及优化研究——以恒大地产为例。

(2)杭州海康威视数字技术股份有限公司财务报告分析。

(3)我国医药上市公司盈利能力分析——以国药股份为例。

(4)海底捞餐饮企业成本控制的研究。

(5)知识经济时代会计职业发展问题探讨。

(6)浅析恒大地产投资风险的成因及其控制对策。

(7)我国上市银行衍生金融工具信息披露研究。

(8)关于金融资产分类的研究。

(9)金融工具会计准则对银行业监管的影响分析。

(10)对于资本市场中的舞弊行为的分析判定及其审计策略。

2. 检索要求

检索过程包括分析课题、确定中英文检索词、构建中英文检索式(考虑查全率和查准率)、列出相关文献、得出检索结论。其中具体要求包括以下几个方面:

(1)分析待查课题的主要内容;分析待查课题所属学科;分析课题需要查找的文献类型,如图书、期刊、会议文献、专利文献、学位论文等。

(2)确定检索词时,能提炼课题的主要概念与隐含概念;检索词的中文和英文表达都要考虑;考虑同义词、近义词、上位词、下位词。

(3)考虑检索词的全称、简称、学名、俗名;避免选择概念过于广大或者过于狭小的词语作为检索词。

(4)检索式要能准确表达课题的主题概念;对布尔逻辑检索、截词检索、词组检索、字段限定检索等各种检索方法能灵活运用。

(5)写出确定信息源的思路;写出利用各类数据库进行查找的过程;查找的数据库需涉及课题必要的文献类型,如工科类课题需查找专利文献等;列出检索过程及实际检索结果,检索过程必须附截图;写出调整检索策略的思路,主要考虑对课题文献的查全率和查准率的影响。

(6)列出相关文献,撰写检索结论。

参考文献

[1] 包平.农业信息检索[M].南京:东南大学出版社,2003.
[2] 陈小玲,倪梅.信息检索与利用[M].哈尔滨:哈尔滨工程大学出版社,2016.
[3] 陈进,曹淑艳.电子商务中的知识产权[M].北京:对外经济贸易大学出版社,2008.
[4] 陈丽苹.专利法律制度研究[M].北京:知识产权出版社,2005.
[5] 陈荣,霍丽萍.信息检索与案例研究[M].上海:华东理工大学出版社,2015.
[6] 陈舒艳.统计学——Stata 应用与分析[M].北京:机械工业出版社,2020.
[7] 邓淑范,刘江,文燕.经济学习实用手册[M].哈尔滨:黑龙江人民出版社,2002.
[8] 杜奇华.国际技术贸易[M].3 版.上海:复旦大学出版社,2018.
[9] 杜兴梅.学术论文写作 ABC[M].2 版.广州:广东高等教育出版社,2010.
[10] 高峰.经济信息检索[M].北京:经济科学出版社,2005.
[11] 高山行.知识产权理论与实务[M].西安:西安交通大学出版社,2008.
[12] 葛怀东.文献检索与利用(人文社科)[M].上海:上海交通大学出版社,2010.
[13] 耿博.专利运营热点问题解析[M].北京:知识产权出版社,2019.
[14] 龚晓莺.国际贸易理论与政策[M].北京:经济管理出版社,2008.
[15] 国家知识产权局.最高人民法院发布 2021 年中国法院 10 大知识产权案件和 50 件典型知识产权案例[EB/OL].[2022-04-22].https://www.cnipa.gov.cn/art/2022/4/22/art_2863_174920.html.
[16] 国家知识产权局.2021 年度知识产权行政保护典型案例发布[EB/OL].[2022-04-26].https://www.cnipa.gov.cn/art/2022/4/26/art_2870_175227.html.
[17] 韩秀成,盛小列,郑浩峻.企业专利应用实务 100 问[M].北京:科学普及出版社,2016.
[18] 何立芳,郑碧敏,彭丽文.青年学者学术信息素养[M].杭州:浙江大学出版社,2015.
[19] 何祥林,任友洲,陈德均.高校职员工作理论与实践(第 1 辑)[M].武汉:华中师范大学出版社,2011.
[20] 黄如花,胡永生.信息检索与利用实验教材[M].武汉:武汉大学出版社,2017.
[21] 孙更新.经济信息检索概论[M].武汉:武汉大学出版社,2011.
[22] 康桂英,明道福,吴晓兵.大数据时代信息资源检索与分析[M].北京:北京理工大学出版社,2019.
[23] 李琮.世界经济学大辞典[M].北京:经济科学出版社,2000.
[24] 李贵成,张金刚.信息素养与信息检索教程[M].武汉:华中科技大学出版社,2016.
[25] 李正华.知识产权法学[M].北京:知识产权出版社,2012.
[26] 刘鸿霞,等.法律文献信息检索理论与实例研究[M].北京:中国政法大学出版社,2018.
[27] 刘慧芳.我国上市公司融资与绩效分析[J].新疆职业大学学报,2010,18(4):24-26.
[28] 刘三满,申兴山.公安信息系统应用教程[M].北京:群众出版社,2014.
[29] 刘伟成.数字信息资源检索[M].武汉:武汉大学出版社,2018.

[30] 刘宪立,杨蔚.信息检索与利用[M].昆明:云南大学出版社,2018.
[31] 罗源.大学生信息素养教程[M].北京:光明日报出版社,2019.
[32] 宁立志.知识产权法[M].2版.武汉:武汉大学出版社,2011.
[33] 努尔比耶·阿卜杜力,谢仁阿依·穆合塔尔.浅析经济信息在现代经济管理中存在的问题和对策[J].环球市场,2018(3)3-4.
[34] 找法网.我国上市公司融资方式有几种[EB/OL].[2020-08-11].https://china.findlaw.cn/gongsifalv/rongzi/shimeshirongzi/1463045.html.
[35] 世界经济年鉴编辑委员会.世界经济年鉴2017[M].北京:中国社会科学出版社,2018.
[36] 唐圣琴.现代农业文献信息资源检索[M].贵阳:贵州大学出版社,2008.
[37] 王胜利,袁锡宏.经济信息检索与利用[M].北京:海洋出版社,2008.
[38] 王守安.中国经济新名词辞典[M].海口:南海出版公司,1994.
[39] 王涛,张恩英,贾淑萍,等.经济信息的分析与利用[M].北京:中国财政经济出版社,2000.
[40] 乌家培.乌家培文库 第5册 经济信息与信息经济(1987—1991)[M].北京:中国计划出版社,2010.
[41] 吴汉东.知识产权基本问题研究(总论)[M].2版.北京:中国人民大学出版社,2009.
[42] 吴红光,艾莉,张溪.信息检索与利用[M].武汉:武汉大学出版社,2015.
[43] 吴瑾,胡永强,王宇.实用信息检索[M].3版.北京:高等教育出版社,2021
[44] 吴长江.现代信息资源检索案例化教程[M].武汉:华中科技大学出版社,2011.
[45] 武丽志,陈小兰.毕业论文写作与答辩[M].北京:高等教育出版社,2015.
[46] 肖文博.统计信息化——Excel与SPSS应用[M].北京:北京理工大学出版社,2017.
[47] 徐明.欧洲专利制度研究[M].上海:华东理工大学出版社,2017.
[48] 徐星,任晓虹.漫谈知识产权[M].兰州:甘肃科学技术出版社,2015.
[49] 严先元.学科教学如何培育学生的核心素养[M].长春:东北师范大学出版社,2017.
[50] 燕今伟,刘霞.信息素质教程[M].武汉:武汉大学出版社,2008.
[51] 尹伯成,袁恩桢.简明经济辞典[M].上海:上海辞书出版社,2006.
[52] 于艳红.高管之信息素养探究——基于中小企业高管的信息素养提升[M].北京:中国广播影视出版社,2017.
[53] 俞君立,陈树年.文献分类学[M].武汉:武汉大学出版社,2001.
[54] 道恩斯,古特曼.金融与投资辞典[M].于研,郑英豪,译.6版.上海:上海财经大学出版社,2008.
[55] 詹仁锋,张丽.经济信息检索与利用[M].2版.大连:大连理工大学出版社,2001.
[56] 张惠芳,陈红艳.信息检索与利用[M].武汉:华中科技大学出版社,2015.
[57] 张满谦,李吉续,赵文奎.知识经济展望[M].太原:山西人民出版社,2001.
[58] 李薇.应用文写作实用教程[M].北京:中国轻工业出版社,2019.
[59] 张月红.学术与诚信:"做正确的事,即使在没人注视时"[N].健康报,2018-02-10(04).
[60] 赵林如.中国市场经济学大辞典[M].北京:中国经济出版社,2019.
[61] 郑成思.知识产权论[M].3版.北京:法律出版社,2003.
[62] 郑志海,薛荣久.入世与知识产权保护[M].北京:中国对外经济贸易出版社,2000.
[63] 《中国大百科全书》第二版总编辑委员会.中国大百科全书[M].2版.北京:中国大百科全书出版社,2009.
[64] 中国社会科学院经济研究所图书馆.经济学工具书指南[M].北京:经济科学出版社,1989.

[65] 朱隽,等.新形势下国际贸易规则的重塑[M].北京:中国金融出版社,2020.

[66] 卓金武,周英.量化投资:MATLAB数据挖掘技术与实践[M].北京:电子工业出版社,2017.

[67] 十所财经高校文献检索课程教材编写组.经济信息资源检索与图书馆利用[M].大连:东北财经大学出版社,2015.

[68] 《上海侨务志》编纂委员会,上海社会科学院世界史研究中心.海外上海名人录[M].上海:上海教育出版社,1991.

[69] [美]亚力山大·I.波尔托拉克,保罗·J.勒纳.知识产权精要:法律、经济与战略[M].王肃,译.2版.北京:知识产权出版社,2020.

[70] 世界知识产权组织(WIPO).什么是知识产权?[EB/OL].[2021-01-01].https://www.wipo.int/publications/zh/details.jsp?id=4528.